本书由中央司法警官学院青年教师学术创新团队
项目“监狱智能化监控技术的研究”资助出版

# 监狱智能视频监控技术及应用

JIANYU ZHINENG SHIPIN
JIANKONG JISHU JI YINGYONG

高冠东　主　编
段　庆　副主编
刘　菲
王　晶
朱　杰

河北大学出版社

**图书在版编目（C I P）数据**

监狱智能视频监控技术及应用 / 高冠东主编. -- 保定 : 河北大学出版社, 2016.2

ISBN 978-7-5666-0885-7

Ⅰ. ①监… Ⅱ. ①高… Ⅲ. ①监狱－视频系统－监视控制 Ⅳ. ①D916.7②TN94

中国版本图书馆CIP数据核字(2016)第041120号

JIANYU ZHINENG SHIPIN JIANKONG JISHU JI YINGYONG

责任编辑：韩立霞

装帧设计：赵　谦

责任印制：靳云飞

出版：河北大学出版社（保定市五四东路180号）

经销：全国新华书店

印制：保定市北方胶印有限公司

开本：1 / 16（710mm × 1000mm）

字数：240千字

印张：15.25

版次：2016年2月第1版

印次：2016年2月第1次印刷

书号：ISBN 978-7-5666-0885-7

定价：32.00元

# 前　　言

随着我国经济的快速发展，安防监控逐渐成为维护社会公共安全的一种重要技术手段。安防行业的市场规模也从 2007 年的 1400 亿元增长到 2013 年的 3882亿元，行业复合增长率达到了 15.68%，实现了快速发展。安防技术在各级政府部门的大力推动下，被广泛应用于金融、公安、交通、医疗、教育、文博、通信、能源、生产企业等各行各业。其中，监狱对安全防范要求较高，在监狱安全管理中安防技术的应用也越来越受重视。2007 年，司法部在南京召开全国监狱信息化建设工作会议，提出了《全国监狱信息化建设规划》，推动了全国各监狱信息化建设工作的发展，而“监狱安全防范和应急指挥系统”的建设是其中的一项重要内容。2010 年全国监狱信息化一期工程项目实施，监控系统作为其中的一个重要的组成部分也随即在全国展开大规模建设。

智能监控技术采用图像处理、模式识别和计算机视觉技术，通过分析抽取视频源中的关键有用信息，快速判断监控画面中的异常情况，并发出警报或触发其他动作，从而有效进行事前预警，实现全天候实时监控。在监狱监控系统中，智能监控技术的应用能够及时发现警情、节省警力、加强监管安全，是提高监狱安全防范能力的一种有效方法。

本书在介绍视频监控系统各部分基本技术的基础上，重点对智能监控技术在监狱中的应用进行了介绍，结合对智能监控技术的研究和实际经验，归纳了监狱智能监控系统设计构架、智能技术应用场景、系统构建、安装实施等各个方面的内容，并提出了具体的技术方案，便于读者参考。本书可以帮助监狱技术人员对智能视频监控技术及其应用有一个较为全面的了解，也可为安防从业人员在设计和建设监狱监控系统方面提供参考方案。

本书共分为 9 章。第 1 章简要介绍了视频监控技术的一些基本概念、含义，以及各时期的发展状况和未来发展趋势。第 2 章全面介绍了主流网络视频监控系统的构架、平台和各个组成部分。第 3～5 章介绍了组成监控系统的前端、存储和传输三大主要模块的软硬件设备和技术。第 6～7 章重点介绍了智能监控系统中核心的智能视频分析技术和智能图像搜索技术，涵盖了技术基本原理、识别功能和应用方向。第 8 章结合监狱智能监控需求，针对监狱各个主要功能区域，介绍了智能监控技术在监狱中的具体应用场景。第 9 章结合我国监狱的实际情况，提供了监狱智能监控系统的整体应用方案，简要概括了项目实施中的一些注意事项，为监狱相关技术人员及行业从业人员提供参考。

本书的主要编者为高冠东、刘菲、段庆、王晶、朱杰。各章编写分工如下：第 1～2 章由刘菲编写，第 3、5 章由段庆编写，第 4 章由王晶编写，第 6～7 章由朱杰编写，第 8～9 章由高冠东编写。本书由中央司法警官学院青年教师学术创新团队项目“监狱智能化监控技术的研究”资助出版。

本书在编写过程中，参考了大量文献资料，在此向这些文献资料的作者深表感谢。由于时间仓促和水平有限，书中难免有不当和欠妥之处，敬请各位专家、读者不吝批评指正，非常感谢！

# 目　录

# 第 1 章　视频监控技术概述

## 1.1　视频监控的发展

视频监控具有悠久的历史，视频监控系统在实际应用中具有信息量大、实时性强、工作方式被动、易于与其他技术集成、技术发展快等特点。视频监控信息对时间和空间具有一定的分辨能力，其分辨特性与目标物自身情况也有一定关系。监控系统产生实时图像，并在异常情况下及时产生反应，且可以给出与反应结果相关的评价。监控系统的工作模式具有独立性，是一种无侵犯性的工作方式。视频监控系统技术产品的选择范围大，用户可以根据需要进行多种选择。

视频监控系统传统上被广泛应用于安防领域，是安全防范体系中不可或缺的重要部分，也是安全防范系统技术集成的核心，还是协助公共安全部门打击犯罪、维持社会安定的重要手段。随着宽带网络的普及、计算机技术的发展、图像处理技术的提高，视频监控正越来越广泛地渗透到教育、政府、娱乐、医疗、酒店、运动等各个领域。

视频监控系统主要由前端设备、传输设备和管理设备组成。

前端设备，包括摄像机、镜头、云台、防护罩、控制和辅助设备等，负责图像信息的采集，并限定了监控系统的图像质量。

传输设备，包括线缆、光发/收及补偿、中继、调制、去干扰等设备，决定了监控系统的应用范围，也是构成较大系统的关键环节。

管理（中心室）设备，包括管理软件及硬件设备，用于显示、存储、分配、合成、叠加信息、控制（遥控）、远程传输（网络传输）等管理，能够提供人机交互（观看、操作）的界面，从而实现对视频监控系统的中心控制。

### 1.1.1 视频监控技术的含义

1.视频

视频，video，源自拉丁语的“我看见”，是指平滑连续的视觉效果画面。人的视觉具有有限分辨和暂存的特性。

2.视频技术

视频技术泛指将一系列静态影像以电信号方式加以捕捉、处理、传送、重现（记录、存储）为具有平滑连续的视觉效果画面的各种技术。现在的各种视频技术根据人的视觉特性，用组成图像的像素来表示图像，并通过帧的活动显示出动态变化效果。

在模拟电视系统中对帧图像进行表示时，主要是将图像分为很多水平线，每条线上分布有很多点，且这些点是连续的。图像的帧数目会影响到图像显示效果，一般来说每秒显示的帧数量应超过 24 个，这样才可以确保达到视觉的暂存特性的要求。目前我国的电视制式为：CCIR625/25、PAL 制式，规定每帧图像分解为 625 线，每秒有 25 帧图像，行频为 15625Hz，帧频为 25Hz。

数字视频系统直接用像素的阵列来表示单帧图像，图像转换时取样格式确定图像的精度。CIF 格式为 352×288，4CIF 格式为 704×576，D1 格式为 720×576，标清格式为 720×576，高清格式为 1280×720 或 1920×1080，手持式移动显示终端为 320×240。

3.视频监控的核心技术

视频监控的核心技术包括光学器件、视频编码压缩算法、视频编码压缩芯片和视频管理平台等。

(1)光学器件

光学器件主要包括镜头及图像传感器。图像传感器是决定监控摄像机采集图像质量的重要因素。图像传感器有两种,即CCD(Charge Coupled Device,电荷耦合器件)和CMOS(Complementary Metal Oxide Semiconductor,互补金属氧化物半导体)。

CCD是一种特殊半导体器件,其中包括很多感光元件。CCD对近红外线比较敏感,在夜间也有一定的感光效果。其响应峰值对应的波长为550nm。在月光较亮的夜晚,人眼可识别的光线照度一般不超过1Lx,而CCD则可以感知到0.1～3Lx亮度的目标,其感光度可以达到CMOS传感器的10倍。其表面设置了透明电极,因而可以对紫外线进行较好的吸收。常用CCD的成像尺寸有1/2′、1/3′等。CCD摄像器件的时间响应好,是传统监控摄像机的主流器件。

CMOS是一种大规模应用与集成电路芯片制造的原料。借助大规模集成制造工艺,CMOS图像传感器能非常容易地在同一芯片上实现模数转换、信号处理、自动增益控制、信号放大和处理等。一般的CMOS功率消耗很小,大约只有CCD的十分之一,而且CMOS图像传感器可以直接输出数字信号。所以CMOS的优势集中在有着更便利的制作工艺和更低的功率消耗。目前,CMOS传感器在网络摄像机、高清摄像机等领域得到了广泛应用。

综上所述,CCD的优势在于技术的成熟、性能的稳定、低照度能力的强劲,而CMOS传感器则具有低成本、低功耗以及高整合度的特点。CCD和CMOS这两种光学器件的研制技术在近些年都取得了突破,孰优孰劣的分界线也越来越模糊。例如:CCD传感器的改进方向主要是降低其消耗,以便在移动通信市场得到应用;CMOS传感器改进方向主要是提高其分辨率,以便在要求更高的图形产品领域得到应用。

(2)视频编码压缩算法

视频编码压缩算法在几十年前就已经产生了,与压缩算法相关的压缩技术主要有两种。第一种是基于速率—失真理论的压缩算法(也称作第一代图像压缩编码方法)。在这类方法中,可以用通过一定的时空采样所得到的像素来表示视频图像序列。在对图像进行压缩处理时,需要利用到信号分析方法来将冗余数据进行消除。将冗余数据消除后,图像中的数据就互不相关了。利用这种方法处理信号时，需要确保信源的统计特性，而对视觉特征和图像内容则不需要或较少考虑。第二类方法是第二代图像压缩编码方法。此种方法主要适用对象为极低码率的图像数据，其和人类的视觉特征有较多关联，关键问题在于如何确定出人眼识别图像时利用到的特征，并以这些特征为基础构造图像模型。

从 1986 年起，ITU（International Telecommunication Union，国际电信同盟）、ISO（International Organization for Standardization，国际标准化组织）、IEC（International Electrotechnical Commission，国际电工委员会）等国际组织就开始致力于制定图像压缩编码的国际标准。

低比特率压缩编码标准 MPEG-4：ISO MPEG-4 工作组在 1993 年成立，目标是建立相关的算法和工具来进行多媒体数据的编码和交互处理，其对应的数据速率较低。MPEG-4 算法的核心是支持基于内容（content-based）的编码和解码功能，也就是对场景中使用分割算法抽取的单独的物理对象进行编码和解码。在 5～64kb/s 传输速率范围内，MPEG-4 支持的图像格式也开始变为 CIF 格式，帧率也显著增加至 15Hz。

高度压缩数字视频编解码器标准 H.264：H.264 属于一种全新的数字压缩格式，开发这种格式的主要目的在于提高图像传输效率，在带宽相同条件下提供质量更加优质的图像。H.264 具有较高的数据压缩比率，其压缩能力更高，可以在同等图像质量时的压缩比达到 MPEG-2 的 2 倍以上、MPEG-4 的 1.5～2 倍，从而大大节省用户的下载时间和数据流量收费。尤其值得一提的是，H.264 在具有高压缩比的同时还拥有高质量的图像。正因为如此，经过 H.264 压缩的视频数据，在网络传输过程中所需要的带宽更少，也更加经济。

视频编码压缩的目的是在尽可能保证视觉效果的前提下减少视频数据量。视频编码压缩是视频监控系统数字化、网络化的前提条件。以标清 D1 图像为例，如每秒传送 25 帧数据，未压缩时，对网络带宽需求是 16Mbps，通过MPEG-4 算法可将 D1 效果实时视频压缩成 2Mbps 的码流，而用 H.264 可压缩成 1.5Mbps的码流。

(3)视频编码压缩芯片

视频编码压缩的效率和所使用的算法有关，在算法实现时需要用到芯片。

用于视频图像处理的编码芯片主要有 DSP(Digital Signal Processing)和 ASIC(Application Specific Integrated Circuits)两大类。前一种主要是利用软件编程来对视频信号进行编码解码,此种芯片上集成了视频单元和外围接口,用户可以根据需要对其进行扩展。后一种芯片则属于专用视频编码器,和前者的区别在于其主要是通过硬件进行视频编解码,其中集成了一些外围接口,利用这种芯片开发出的产品功能较为单一。DSP 对各种格式的视频编解码算法都有较好的支持性能,且充分考虑到软件升级的兼容性,因而在性能扩展和产品更新换代方面有较高的优势。在数字视频编解码标准较多的形势下,DSP 类型的芯片在安防领域因具备明显的性能优势而得到广泛应用。ASIC 主要应用领域为消费类产品,其造价一般较低,缺点在于不方便扩展,应用领域较狭窄。

由于目前在进行智能分析和处理方面的算法还没有统一,通过不同算法进行视频分析处理会对 DSP 的处理速度呈现明显差别,这就需要对算法进行优化。ASIC 的性能和智能处理的要求不相适应,而 DSP 由于具有较高的灵活性,在智能处理领域得到广泛应用。目前的做法是,DSP 芯片和算法提供商联合起来从指令层面对算法进行优化。

(4)视频管理平台

视频管理平台是网络视频监控系统的主要组成单元。由于目前的此种监控系统中设备、组件、服务是很分散的,因而需要利用网络将各种组件和服务连接起来。视频管理平台将各种相关技术集合在一起,主要有计算机网络、通信、视频处理等方面的技术,可以对视频、音频、数据等多种格式的文件进行统一处理,是一种功能较强大的多媒体信息管理平台。此外,系统需求中对这种平台的开放性、可扩展性也有一定要求。这种综合性的视频监管平台和专用视频监控系统在可以实现的功能和使用范围等方面存在较大的区别,因而相关设计和实现过程也明显复杂很多。

大平台趋势:在目前的监控形势和要求下,需要发展大监控平台,以便适应诸如“平安城市”之类项目的监控需要。为解决点多、面广、层级复杂、业务面宽等问题,可将治安、卡口、高清电警等方面的监控平台都集中起来,以便满足此方面的公安业务需要。

操作人性化:由于此种系统的很多操作者都是对软件较为陌生的非专业人

员，他们一般要求操作尽量简单，同时界面满足一定的人性化需求。而传统视频管理平台的界面结构和布局等方面很复杂，这会对用户的使用造成不利影响。

联动技术成熟：在无人值守的情况下，仅靠视频监控一般无法达到较好的监控目的，需要将其和报警、门禁等终端连接起来，以便提升安防效果，确保安防目标的实现。

兼容性越来越好：此类管理平台一般对兼容性要求较高，而目前已有的产品大多数是专用或者软硬件被绑定，且缺乏统一标准，无法满足兼容性要求。为了解决此类问题，需要设备开发商和下级开发商联合起来，如采用中间件技术，通过中间件进行相互之间的沟通，以便满足相关兼容的需要。与此相应的是，开发平台软件需要在标准化、通用化等基础上，较好地满足相关兼容性要求。

### 1.1.2 视频监控技术的发展及趋势

1.视频监控技术的发展

视频监控技术按照主流设备发展过程，可以分为四个发展阶段：模拟视频监控阶段、数字视频监控阶段、网络视频监控阶段和智能视频监控阶段。以下对各阶段的特点进行简要论述。

(1)模拟视频监控阶段

模拟视频监控阶段开始于 20 世纪 70 年代，其中使用到的设备都是模拟类型的，系统的信号处理能力较差，且组成系统的设备也较复杂，主要包括模拟摄像机、视频切换矩阵、录像机和监控器等，核心设备是视频切换矩阵。模拟摄像机发送的图像信息主要是通过同轴电缆进行传输。但 VCR 磁带的存储容量非常有限，需要经常更换磁带以实现长期存储。模拟视频监控通常是以街道、小区或派出所为单位的小范围封闭的监控系统。

(2)数字视频监控阶段

数字视频监控阶段是从 20 世纪 90 年代开始的，核心设备是硬盘录像机(DVR)。随着计算机处理能力的提高和视频监控技术的发展，人们利用计算机的高速数据处理能力来进行视频的采集和处理，利用显示器的高分辨率实现图像的多画面显示，从而大大提高了图像质量。这种基于PC机的多媒体主控台系统称为第二代数字视频监控系统。第二代数字监控以DVS、DVR为代表，其主要特点是图像经过编码压缩后再进行传送，存储的介质也转变为DVR中的磁盘，监控的范围也从封闭式转变为半封闭式。DVR对VCR实现了全面取代，在视频存储、检索、浏览等方面实现了飞跃。

(3)网络视频监控阶段

网络视频监控阶段是从21世纪初开始的。随着网络技术的发展，数字视频监控系统进一步发展为具有网络功能的视频监控系统，即第三代网络视频监控系统。它集成了多媒体技术、数字图像处理技术及远程网络传输等最新技术，不仅可以实现图像传输、远程控制、现场信号采集等监控功能，还可提供高质量的监控图像和便捷的监控方式。

(4)智能视频监控阶段

随着计算机、网络、通信技术的日趋成熟，以嵌入式技术为依托，以网络、通信技术为平台，以图像智能分析为特色的智能视频监控系统成为当今视频监控的先进代表，引领着视频监控的发展方向。第四代智能视频监控系统基于网络视频监控系统，依托于视频内容分析技术(VCA，Video Content Analysis)的发展和应用，对视频进行一系列分析，从中提取运动目标信息，发现感兴趣的目标与事件，并根据预设模板或用户预设的规则，自动识别出感兴趣的目标并得到感兴趣的数据，并将这些信息及时反馈给监控员，从而实现视频远程控制、视频内容分析与自动报警等多种功能。

2.视频监控技术的发展趋势

IT技术的进一步发展也促进了视频监控技术的发展。总体来说，视频监控技术呈现出网络化、数字化、高清化、标准化、智能化、普及化的发展趋势。具体情况如下：

(1)网络化

从网络环境看，今天的网络已经完全具备了进行视频传输和视频通信的条件。我们在互联网上可以进行稳定、清晰、流畅的交互式视频应用，包括视频会议、可视聊天、在线观影等，其带宽、时延以及稳定性已经完全超越了我们以往的想象，完全可以满足视频监控的承载需求。借助于用户鉴权、码流加密等安全性技术，网络化传输比模拟监控裸线传输更安全，且不易受到外部环境干扰。

视频监控技术的网络化意味着系统的结构由集总式向集散式发展。集散式系统采用多层分级的结构形式，使整个网络系统硬件和软件资源以及任务和负载得以共享。在网络化的监控系统里，可将前端采集编码、存储、显示、分析、传递、管理等模块分布在网络的各个节点，各种监控信息可以沿网络的分布而传递，任何网络用户都可实现实时查看。监控系统的网络化，使监控信息的获取更便捷，安装、管理、维护更灵活方便。IPC（Internet Protocol Camera，网络摄像机）便是数字化和网络化推动的成果，而网络化程度更高的 NVR（Network Video Recorder，网络录像机）也将随着网络化的进程逐步得以应用。随着无线互联技术的全面应用，视频监控系统的网络化发展必将提升到一个新的高度。

（2）数字化、高清化

安防视频监控产品的数字化进程在 20 世纪末已经开始，主要表现为模拟磁带录像机被硬盘录像机取代。但目前正在运行的视频监控系统，仍然很多采用模拟摄像机，其功能、图像分辨率都非常单一，无法满足现代安防监控系统对图像清晰度、图像质量、安防特色功能的需求。随着相关视频采集、处理、分析、传输和显示技术的成熟，模拟摄像机将会逐步退出市场而被全数字化的 IP 摄像机取代。IP 摄像机具备更高的图像分辨率和更丰富的安防特色功能，视音频不再采用模拟同轴电缆传输，而是通过各种 IP 网络，从而实现安防产业技术的全数字化进程。

同时由于网络化的到来，监控高清化成为可能，而且趋势非常明显。高清网络摄像机，具有更高的清晰度以及百万像素的传感器，可以获得更多的视频信息，应用区域非常广泛。

（3）标准化

视频监控技术不断发展，功能不断完善，在众多领域不断得到应用，必须制定统一的行业标准来推动整个行业的更好发展。以往因为没有统一的行业标准，各个监控系统设备制造商、解决方案提供商在具体施工中进行了大量的二次开发，增加了系统开发和维护成本，阻碍了不同厂商产品之间的集成和信息共享。目前从国家和行业层面已有多个专门机构负责进行标准化的工作。

(4)智能化

随着安防视频监控系统的大量建设,监控的范围会越来越广泛。智能化分析技术的发展是一个颠覆性的创新,能对场景内出现的目标进行行为识别,从而使监控系统的功能从事后追查为主转为以预防为主,有效地提高了监控系统本身的效率。未来智能视频监控技术将向两个方向发展:一是适应更为复杂和多变的场景;二是能识别和分析更多的行为和异常事件。其中,行为模式识别、生物识别、目标检测与分析、自动跟踪识别、运动理解等技术将是智能化技术发展的主要内容。

(5)普及化

因为网络化的到来,视频监控的普及化趋势越来越明显,向民用市场的渗透就是其中一个体现。由于网络化的发展和电信运营商的介入,视频监控在商铺、家庭以及个人等民用市场的应用正获得越来越多的关注,而该类业务被运营商称为公众业务。这一市场将成为视频监控下一个爆发性的增长点。该市场对业务的需求主要体现在报警联动与移动监控,具体涉及 IP 前端以无线或有线方式接入红外、门磁、烟感、温感等各类报警设备,检测到报警时发送手机短信通知用户,用户通过 PC 或手机实时浏览监控图像等。随着无线技术的不断发展,无线视频监控将真正扫除传输带宽的障碍,从而大大促进视频监控业务在民用市场的深入普及。

## 1.2 监控系统的分类

监控系统是利用视频监控技术探测、监视设防区域,实时显示、记录现场图像,检索和显示历史图像的电子系统或网络系统。

### 1.2.1 模拟视频监控系统

模拟视频监控系统是第一代视频监控系统,也叫作闭路电视监控系统,简称 CCTV(Closed Circuit Television),是完全模拟的视频监控系统,产生于 20 世纪 70 年代。模拟视频监控系统由视频采集设备、信号传输设备、切换控制设备、显示与记录设备组成。其中,视频采集设备包括摄像机、镜头、防护罩、支架、解码器、视频分配器；信号传输设备主要是各类线缆及连接器、信号收发器、信号放大器；切换控制设备包括矩阵、控制码发生器、键盘、人机界面；显示与记录设备主要有多画面处理器、多画面分割器、监视器、磁带录像机等。如图 1-1 所示。模拟视频监控系统主要用于安保、生产管理等方面，其前端采集、后端显示以及传输线路上均使用模拟信号。这一阶段监控系统中基本不使用视频监控软件。

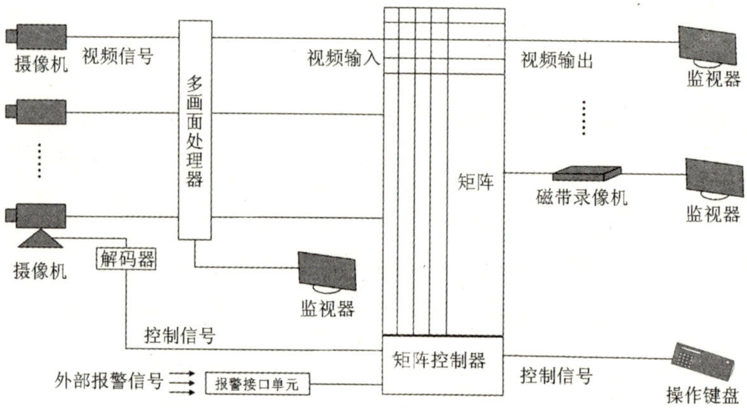


图 1-1　模拟视频监控系统结构示意图

1.模拟视频监控系统的优点

模拟视频监控系统适合应用在经典的、中小区域范围内的监控。其基本特征是集总式，即所有的图像信号都传送（连接）到一个中心（设备）点，典型的是视频矩阵。系统通过矩阵对图像信号进行切换和分配，从而实现各种显示方式，并将图像信号传送至其他需要共享图像资源的地点。集总式系统（监控中心）的优点体现在：

（1）拥有最完整的资源，同时获得全部图像信号，一定距离范围内图像质量保持得很好。

（2）拥有系统最大的带宽，可以充分实现设备的技术能力，得到较高的技术指标。

（3）拥有最佳的观察效果，可以实时选择任何图像，符合人的观察习惯。

(4)技术成熟,产品配套完整,相关的技术标准齐备,用户可以有多种选择。

2.模拟视频监控系统的缺点

(1)线路需要专门铺设,建设成本高,且在较长距离传输时需要使用视频放大器进行视频放大以补偿传输损耗,从而导致信号信噪比下降。在实际工程中,图像会产生明显失真,影响后端的显示效果。

(2)没有完整的针对大量前端设备的有效管理机制,所有模拟信号需要连接到中央视频切换矩阵,系统容量有限,系统的应用灵活性较差、不易扩展。

(3)视频图像信号采用未经压缩的模拟信号存储,需要使用大量的磁带介质,存储成本高、体积大且不易保存;录像质量随拷贝数量增加及时间的推移而降低;调看录像非常不方便,检索时需要在录像带上反复进退查找。

(4)中心控制设备是集总式系统的核心,也是系统可靠性的关键点,如果出现故障,就会导致整个系统瘫痪。

### 1.2.2　数字视频监控系统

20 世纪 90 年代,随着计算机技术的飞速发展、计算机处理视频技术的不断成熟,人们开始利用计算机的高速数据处理能力进行视频的采集和压缩处理,利用显示器的高分辨率实现图像的多画面显示,从而大大提高了图像质量。数字视频监控系统主要由摄像机、各类采集设备、PC 机/工控机、采集卡、视频压缩卡、通信接口卡、PC 监控设备、DVR 等组成。系统在远端有若干个摄像机、各种检测和报警探头与数据设备。远端模拟摄像机获取的图像信息,通过各自的传输线路汇接到 DVR/DVS 监控终端上,然后再通过通信网络将这些信息传到一个或多个监控中心,监控中心用户通过终端或电视墙远程查看。如图 1-2 所示。

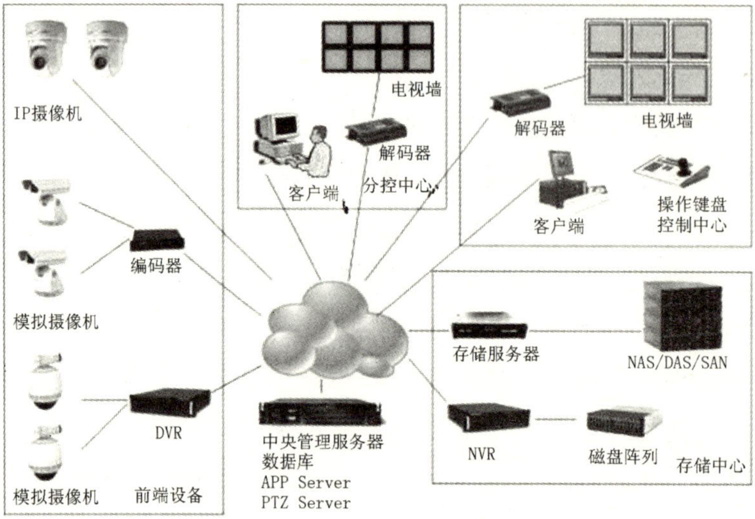


图 1-2　数字视频监控系统结构示意图

数字视频监控系统的标志性产品是 DVR，它是集音视频编码压缩、网络传输、视频存储、远程控制等功能为一体的计算机系统，其主要组成是视频采集卡、编码压缩程序、存储设备、网络接口及软件体系等，分 PC 式和嵌入式。DVR 是一套专门用于图像存储处理的计算机系统，其可以对各种多媒体信息进行存储处理，为远程监控打下基础。DVR 集录像机、画面分割器、云台镜头控制、报警控制、网络传输五种功能于一身。这个阶段的数字视频监控系统，传输依旧采用传统的模拟视频电缆，所以实际上其是以 DVR 为关键设备的综合数字与模拟技术的解决方案。这一阶段使用的监控软件基本上都为单机版的 DVR 软件。DVR 的关键技术是编码压缩算法，目前主流的算法是 MPEG-4。

1.数字视频监控系统的优点

(1)便于计算机处理。由于数字视频监控系统对视频图像进行了数字化，所以可以充分利用计算机的快速处理能力，对视频图像进行压缩、存储和显示，录像质量好且不会随时间的推移而变差，也不会因多次传输、记录和处理而降低，而且对视频信息的存储也更加方便，比录像带方式节约大量资金、节省存储空间。

(2)便于查找。在传统的模拟监控系统中，当出现问题时需要花费大量时间观看录像带才能找到现场记录，而在数字视频监控系统中，利用计算机建立的索引，可以很快定位到相应的录像内容，使报警事件以及事前/事后报警信息的搜索变得简单。

(3)提高了图像的质量与监控效率。利用计算机可以对不清晰的图像进行去噪、锐化等处理；通过调整图像大小，借助显示器的高分辨率，可以观看到清晰的高质量图像；在一台显示器上可同时观看多路视频图像。

(4)功能更为丰富。系统具有监控、录像、回放、报警联动、远程控制、管理等功能，有强大的应用软件支持，且便于现场操作。

(5)系统易于管理和维护。数字设备集成度高，体积较小，易于安装、使用和维护。

2.数字视频监控系统的缺点

(1)布线复杂。大型监控系统需要将视频源汇聚到监控中心，导致布线工程量大，而矩阵、DVR、视频分配器等多种设备需要占用大量机柜和机房空间，并且数量众多的视频线路给工程实施带来很大麻烦。

(2)有限可扩展性。矩阵协议标准并不统一，厂商之间存在较大差异，因而对随后的扩容会造成不利影响；在系统扩容时，需要在监控中心增加矩阵切换箱、视频分配器、DVR等大量设备，需要为每一个新增的监控点布线，扩容成本高；DVR分配扩展权限一般是有限的。

(3)有限可管理性。用户在对相关监控点和DVR进行控制时，需要利用到一些管理软件。因为“矩阵＋DVR”是两套系统组合，矩阵作为实时查看设备，DVR作为数字存储设备，两套系统是保持独立的，或者说仅仅是两套系统的组合，没有形成统一的管理平台，设备、线路一旦出现故障难以及时准确定位。

(4)有限远程监视/控制能力。用户在访问摄像机时有一定限制，不可以随意访问，只能通过DVR间接访问。

(5)磁盘易发生故障风险，录像容易丢失。系统采用DVR作为存储介质，但是DVR一般没有采用RAID(Redundant Array of Independert Disk，独立冗余磁盘阵列)技术，因而对其应用造成了明显限制，使得DVR在调查取证方面的可靠性受到影响。

### 1.2.3 网络视频监控系统

从21世纪初开始，随着网络带宽的提高和成本的降低、硬盘容量的加大和中心存储成本的降低，以及各种实用视频处理技术的出现，视频监控步入了全数字化的网络时代。网络视频监控系统设备包括网络摄像机(IPC)、视频服务器(DVS)、网络录像机(NVR)、解码设备(Decoder)、存储设备及中央管理平台(CMS，Central Management System)等，采用完全分布式的架构，架设在网络上。节点设备(视频服务器、视频网关和数字录像设备等)是系统的核心，既是区域内前端设备的控制和管理设备，又是LAN或INTRANET的节点设备。网络上的任一节点都可以得到系统的全部图像信息，并对其他区域内节点的前端设备进行功能遥控。前端信号一般采用H.264进行压缩，然后转为IP数据包进行传输。

视频采集编码设备：和编码相关的设备主要有网络摄像机、模拟摄像机、视频编码器，这些设备的工作主要是对相关视音频信号进行采集、编码和传输等。

中央管理平台(CMS)：此种管理平台的构成组件较复杂，其功能主要是对资源进行管理，并同时提供告警服务。

网络录像机(NVR)：此种设备可以完成的工作为视频的存储、转发与回放，其和DVR的主要区别在于不直接与模拟视频信号连接，存储的信息是已经编码过的视频流，因此需要和编码器结合起来形成完整的系统。

解码显示设备：此种设备主要用于对接收到的数字视频信号进行还原处理，并显示出来。

在网络视频监控系统中，视频监控软件是不可或缺的，普通用户需要使用视频监控软件进行日常的监控功能应用，系统管理员更需要使用视频监控软件对监控系统中所有的硬件、软件资源进行全面的管理和维护，也可以认为视频监控软件是网络视频监控系统的核心。

网络视频监控系统根据企业应用规模不同，可以分为企业级网络监控系统和运营级网络监控系统两种。企业级网络视频监控系统一般采用同类设备或同品牌设备，建立一个集中管理平台。运营级网络视频监控系统是为了适应市场的迫切需要，由运营商承建的具有电信级特点的共享式(或专用)视频监控系统，可实现多级监控管理中心互联互通，支持数万乃至数十万个视频监控点（前端设备可来自多家厂商）的规模，使用户可以不受时间、地点、终端的限制对监控目标进行实时监控和管理，实现全国（乃至全球）范围内跨地域的统一监控、统一存储和统一管理。

网络视频监控系统结构示意图及架构图如图1-3和1-4所示。

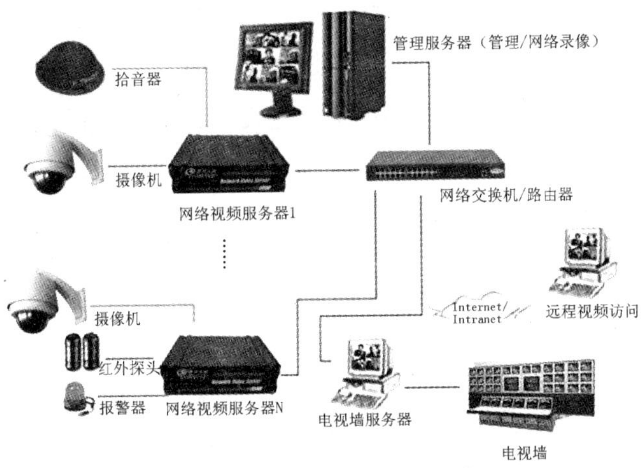


图1-3　网络视频监控系统结构示意图

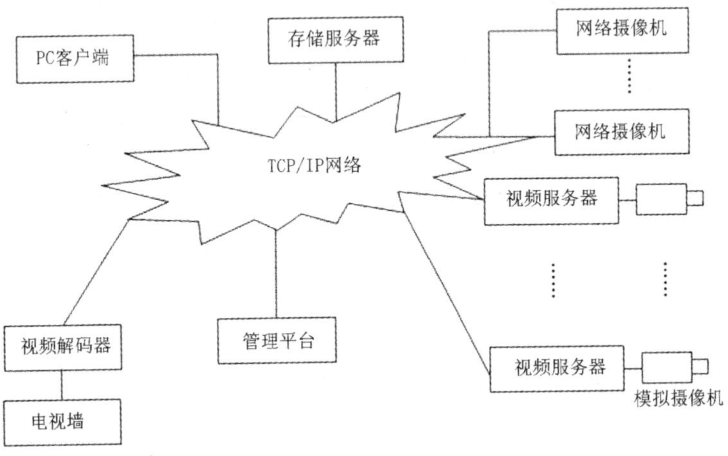


图1-4　网络视频监控系统架构图

1.网络视频监控系统的优点

(1)便于分布控制、访问和存储资源。可以使用双绞线或无线方式传输相关视频信号,并同时传输水平、垂直等方面的控制命令,任何经授权客户机都可直接访问任意摄像机。

(2)集中进行管理和统一进行资源配置。只需要配置满足一定条件的服务器和系统管理软件就可以满足相关系统运行的需要。

(3)信号基于IP网络传输,适合远距离传输和远程访问控制。数字化视频信息可以通过网络进行高速传播,不易受到外界干扰和线路衰减的影响,可以显著提高传输过程中的图像品质和稳定性。其能够进行加密传输,可以在数千里之外实时监控现场,布控区域大大超过前两代系统。

(4)布线成本低。现在的建筑一般都铺设了IP网络,可以充分利用现有的公共信息网络(局域网、无线网、互联网)进行视频信息的传输,网络带宽可复用,无须重复布线。

(5)易于升级。在这种系统中,用户可以根据需要方便地监视其他摄像机,且服务器还可以方便地升级,驱动器和带宽等也可根据需要进行升级,因而适用范围较广。

(6)坚固的冗余存储器可以方便地利用相关RAID等技术对监视图像进行保护,确保其不受到硬件损坏的影响。压缩处理后的数据可以保存在光盘中,方便后续查询。

2.网络视频监控系统的缺点

(1)相关产品尚未完全成熟,接口关系不统一,前端及客户端的接口协议标准不统一,遇到有接入要求时需要对系统重新进行定制开发;平台基本上是封闭的,系统难以与同行业的管理信息系统集成,也难以与3G、智能应用、车牌识别系统等进行有效的融合。

(2)缺少某些基础的标准和统一、科学的评价方法,系统的灵活性和开放性较差。没有标准的协议,不同厂商产品的互联互通较难实现;无法适应大容量的部署,企业级的平台接入能力基本上都在1万路以下。

(3)网络视频监控系统目前的稳定性和可靠性还有较多问题。具体表现为:系统中断服务;系统核心平台关键部件通常不具备负载均衡的能力或没有进行相应的部署。

(4)网络管理能力较弱。系统没有专门的设备管理软件,没有对前端和平台的进行统一网管,故障报警功能、统计分析功能、故障诊断及故障处理功能较弱。

(5)使用 B/S 方式进行视频监控各类操作时,受客户端环境(如插件、参数设置等)影响很大,客户感知度较差。

虽然网络视频监控系统在实际应用中还存在诸多问题,但毋庸置疑的是,以网络技术为基础构成的视频监控系统是真正高效(节省资源)、灵活,可以对视频资源进行充分共享和分布式管理的系统,是系统结构发展的方向之一。

### 1.2.4 智能视频监控系统

1. 智能视频监控系统的结构

近些年来,随着视频监控系统的迅速发展、摄像头数量的快速增多,大量的视频数据给实时监视报警和视频数据的有效使用带来了挑战。一个标准的视频监控系统经常有几十路甚至上千路视频和相应的数字录像数据,操作人员通过观测每一路视频从而发现报警事件变得非常困难。此外,在事后分析报警事件时,因视频监控缺乏对视频的智能分析,视频与行为之间未建立描述关系,录像数据无法被有效地检索。解决以上问题的一个有效方法是对视频进行自动智能分析,及时报告可疑事件(如闯入禁区、逆行、滞留等),并对提出来的事件信息和视频数据一起记录,从而达到实时报警和事后视频有效检索的目的。由此,智能视频监控技术应运而生,它能通过对视频图像的识别、分析而自动捕获到可疑目标,从而及时对可能发生的安全事件进行预警,降低监控人员的工作强度。具体来说,智能监控系统的功能主要体现在以下几个方面:

第一,对视频图像规划警戒区域。

第二,对视频图像进行实时自动检测。

第三,对视频图像中的可疑事件进行检测。

第四,对检测结果进行分析,如果属于预定警戒事件立即报警。

第五,对视频图像区域内的检测事件设置检测条件。

第六,可对视频图像进行实时自动目标检索和可疑事件检测,并立即报警。

第七，可检测交通、物流、银行、石油化工、工矿企业、小区楼宇、电力、电信、监狱、城市治安等系统的各种异常事件。

第八，对已经出现或将要出现的安全事件，通过声音、视频等方式实时发出警报信息，通知相关人员做出快速反应，并启动相应预案。

第九，可对摄像头自身的非正常状态进行检测，如摄像头抖动、图像模糊、镜头遮挡、无视频信号等。

第十，可以对大量视频数据进行检索，发现和识别可疑片段，节省人力投入。

第十一，根据现实情况有选择地设置触发事件的区域和规则。

智能视频监控系统主要包括智能视频分析服务器(JIVS)和智能监控管理主机(JIVM)。其中，JIVS能够运行智能分析软件，完成对指定视频的智能分析，向JIVM提供智能报警信息。智能视频分析技术来源于计算机视觉技术，它能够在图像及图像描述之间建立映射关系，从而使计算机能够通过图像处理和分析来理解画面中的内容，其实质是“自动分析和抽取视频源中的关键信息”。JIVM负责运行智能监控平台，完成对智能监控系统内设备的管理和报警信息管理，主要功能是资源的管理、媒体的分发、存储管理、告警服务、用户服务功能。智能视频监控系统结构示意图如图1-5所示。

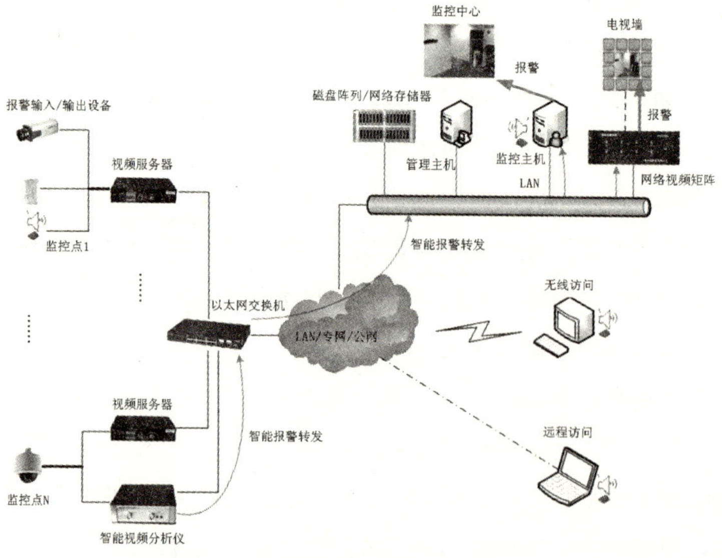


图1-5　智能视频监控系统结构示意图

2. 智能视频监控系统的应用

金融系统应用：如 ATM 监控、银行出入口、柜台交易、外围周界防范、金库等。

交通行业应用：为交通行业提供智能化解决方案，如拥堵检测、车流量统计、车速统计、停车检测等。

楼宇/周界视频分析应用：适用于室内较拥挤的场景，如人流量统计、区域人数统计、尾随检测、离岗检测等。

平安城市智能视频分析应用：适用于城市中各种复杂场景，如场所周边设防入侵检测、特殊地区跌倒侦测/越界侦测、车站滞留侦测/遗留物侦测、场馆客流分析统计检测、广场/场馆视频公共信息服务等。

无人值守的监管行业：如停车场周界防范、电力周界防范等。

部队/监狱/看守所智能监控：适用于监狱各种设施场景，如看护哨所、入侵检测，监狱打架斗殴监控、敏感地区非规定时间检测等。

森林防火智能防范：适用于各种森林复杂场景，如烟雾感应智能识别、明火隐患智能监测、灾备预警检测、人员异常检测等。

(1)智能视频监控系统的优势

①全天候可靠监控。将大量的、枯燥的视频内容分析工作交给编码器或计算机，将安保人员从传统的繁重监控任务中解脱出来；可以使用更少的人力获得对各种安防事件更全面的管控，从而提高视频监控系统的有效性。

②报警精确度大为提高。能自动“观看”视频，分析识别出其中的可疑行为，并在可能的危险发生时，发送报警信号到用户；在监控模式方面有很明显改进，对突发事件的响应速度大为提高。

③可以扩展视频资源的用途。可以高效地对相关目标进行识别分析，将视频监控的应用进一步扩大到非安全监视领域。

④智能化视频录像检索技术。可以为海量的视频录像信息自动添加丰富多样的智能化“标签”，使视频录像可以根据需要按照多种类型、层次进行存储，从而在图像检索方面有较高的利用价值。

(2)智能视频监控系统发展中的主要问题

①系统成熟度与客户的要求相差较远。由于客户对系统的相关性能并不是很了解,可能对系统的自动识别功能有过高的要求,从而产生一定的需求落差。

②系统在实际的复杂使用环境中容易受到外界环境的干扰。例如在灰尘较多的环境中,其识别与分析效果很容易受到光线和背景因素的影响,从而导致漏报。

③系统的有效工作对设备的配置要求较高,且对设备安装也有较高的要求。而目前的相关设备价格较高,使用范围受到限制。

④目前的智能视频监控系统还缺乏统一的标准和规范,且不同厂商对分析识别功能等方面的理解存在较大差异。

从目前的状况来看,国内外此种系统还都处于初期发展阶段,相关规范还没有建立起来,智能视频监控系统的大规模推广还有很长的路要走。但智能化视频监控具有“自动”“先知”等方面的优点,可以为监控系统的维护和管理工作带来很大方便,且可以有效提高其使用效率,因此智能视频监控系统是视频监控的重要发展方向。

## 1.3 视频监控相关标准

### 1.3.1 国际标准化组织

1. ONVIF

ONVIF(Open Network Video Interface Forum,开放性网络视频接口论坛)主要由 Axis、Bosch 和 Sony 三家企业联合推出,其属于一类应用较广的网络视频监控行业标准组织,主要目标是推进网络视频在安防市场的应用。如果不同的厂家均使用此种标准,则可以确保生产的网络视频产品之间保持较高的兼容性。此标准经历了几个阶段的改进,到 2010 年 ONVIF 核心技术规范第二版被发布出来,主要涉及包括设备发现、实时音视频等方面的规范。

随着视频监控的网络化应用,与此相关的厂商也不断增多,相应的产业分工也渐趋明显。例如开始出现专门做摄像头、DVS、平台之类的厂商。这些相关产品通过集成处理提供给最终客户。在这种行业发展形势下，需要行业制定出高标准化的接口平台。ONVIF 标准则较好地满足了此方面需要，可以为网络视频设备的信息传输和交换提供通用协议，使终端用户、集成商等相关各方可以更轻松地开发产品而不需要过多地考虑兼容问题。这对视频监控行业的进一步规范发展起到了一定的促进作用。ONVIF 主要规定了网络视频的模型、接口和相关交换模式等，并沿用了一些现有标准，如 WS 系列标准等。ONVIF 规范的主要目的在于实现统一的网络视频框架协议，使不同厂商的网络视频产品可以达到完全互通的要求，为生产商带来较多便利。在这种规范下，服务器端与客户端主要通过 SOAP 协议进行传输，这样可以较好地满足相关传输需要。

ONVIF 的成员企业占据了全球相关产品市场份额的很大一部分，北美、欧洲和亚洲地区众多有影响力的企业都已参与到这个标准化组织中，国内的海康威视、佳信捷等都是其中的会员。

2. PSIA

PSIA(Physical Security Interoperability Alliance，实体安防互通联盟)是由 65 个以上的安防厂商和系统集成生产商组建的一个国际性联盟，其主要目的是促进安防生态系统和相关安全设备之间的互通性。此联盟成立后，主要将目标放在为实体安防系统相关的软件平台提供通用化、标准化的接口等方面，确保各类安防系统的兼容性。这套标准普遍适用于广阔的安防硬件设备市场，包括门禁控制、存储及其他方面的内容，而不仅限于 IP 视频监控。

PSIA 董事会成员包括 Inovonics、思科、泰科、海康威视、大华、Honeywell 等知名品牌。参与 PSIA 的成员来自监控摄像机、视频管理软件、门禁控制与系统整合等不同性质的厂商。PSIA 主要包括 5 个工作组：IP 视频工作组、视频分析工作组、存储和内容管理工作组、访问控制工作组、系统整合工作组。

PSIA 创造了 7 个互补的协议。PSIA 协议主要由两部分协议组成：IPMD 和 RaCM。IPMD 负责设备管理；RaCM 负责提供录像内容存储和资源管理。协议采用 HTTP＋XML 的方式传输和表示数据，采用 REST(表象化状态变化)架构，把所有的信息都当作资源，给外界提供一个统一的方法。

3. IEEE

IEEE(Institute of Electrical and Electronics Engineers,电气和电子工程师协会)从 1998 年开始展开对视频监控的研究,并取得了很多有重要价值的成果。目前其主要研究方向为人物的智能识别与跟踪、图像处理和交通监控等。随着网络技术的发展,其研究范围也不断扩大,现在已经扩大到大规模的摄像机网络以及如何组建更复杂的智能视频监控系统。目前 IEEE 已经研发出的重要成果为智能视频监控相关的技术和算法,例如目标跟踪算法等。

由我国技术专家为主研究制定的数字视频编解码技术标准 AVS 于 2013 年 6 月 4 日被 IEEE 标准化委员会颁布为 IEEE 1857 标准。该标准独具特色的一个部分是针对视频监控的监控档次 AVS-S2,编码压缩性能达到目前视频监控业界主流使用的 H.264(又称 MPEG-4 AVC)标准的两倍,而且在码流层支持感兴趣区域的自动提取与表达。

4. ITU-T

ITU-T(ITU Telecommunication Standardization Sector,国际电信联盟远程通信标准化组织)创建于 1993 年,前身是国际电报电话咨询委员会(International Telegraph and Telephone Consultative Committee),总部设在瑞士日内瓦,是国际电信联盟管理下的专门制定远程通信相关国际标准的组织。由 ITU-T 制定的国际标准通常被称为建议(Recommendations)。由于 ITU-T 是 ITU 的一部分,而 ITU 是联合国下属的组织,所以由该组织提出的国际标准比其他组织提出的类似的技术规范更正式一些。ITU-T 的各种建议的分类由一个首字母来代表,称为系列,每个系列的建议除了分类字母以外还有一个编号,比如说“F.743”“H.264”等。

ITU-T 在视频监控方面也进行了深入研究,目前主要研发方向为:实现视频监控业务的相关技术(主要如媒体流分发体系、网络存储等),视频监控面临的安全问题(主要涉及信息控制、多用户同时服务、监控内容传输等),需要进一步统一和规范处理的内容(图像编解码的标准、网络中传输层的标准等),以及和其他系统的融合与互通(与视频会议、NGN、家庭网络、传感器网络等)。

H.264 是目前视频压缩处理领域的一种新型视频压缩编码标准,由 ISO/IEC 等联合制定。H.264 是在 1996 年制定的 H.263 标准基础上制定的。ITU-

T 的视频编码技术人员进行了两方面的研究:分别是短期计划和长期计划。前者主要是在 H.263 基础上增加选项,以扩大其应用范围;后者主要是制定一种新标准为低码率相关通信提供服务。长期计划产生了 H.26L 标准。和前一种标准相比,其在压缩效率方面具有明显的优越性。随后 ISO 的 MPEG 组织看到此种标准的优势,便开始联合 ITU 组建一些联合视频组(JVT),对先前建立的 H.26L 草案进行扩展和完善,使其成为一种国际性标准,并将该标准命名为 AVC。该标准在 ITU-T 中则被称作 H.264 标准,其主要优点表现在:在相同的重建图像质量下,相对前一种标准产生的码率明显降低,可以降低 50%的码率;信道时延有较高的适用范围,低时延模式可以在各种领域得到使用,如可以在无时延限制的场合得以应用;显著地提高网络适应性,相应的结构和语法也更简洁,从而可以高效地进行误码和丢包处理;在编码处理时可以根据需要进行分级,以便更好地适应各种条件下的图像传输。H.264 视频压缩标准和先前的标准相比,涉及很多先进的技术,主要有整数变换、空域内的帧内预测以及相关帧大小预测技术等,其压缩比较高,因而对信息传输有利。

### 1.3.2　国内标准化组织

1. 中国通信标准化协会(CCSA)的 IP 与多媒体通信技术委员会

中国通信标准化协会是一个专门致力于通信领域技术标准化的非营利组织,2005 年成立于北京,主要成员是一些国内外通信方面的企、事业单位。在视频监控方面,此协会目前的主要工作是对原有的闭路电视监控和相关远程视频监控标准进行改进,使之扩展为一种新型的电信级业务标准。这种业务标准应满足安全性更高、具有一定的扩展性和清晰的商业模式要求。视频监控的标准化工作主要集中在 CCSA 的 IP 与多媒体通信技术委员会(TC1)内进行,与之相关的主要单位有中国网通、中国电信、电气通信设备制造商和一些研究机构。他们联合进行了标准的起草与讨论工作。

CCSA TC1 在详细分析目前的监控系统发展形势基础上,于 2006 年制定并发布了《基于 IP 网络的公众视频监控业务的发展形势的报告》。此报告主要对目前国内的视频监控业务发展形势做了具体论述,分析了其应用领域以及和其他视频业务的区别;对视频监控的发展历程和相关技术的发展现状等进行了具体分析;论述了视频监控业务相关缺陷,预测其发展方向并给出了相关建议。CCSA TC1 在此报告基础上接着起草了《电信网视频监控系统》标准,并在征求相关方意见的基础上,发布了正式标准。此标准体系中包括的内容有:第一部分主要是相关业务需求;第二部分为与此相关的技术和理论;第三部分对相关业务平台测试方法进行了详细和具体的论述;第四、五部分主要是对用户终端设备技术和相关测试方法进行了详细分析;第六部分介绍了这种系统的相关服务质量要求等。

2. 全国安全防范报警系统标准化技术委员会(SAC/TC100)

全国安全防范报警系统标准委员会(简称全国安防标委会)是专门制定我国安防技术标准的一个专业化组织,主要工作是制定我国安全防范相关国家和行业标准,并对相关的标准进行修订。全国安防标委会的常设工作机构 TC100 秘书处设在公安部第一研究所。

此委员会的主要工作为:遵循国家有关法令以及相关行业技术要求和规范等,向国家标准管委会提出安全防范方面的建议;依据相关标准的制定原则和要求,在符合安全防范技术要求的基础上,制定安全防范专业标准体系和相关的解释说明文件;按照国家和行业相关标准要求,制定和修订年度计划,起草此方面的国家和行业标准草案;对于已经得到批准的国家和行业标准,通过一定方法确保其得到贯彻实施,并根据实际执行效果进行复审、修订。全国安防标委会还需要进行与安防相关的其他方面标准化工作,如制定视频监控相关的技术规范。在国家标准方面,主要是为安防相关设备制定规范(主要有入侵探测器、数字录像设备等)。在行业标准方面,主要是制定视频安防监控系统相关的标准。

为适应社会公共安全行业标准化工作与国际接轨的需要,TC100 加强与国际和国外报警系统专业标准化组织的联系,安防标委会秘书处代表中国 IEC 委员会(秘书处)多次出席 IEC/TC79 工作会议,并代表中国参与 IEC/TC79 起草的国际标准草案的审查和网上投票表决。TC100 还与英、法、日、美、加拿大等国的标准化组织建立了业务联系。截至 2014 年,TC100 在全国范围内已形成一支安全防范专业标准化技术的骨干队伍。

全国安防标委会制定的标准可以为全国的安防视频监控系统提供依据和

规范，这些标准对行业的影响很明显。近年来，在视频监控联网标准工作方面，全国安防标委会主要进行了公安部《城市监控报警联网系统标准》的行业标准编修制定工作。该标准主要是面向城市监控报警联网系统等制定的，其从对视频编解码、安全测试、视频信息传输和播放、平台系统的使用、系统验收等方面做了明确要求。该行业标准可以对全国安防系统建设提供参考标准，并为监控系统相关设备的开发、生产起到指导作用。

### 1.3.3　相关参考标准

1. GA/T 367-2001《视频安防监控系统技术要求》

该标准的技术内容适用于模拟系统或部分采用数字技术的模拟系统。

该标准规定了建筑物内部及周边地区安全技术防范用视频监控系统的技术要求，是设计、验收安全技术防范用电视监控系统的基本依据。该标准适用于以安防监控为目的的新建、扩建和改建工程中的电视监控系统的设计，其他领域的视频监控系统可以参照使用。

2. GB 50348-2004《安全防范工程技术规范》

《安全防范工程技术规范》已经制定并发布 20 多年，是我国安全防范领域较为重要的技术标准，其内容完整、格式规范，可以对新建、改建、扩建的相关安防工程提供施工依据，在通用型公共建(构)筑物和一些危险性较高的建筑安全防范方面具有较强应用价值。《安全防范工程技术规范》主要是对相关安防的工程设计、施工、检验等方面提出了较高的质量标准，并详细地参考了全面质量管理的理念和相关要求。

该规范在制定过程中，严格依据国标相关要求，并在遵循“质量责任重于泰山”原则的基础上，为安防工程的各方面制定了具体明确的标准和依据。

3. GB 12663-2001《防盗报警控制器通用技术条件》

该标准是对 GB 12663-1990《防盗报警控制器通用技术条件》的修订，在产品功能方面进行了较大的扩充，引入了国际较先进的要求，扩展了标准的覆盖面，并将产品分成三个等级，以便与国际标准接轨。该标准规定了用于建筑物内及其周围的防盗报警控制器的功能、性能和试验要求，适用于有线系统的防盗报警控制器的生产和检验，不包括防盗报警控制器与远程监控站之间系统数据的加载和卸载内容。

4. GB/T 16677-1996《报警图像信号有线传输装置》

该标准具体明确地规定了报警图像信号有线传输装置应满足的性能功能要求，并同时规定了这些装置的相关试验方法，从而在生产和验收此类装置方面具有重要价值。该标准主要适用于视频信号传输线路如同轴电缆、光缆等，其他与报警信号关联的传输系统也可以利用此标准。

5. GB/T 15211-2013《安全防范报警设备环境适应性要求和试验方法》

该标准从2015年3月1日开始实施，替代了GB/T 15211-1994(报警系统环境试验)。该标准规定了安全防范报警设备环境适应性的试验目的、试验方式、试验设备和试验程序，适用于入侵报警系统、视频监控系统、出入口控制系统(包括楼宇对讲系统)、电子巡查系统、停车场(库)安全管理系统、公众求助系统、远程接收和监控中心、各子系统的组合及集成系统、含有电子装置的实体防护设备、人体生物特征识别应用设备等安全防范报警系统中的设备。

6. GB 20815-2006《视频安防监控数字录像设备》

该标准规定了视频安全防范监控系统中数字录像设备的通用技术要求、试验方法、检验规则、对文件要求及标志、包装、运输和存储，适用于以安全防范监控为目的的视(音)频数字录像设备的生产和检验。

7. GA/T 669.1-2008 城市监控报警联网系统技术标准

GA/T 669《城市监控报警联网系统技术标准》分为11个部分，其中GA/T 669.1-2008替代了GA/T 669-2006《城市监控报警联网系统技术要求》。

GA/T 669.1-2008规定了城市监控报警联网系统的设计原则、系统结构、系统功能及性能要求、系统设备要求、信息传输要求、安全性要求、电磁兼容性要求、电源要求、环境与环境适应性要求、可靠性要求、运行和维护要求等通用性技术要求。该标准是进行城市监控报警联网系统建设规划、方案设计、工程实施、系统检测、竣工验收以及与之相关的系统设备研发、生产的依据，适用于城市社会公共安全领域的监控报警联网系统，其他领域的监控报警联网系统可参考采用。

8. GB 50394-2007《入侵报警系统工程设计规范》

该标准主要的制定目的是规范入侵报警系统工程的设计，可以将其看作是

GB 50348-2004 的配套标准。该标准在安防工程建设领域有广泛的影响力，属于此方面的基础性标准之一。在安防工程建设中，利用此标准可以保证安全防范工程建设质量，避免各种安防工程问题的出现。此标准的适用范围较广，可以在安全防范相关工程的新建、改建、扩建等领域适用，且对设计和检测入侵报警系统具有一定的指导作用。

9. GB 50395-2007《视频安防监控系统工程设计规范》

该规范的专业性较强，主要用于安防相关建筑物的新建、改建等方面。其在制定过程中，详细参考了我国视频安防监控系统工程积累的丰富经验，同时还参考了国内外安防领域的相关规范，是安全防范系统工程建设的基础性标准之一。

10. GB/T 25724-2010《SVAC 安全防范监控数字视音频编解码标准》

该标准在制定过程中大量参考了 H.264 的内容，同时根据安防监控的具体特点做了相关改进，保留了智能分析相关的视音频特征，如高保真、全语音、小延迟等。SVAC 标准对我国的安防视音频监控系统的设计和研发生产具有重要的指导价值，属于此领域的基础性关键技术标准。它适时地解决了我国安防领域相关技术标准缺失方面的问题，且合理规避了国外相关专利纠纷，对行业发展有积极的促进作用。

11. GB/T 28181-2011《安全防范视频监控联网系统信息传输、交换、控制技术要求》

该标准是由公安部联合信息产业部等国家部门建立的，是一项重要的安防领域国家标准。此标准规范的内容较多，不仅对安防监控系统的信息传输、交换、控制涉及的相关通信协议结构做了具体规定，还对信息的传输、交换、控制等方面的要求做了规定。该标准适用范围较广，主要用于监控联网系统及城市监控系统。

该标准于 2012 年制定并公布，随后在全国平安城市建设领域被广泛采用。该标准由于较好地反映了行业发展要求，且对行业之间的交流有一定规范作用，受到了各大视频监控厂商的广泛欢迎和支持。目前已有百余家视频监控企业通过了与此标准相关的认证，这对行业的规范发展具有积极的促进作用。目前已经获得认证的主要有：深圳宙视达、浙江宇视、高远时代、浙江大华等国内重要的通信技术公司。

# 第2章　网络视频监控系统

进入21世纪后，在网络和计算机技术迅速发展的形势下，相关视频信息监控技术也开始迅速发展，且应用范围不断扩大，从原来的工业军事领域发展到民用领域。视频监控系统就是在这种形势下产生的一种计算机监控系统，该系统以网络技术为基础，主要利用智能图像分析处理技术对数字视频进行分析处理，以达到相应的视频监控目的。这种视频监控系统主要是针对网络环境建立的，自产生以来，就由于各方面的性能优势而受到了学术界、产业界和用户的广泛关注。这种系统较好地克服了DVR/NVR难以通过网络获取视频信息的缺点，用户可以方便地利用网络中的计算机进行视频的观看、录制和管理。根据这种系统实现的物理基础可以看出，它不会受到网络物理结构的限制，在各种网络和连接模式下，如局域网或广域网、有线或无线连接，都可以保持正常稳定的工作。

## 2.1　网络视频监控系统概述

网络视频监控系统中涉及的核心技术为计算机通信和图像压缩技术。该系统具有数字化、网络化、功能强大、成本较低等特点。根据目前现状可以预测，在未来一段时间内，该系统的应用领域将进一步扩大。该监控系统主要是利用网络将各独立分布的图像采集点连接起来，以便实现跨区域、统一监控以及存储管理等方面的目的，并为相关管理决策打下基础。

网络视频监控系统中涉及的技术主要有网络通信、视频编码等，其中利用到的相关资源和设备都基于IP网络。网络视频监控系统可以对监控得到的数据进行多种操作，如存储、回放、报警联动等，且可以进行数据转发和拍照智能处理。

## 2.2　网络视频监控系统的平台及架构

### 2.2.1　网络视频监控平台的组成

网络视频监控系统可以处理多种类型的报警信息，如图像、声音、视频等，并对采集到的信息进行传输、储存、处理。管理者可不受时间地点限制，只需要登录上网络就可以对监控目标进行实时监控。网络视频监控系统主要包括四个子系统，分别为前端视频采集子系统、中心服务平台、用户监控端子系统和接入网络。以下对这几个子系统进行简要介绍。

前端视频采集子系统由摄像机、云台、视频服务器、报警装置等组成，主要功能是接受中心控制指令，对各种类型的报警信号进行采集和发送。

中心服务平台包括区域门户子系统、业务管理子系统、报警子系统、存储和调度子系统等，主要功能是实现多媒体信号的存储、调度、分发以及用户业务管理。

用户监控端子系统包括解码播放器(PC机)、电视墙、报警显示等，主要用于浏览和控制远端视频。

接入网络可以采用ADSL/LAN、E1、WLAN等，用来实现前端子系统接入系统平台的功能。

前端视频采集子系统主要用于信息采集，需要利用到网络摄像机。网络摄像机是综合相关网络技术而发展起来的一种新型摄像机，用户可以利用其将图像信息发送到网络的各个终端。网络摄像机在系统中的作用很重要，在远程监控视频会议等方面有广泛应用。网络摄像机属于视频监控终端，它拍摄到的视频画面，需要进行编码、打包处理，并发送给客户端。

### 2.2.2 网络视频监控平台的逻辑架构

网络视频监控系统平台通过网络进行互联，主管人员可以通过网络浏览直辖片区的安全情况。该系统如果接收到报警信息，可以采集报警点的信息并进行声光报警。此外，它还可以将报警点信息在地图上显示出来，并发送报警信号到直属派出所。监控系统管理者可以根据职责范围分配权限，并结合实际情况进行调度处理，以达到相应的控制目的。前端摄像机可以通过网络传输协议连接 LAN/WAN，管理者可以利用服务器对视频流进行管理。管理服务器的信息处理功能很强大，可以对几千路视频流进行高效管理，而用户端的数量却基本没有限制。

图 2-1 和图 2-2 是典型的网络视频监控平台逻辑架构图和模块架构图。

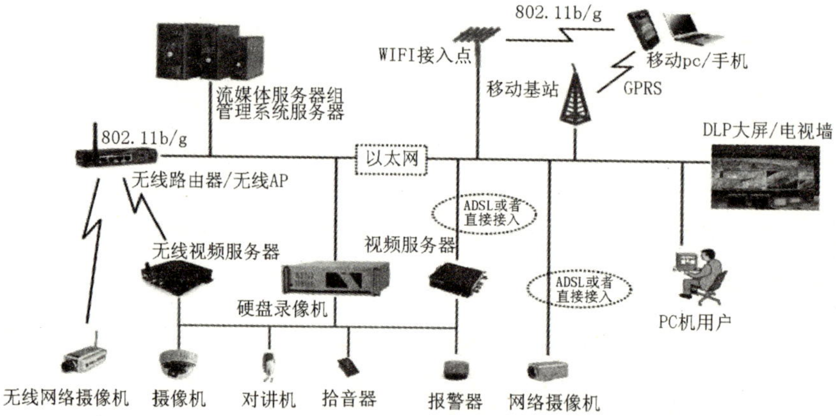


图 2-1 网络视频监控平台逻辑架构图

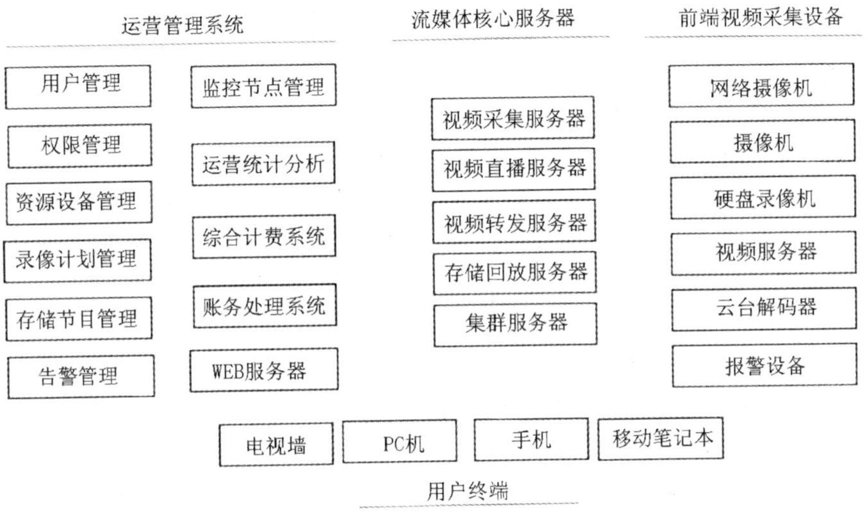


图 2-2　网络视频监控平台模块架构图

# 2.3　网络视频监控系统的设备

## 2.3.1　摄像机

视频监控系统要求摄像机在各种复杂恶劣的环境下也可以正常工作，且得到的图像质量不会受到较大影响。为了适应视频监控系统的特点，研究者从各种角度提出了相应的摄像机改进方法（主要有提高摄像器件性能、改进信息获取技术等），并研究出了可实现复杂功能的高性能摄像机。常见的高性能摄像机为半球摄像机。半球摄像机相比普通枪式摄像机的优势主要表现在不需要配置多种类型的镜头。

1.摄像机的工作原理

摄像机中最主要的功能元件为电荷耦合器件（CCD）。CCD 主要起到信号转换的作用，它可以将光信号变为电荷信号并对电荷进行转移，将空域信号（电荷量）转换成时间域信号。CCD 的工作原理是：目标物体反射的光线传播到镜头，然后再聚焦到 CCD 芯片上，CCD 再依据接收到的光的强弱积聚相应的电荷，然后这些电荷开始外移，并经过处理后形成视频信号发射出去。这种摄像机的优点表现在：体积小、灵敏度高、寿命长。

2.摄像机的分类

可以依据多种方式对摄像机进行分类。例如：可以根据图像色彩将其分为彩色摄像机和黑白摄像机；可依据 CCD 靶面尺寸将其划分为 1/3′摄像机、1/4′摄像机等；可根据同步模式将其划分为内外同步摄像机、电源同步摄像机；可以按照度指标将其分为高照度摄像机、低照度摄像机等；可根据外形将其分为枪式摄像机、半球摄像机和一体化集成式摄像机等。一体化集成式摄像机是集防护罩、云台等器件于一体的摄像机。它既便于安装、调试和维护，又可降低成本。图 2-3 为几种常见的摄像机类型。

图 2-3 常见的摄像机类型

3.摄像机的主要参数

(1)CCD 尺寸。CCD 尺寸可以分为 1/4′、1/3′两种。此元件的面积不同，相应的感光点大小也有明显区别。感光点主要用于光电转换，其体积决定了可以容纳的电荷的极限值。体积越大则相应的光敏度越高，图像层次越丰富。

(2)清晰度。清晰度是一种主观感觉，主要表示人眼看到的图像的清晰程度。清晰度与分辨率紧密相关。分辨率就是成像后最高可辨别的“线对”的数目，它直接决定了图像的清晰度。

(3)分辨率。分辨率指在视频摄录、传输和显示过程中所使用的图像质量指标，用“水平像素×垂直像素”来表达。如 D1 分辨率为 40 万像素(720×576，PAL 制式)。

(4)最低照度。照度和光照强度紧密相关，其含义为单位面积的光通量，单位为勒克斯(Lx)。表 2-1 为各种自然条件下的照度。黑白摄像机和彩色摄像机的最低照度有明显区别。

表 2-1　各种自然条件下的照度

| 场景 | 太阳直射 | 晴间多云 | 阴雨天 | 全月晴空 | 半月晴空 | 无月晴空 | 无月阴云 |
|---|---|---|---|---|---|---|---|
| 照度(Lx) | 100000 | 10000 | 1000 | 0.1 | 0.01 | 0.001 | 0.00001 |

(5)信噪比。信噪比是信号中有用信息和噪音信息的比值,是通信领域的常用指标。当场景较亮时,不易看出干扰噪点,但当场景较暗时,容易看到画面中雪花状的干扰噪点。通常信噪比越高,干扰噪点对画面的影响就越小。信噪比通常要用专业仪器来进行测量,一般用分贝(dB)表示。

(6)自动增益控制。自动增益控制(AGC,Automatic Gain Control)摄像机的增益主要是通过放大器来实现的。可以通过 AGC 的开关进行增益控制,如果控制合适则可以提高摄像机的灵敏度,得到高质量的图像。

(7)背光补偿。背光补偿主要是为了弥补光线不足而对摄像机进行的补光处理,这样可以避免画面主体黑暗的缺陷。背光补偿主要是通过自动增益控制工作点来实现的。如果场景中存在一些极值光点,那么确定出的目标可能会不太合适。

(8)宽动态范围。宽动态范围主要反映了摄像机对景物光照反射的适应性。画面中一般存在一些高亮度区域和一些低亮度区域,摄像机在不同亮度区域的表现有一定局限,这种局限被称作"动态范围"。摄像机可以在一定时间间隔内拍摄两次同样内容的图像,并将二者组合,得到"暗处加亮,亮处变暗"的合成图像,以达到较好的视觉效果。

4.主动红外摄像机

主动红外摄像机工作在近红外段,使用红外光源照明。它主要利用 CCD 元件对红外线感光的特点,能够在没有照度的情况下进行隐蔽的摄像。主动红外摄像机的关键设备是光源系统。光源系统一要求无红暴现象,二要求照明范围匹配摄像机视场。在选择这种摄像机时主要的考虑因素为是否有较好的红外响应,是否有宽光谱镜头。和宽光谱镜头相比,普通镜头存在一定程度的吸收和色差现象,会使采集到的图像变得模糊。

5. 宽动态摄像机

宽动态摄像机主要用于安防领域,特点是对光照变化的适应能力较强。

宽动态摄像机利用到双扫描与多重取样技术。双扫描技术主要是指双曝光技术,也就是对同一个图像两次曝光得到高、低曝光图像。其中高曝光图像用以获得低照度区的图像细节,而低曝光图像用以获得高照度区的图像细节,经处理之后得到符合一定均衡要求的图像,以此来满足摄像机的动态范围要求。多重取样技术主要是利用 DPS 器件,分别处理图像的各像素,并确定相应的曝光量,以达到亮度均衡的要求,其本质就是对图像直方图变换,以符合人眼视觉特征,提高显示效果。

6.网络摄像机

网络摄像机是在传统摄像机基础上发展起来的一种新型摄像机,也被称作为 IPC。网络摄像机相关的信号都是数字形式的,它主要包括的单元有镜头、视频采集卡、控制终端、网卡等。网络摄像机可以实现以下功能:

(1)视频编码:采集并压缩编码视频信号。

(2)音频功能:采集并压缩编码音频信号。

(3)网络功能:将编码的信息发送到其他网络终端。

(4)镜头控制功能:通过云台对镜头进行控制。

(5)缓存功能:对处理后的数据信息进行本地存储。

(6)报警输入输出:对报警信号进行处理,并联动报警。

(7)移动检测报警:对目标区域内的移动情况进行检测并报警。

(8)视频分析:对采集到的视频信息进行分析,并在符合条件后报警。

(9)视觉参数调节:调整相关饱和度、对比度之类的视觉参数。

(10)编码参数调节:调整帧率、分辨率等相关参数。

IPC 的优点及 IPC 与模拟摄像机的对比如表 2-2、表 2-3 所示。

表 2-2　IPC 的优点

| | |
|---|---|
| 信号处理过程 | 传感器(CCD/CMOS)完成光/电转换过程后，只需进行一次模数转换，即进行编码压缩，大包上传，图像质量损失小 |
| 扫描方式 | 采用逐行扫描技术，对快速移动的物体可以高质量成像 |
| 图像分辨率 | 不受限制，可以实现百万像素甚至更高的分辨率，可以覆盖更大范围视野，显示更多画面细部特征 |
| 双向音频支持 | 有音频输入输出接口，可直接连接拾音器及扬声器，且双向音频可以与视频同步存储 |

表 2-3　IPC 与模拟摄像机的对比

| | IPC | 模拟摄像机 |
|---|---|---|
| 核心技术 | 感光器件、编码算法、压缩芯片、视频分析算法 | 光学镜头、成像器件 |
| 图像质量 | 可实现数百万像素 | 最多接近 40 万像素 |
| 感光性 | 目前照度不能太低 | 可以达到星光级 |
| 存储介质 | 硬盘为主要存储介质 | 磁带录像机或硬盘录像机 |
| 接线方式 | 网络线 | 电源线、视频线、控制线 |
| 成本 | 综合成本不高 | 单机成本不高 |
| 单机功能性 | 部分技术指标有待加强 | 产品丰富、功能强大、技术成熟 |

7.镜头

镜头主要是一些光学器件，包括透镜和光阑两部分。镜头是摄像机的主要功能元件，其性能对摄像机成像质量有重要影响，可以利用其控制进光量。和镜头相关的指标较多，主要有镜头焦距和尺寸。可以根据焦距对镜头进行分类。表 2-4 为各种镜头的特性。

表 2-4　各种镜头特性

| | |
|---|---|
| 广角镜头 | 视角在 50°以上，一般用于电梯轿厢内、大厅等小视距大视角场所 |
| 标准镜头 | 视角在 30°左右，一般用于走廊、通道及小区周界等场所 |
| 长焦镜头 | 视角在 20°以内，焦距的范围从几十毫米到上百毫米 |
| 变焦镜头 | 焦距范围可变，可从广角变到长焦，用于景深大、视角范围广的区域 |
| 针孔镜头 | 用于隐蔽监控场所，如电梯轿厢内 |

镜头的技术指标主要有：

(1)焦距。焦距主要和取景的范围有关，可以根据焦距长短将镜头分为长焦镜头和短焦镜头两种。镜头焦距长则摄取的景物大，镜头焦距短则摄取的景物小。

(2)镜头尺寸。镜头尺寸一般可分为25.4mm(1′)、16.9mm(2/3′)、12.7mm(1/2′)、8.47mm(1/3′)和6.35mm(1/4′)等几种规格。选镜头时需要考虑到多种指标，主要是镜头尺寸应合适，且和靶面尺寸相协调。如果镜头选择过大则影响进光量和色彩，图像也会有缺损。

(3)相对孔径。相对孔径主要反映了镜头的通光力，其数值越大，通过的光越多。如一个镜头标有“3.5～70mm 1∶1.8 1/2′ C”，则说明镜头为焦距3.5～70mm，最大相对孔径1∶1.8，镜头尺寸是1/2′，C型接口。

(4)镜头接口。摄像机的镜头接口主要有C与CS两种，其区别在于镜头到焦平面的距离不同，二者分别为17.5mm和12.5mm。C型镜头和CS摄像机可以通过一个转接环连接起来。

(5)镜头的焦距计算公式：

$$f = wD/W = hD/H$$

$f$：镜头焦距

$w$：图像的宽度(在CCD靶面上的成像宽度)

$W$：被摄物体的宽度

$D$：被摄物至镜头的距离

$h$：图像高度(在CCD靶面上的成像高度)

$H$：被摄物的高度

8.云台

云台是可以在水平及垂直两个方向上旋转的摄像机底座。可以将摄像机安装在其上，然后在控制台的作用下，使二者一起沿着水平或垂直方向转动，从而使摄像机可以在更大范围内取景。云台内装有两个电动机，用于控制水平和垂直方向的运动。水平方向的转动角度较大，可以在350°范围内转动；垂直方向的转动角度较小，可以在±75°范围内转动。

云台有室内和户外两种。前一种没有防雨装置，后一种有防雨装置且承重也较大。一些高级的户外云台还设置有防冻加温装置。安装不同的摄像机需要选择不同的承重云台，选择的主要依据是摄像机的总重量。

9. 防护罩

防护罩主要用于有灰尘、雨水的场合，对摄像机镜头起到一定的保护作用。用于室内的防护罩一般设计简单且成本较低，主要起到防落灰和防盗等作用；用于户外的防护罩则要求能在各种恶劣环境如雨水、高温等环境下都可以确保摄像机的正常工作。

## 2.3.2 视频服务器

1.视频服务器的定义

视频服务器，也就是数字视频编码器，简称 DVS。其主要作用是对视频进行压缩和解压，完成图像信息的采集和复原等。视频压缩和解压方式有多种，常用的为基于 MPEG-4 的视频数据压缩模式，压缩后的数据可以通过网络进行传输。在视频编码技术不断进步的情况下，DVS 在监控点较多且分布零散的领域得到广泛应用。

2. 视频服务器的工作原理

视频服务器主要是一种用于数据传输的串行数据接口，主要包括音频和视频输入接口、网络接口、设备控制和报警单元接口。摄像机采集到的模拟信号经模数转换后，通过编码压缩处理，存储到本地存储器中，并通过网络端口发送到 NVR，再由 NVR 转发到应用客户端并解码、显示出来。用户则可以通过客户端应用程序对系统进行配置、浏览、PTZ 控制等操作。

(1)音视频压缩编码器：摄像机采集到的数据一般较多，通过数模转化后，数据量也很大，如果直接进行传播，效率很低，因而需要通过压缩编码器来对其进行压缩。原来常用的 M-JPEG 等编码器的压缩比不高，且网络环境适应性较差，只能通过减低帧率实现效果一般的网络传输效果。目前各公司都已经推出了 MPEG-4 的网络视频服务器。

(2)网络接口：原来的模拟产品在进行网络连接时需要用到独立光纤，成本较高，而网络视频服务器则可以通过以太网接口满足相关网络连接要求。此种服务器在进行数据传输时主要用到 TCP/IP 等协议。

(3)音视频接口:网络视频服务器中带有音视频输入接口,可以接收监控点发送来的音视频信息,还可保证双向音频实时传输。它可以根据需要调节视频帧率,在信号传输中断后网络还可以实现自动连接。

(4)RS422/RS485 串行接口:此种接口也是网络视频服务器自带的,其主要作用是连接云台、快球等相关设备。

视频服务器的软件中包括的单元主要有 WEB 服务、编码压缩程序等。

3. 视频服务器的特点

(1)视频服务器集合了多种功能,如录制与播放。它的录制与播放功能主要是通过录像机来实现的,其中的视音频切换设备可以进行多通道的数据传输。视频服务器的作用等同于录像机结合切换矩阵。

(2)视频服务器中的存储介质是硬盘,属于一种非线性设备,具有素材查找方便等方面的优点;其中的素材可以被共享且可进行相继调出播放。

(3)可以满足延时播放要求,很适合于视频点播方面的应用。

(4)视频服务器可以根据需要进行变速播放。而原来的老录像机一般不能实现这一功能,或者需要花费较大的代价才能实现。

4. 视频服务器(DVS)与 DVR 的对比

(1)从产品的应用来看,DVS 的着眼点在于远端监控,其适用范围较广,可应用于变电站、油田生产管理、道路交通等多个领域。这些监控领域的监控点一般数量较多,且分布很分散,距离较远。当在上述区域建立监控系统时,选择网络摄像机较为合适。如果其中已有旧监控前端,则可以通过视频服务器作为补充;若监控范围较小,则可以直接利用 DVR,这样更适合实际的监控要求。

(2)从功能角色上看,DVS 和 DVR 存在一定功能联系。前者的设备更专业,稳定性和可靠性较高;后者则方便使用,可以独立应用。DVS 主要用于远程监控,侧重于网络传输,其适用范围较广,可以在各种网络环境下使用,对监控点数量和用户数量等都没有要求。

(3)从开放性角度看,DVS 在发挥其相关功能时需要和其他设备配合,其自身可看作是视频采集编码设备,在工作过程中需要和后端平台、解码设备相互配合。DVS 在开放性、集成性方面和 DVR 相比有明显的优势;DVR 对开放性没有要求,而是自带相应的传输和压缩功能。

(4)从稳定性角度看,DVS 采用嵌入式处理器及操作系统,稳定性上要强于 DVR;DVR 的操作系统、电源等出现故障的概率较大,不够稳定。

在目前的视频领域中,DVS 的应用频率较高,在很多领域都需要利用其建立远程监控系统。以 DVS 为基础建立的多通道数字传播技术在数据传输方面有明显的优势,这些是磁带录像机基础上建立的模拟系统无法达到的。DVS 系统的扩展性较强,其主要利用开放式软硬件平台和一些标准通信协议。根据目前的发展现状来看,DVS 的系统集成在未来一段时间有广阔的发展前景。从长远来看视频网络化是未来视频技术应用的重要趋势之一,可以预见其在未来无线、宽带业务等领域也有较高的利用价值和潜力。因而随着数字和通信技术的快速发展,DVS 的更多功能将会被不断地开发出来。

### 2.3.3　光端机

光端机,就是光信号传输的终端设备。此种设备在国内的发展和监控的发展是同步的,主要是将 1 到多路的模拟视频信号编码转换为光信号,然后利用网络介质来传输。光端机可以分为模拟光端机和数字光端机。随着相关技术的成熟和价格的降低,此种设备在视频传输领域得到了很好的应用。

1. 模拟光端机

模拟光端机在进行图像信息传输时,主要利用到 PFM 调制技术,其中的发射端先对信号进行 PFM 调制,再进行光电转换之后发送到接收端,之后逆向转换并进行 PFM 解调,这样就得到原来的视频信号。在此转换过程中利用到的 PFM 调制技术,使得相应信号的传输距离显著增加。此外,模拟光端机还利用波分复用技术,在同一介质上进行数据和视频信号的双向传输,从而更好地满足监控需要。此设备的主要缺点如下:

第一,生产调试的难度较大。

第二,单根光纤在传输多路信号时会出现一定的性能下降,为了避免这种现象,一般在单根光纤上传输 4 路图像。

第三,抗干扰能力差,很容易受到外界环境变化的干扰。

第四,系统采用了模拟调制解调技术,无法达到较高的稳定性要求,如果外界环境发生较大变化,则相应的性能也会出现明显变化,这样其应用会受到限制。

2. 数字光端机

由于数字技术相比模拟技术的优势是明显的，因而数字光端机也具有相应的优势。数字光端机可以分为两种，分别为 MPEG II 图像压缩数字光端机和全数字非压缩视频光端机。

图像压缩数字光端机主要利用到 MPEG II 图像压缩技术，利用这种技术可以将图像压缩成数据流，然后通过线缆和光纤传输。由于图像是压缩的，因而对相应的传输带宽要求不高。

全数字非压缩视频光端机采用全数字无压缩技术，这样其在传输信息时可以满足高分辨率无失真传输等方面的要求，且不会出现模拟调频、调相等过程中容易受到干扰等问题。这种光端机的图像传输质量较高，且不容易受到外界环境变化的干扰，可以进行数据双向传输，便于接线并可即插即用。相比模拟光端机，其优势主要表现在以下几个方面：

第一，传输距离较长，一般超过 80 千米，最远可到 120 千米。

第二，可以进行视频无损再生中继，可以选择多种传输模式。

第三，受环境干扰较小，可以保证较高的图像传输效果。

第四，支持的信号容量较大，最大可以达到 128 路，最小为 16 路。

### 2.3.4 视频存储设备

视频信息存储设备的出现是视频技术发展的重要方面，其扩大了视频信息的应用范围，极大地提高了图像的使用价值。随着监控数据量的逐渐增大，视频存储系统要处理的问题也明显增多。在进行此方面的设计时，基于选定的存储介质，需要设计不同的存储产品，从而更好地满足相关的监控数据存储的需求。为满足数据存储可靠性的要求，可选择 RAID 保护技术。这种技术可以较好地支持硬盘损坏情况下的冗余特性；同时，还可选择双控制器架构，通过相应的冗余关联性来确保存储服务的可靠性。在系统级，可以采用不同的冗余和备用模式，如录像管理服务器双机热备模式。

1.视频技术存储架构

(1)分布式网络存储架构

在系统架构设计上，选择分布式网络存储方案可以减少数据传输压力。对规模和结构存在较大区别的监控系统，选择的存储子系统应有较大区别。例如，对旧有系统改造则可以选择混合式 DVR，这样可以满足高清视频存储的要求。

(2)IP-SAN 存储架构

考虑到系统监控点的分布特点，可以选择 iSCSI 直写直取架构模式。其综合利用高清网络摄像机和 IP-SAN 进行视频编码信息的写入，在写入过程中要利用到 iSCSI 协议。在对系统存储的数据进行管理时，可以通过存储管理服务器进行。其可以对数据进行统一集中管理，且对编码前端相关的存储空间统一分配，也可以对这些空间进行分割调配，从而为各编码通道分配相应的存储资源，以适应各个监控点在存储时长方面的不同要求。利用这种存储技术还可以达到较高精度的定位，并支持即存即放等相关需求。此外，用户在回放操作时，在授权情况下可以直接从 IP-SAN 存储设备得到相应的数据，利用这种架构的强大的数据吞吐能力，使摄像机的下载性能和效率也明显提高。

(3)NVR 设备存储架构

在选择这种存储架构时，主要根据监控系统网络结构方面的特点而分布式部署 NVR 设备。这样可以较好地满足本监控区域视频存储的要求，且可以根据需要在其他监控点设置相应的录像类型。此外，NVR 设备存储架构还可以提供录像记录，并利用热备存储相关设备，从而在其中一个设备出现故障的情况下，由备用设备接管其录像业务。

2. 视频存储设备

(1)DVR

DVR 即数字视频录像机，由于其主要利用硬盘来录像，因而也被称为硬盘录像机。这种录像机可以进行复杂的图像存储，且可进行长时间录像、录音、远程监视并做出相应的控制。DVR 主要包括的单元有录像机、画面分割设备、报警控制、镜头控制等。此种设备可以替代模拟监控系统中的较多设备，集成度较高，价格相对较低。DVR 主要采用数字记录技术，在图像处理、储存、信息传输和远程控制等方面的性能也远高于模拟监控设备。其一般分为 PC 式硬盘录像机和嵌入式硬盘录像机等。

DVR 的功能较多，除监视、录像、控制和报警主要功能外，还具有网络信息传输和一些授权功能等。DVR 监控功能的主要指标之一就是录像效果。在监视器上看到的图像效果和录放后的播放效果可能存在较大区别。监控时看到的实时和清晰的图像，其回放效果可能并不好，但在事故取证阶段调阅录像时，需要清晰的录像效果（回放效果）。在实际应用中，大部分 DVR 在录像时都具有实时 25 帧/秒的录像功能，其分辨率可以达到 4CIF。1 路摄像机录像 1 小时需要的存储空间和录像效果有关，一般情况下为 180MB～1GB。报警功能主要通过相应的报警模块来实现。系统在报警后开始自动录像，并同时利用其输出功能开启相应射灯、打开声音开关。DVR 可以实时进行图像移动侦测，从而启动预警联动机制。系统中的控制设备主要有云台和镜头。对其控制可以通过主机来实现，在控制过程中要利用解码器和键盘。网络功能主要是指通过身份验证后，在网络中控制主机进行相关监视录像控制的操作。密码授权功能主要是起到一定的保护作用，这样可以减少故障率和非法进入系统的可能性。此功能主要涉及录像启停、布撤防系统及与软件系统相关的密码口令，没有口令授权不能进行操作。在密码授权时需要利用到多级密码模式。此外，DVR 的工作时间表功能主要是进行与时间相关的编程处理，其主要针对某个摄像机进行编程。在编程时，还可以考虑到相关节假日的安排，这样可以较好地满足无人值守等方面的要求。

硬盘录像机的主要性能优势表现在以下几个方面：

第一，可以对模拟信号进行数字化高保真存储。可以利用数字存储技术对模拟音视频进行高效的数字化存储，且在录制后，可以多次播放而不需要考虑质量下降问题。

第二，全面的输入输出接口。其提供了很多类型的数据接口，主要有天线/电视电缆、AV 端子及其他相应类型的端子输出接口。DVR 可以录制各种形式的电视节目信号，且可以根据需要方便地与其他视听设备连接。

第三，多种可选图像录制等级。对同一个对象，设置了高、中、低等级的图像录制质量，方便用户做出选择。

第四，录像帧率可调。可以根据需要对每秒钟录像帧率进行调节，一般范围为0帧/秒～25帧/秒。

第五，允许大容量长时间节目存储，具有较高的扩展性。在进行录像时，用户可选择较大容量的存储设备来存储信息。

第六，完善的预设录制功能。设备提供了预设录制功能，用户可以根据需要设置录制的起始时间、持续时间等。此外，用户可根据需要进行录制的编辑组合。

第七，强大的网络功能。其网络连接功能较强，用户通过网络，利用DVR中自带的Web服务器，在网络中可以方便地查看录像机。

第八，提供自由度较大的回放方式。这种录像机的数据是存储在硬盘上的，因而具有快速、随机存储的特点，可以通过DVR对录制好的视频进行播放或者回放。

(2)NVR

NVR即网络视频录像机，在视频录放领域很常用，其一般和视频编码器配合使用，可以对通过网络传送过来的数字视频进行记录。其主要作用是通过视频中间件将不同设备连接起来，并可以很好地兼容不同类型厂家的设备，以此来满足相关网络化分布式架构的要求。它具有组件化接入的优势，用户可以利用其来进行浏览、回放、管理等方面的操作。近几年，在网络和通信技术的发展带动下，视频监控行业网络化趋势越来越明显，表现出很多新的特征。NVR作为网络视频监控系统中的核心设备，从本质上已经变成了IT产品。其是建立在网络协议基础上的网络设备，设备功能的实现依赖于IP架构。

基于这种设备建立的网络视频监控系统，具有适应能力强、用户选择范围广、方便管理维护等方面的优势，具体表现在：

第一，NVR和DVR的前端有一定区别。NVR的前端可以为摄像机和服务器；而DVR的前端为模拟摄像机，其主要作用是对模拟视频进行数字编码处理后存储。因而NVR的选择范围更广。

第二，NVR产品侧重于网络应用，因而此种设备对视频的网络传输效率较看重，而DVR视频在网络中的传输效率较差。

第三，视频数据编码后，在进行传输时，可以利用流媒体(Streaming Media)

技术，通过对视频流的码率、帧率的控制，使视频在各种不同的网络带宽环境下都可以满足视频传输的需要。流媒体的应用模式较多，且可以方便地和其他业务相配合，甚至可嵌入到其他业务系统中。因而在流媒体的促进作用下，视频信息可以在相关业务系统中很方便地被调用，且应用模式也明显增加。通过NVR设备，可以建立一个以其为“节点”的网络，从而更好地适应分布式多层结构环境，并可以较好地处理相关中心节点传输压力的问题。在安防行业中，NVR硬件架构已经经历了几个发展阶段，目前开始朝开放式的平台系统发展。在这种平台上，用户可以在NVR中配备所需要的监控系统软件，而多数NVR主要选择可支持Linux系统的软件方案，从而为系统未来的扩展打下基础。通过选择机架式的硬件架构，管理者可以方便地将安防与其他网络系统结合起来。新一代的NVR设备，可以满足相关开放性的系统性能要求，且对和其连接的专用硬件没有太多限制，因而系统维护费用明显降低。此外，NVR大部分都具有硬盘温度保护机制。根据目前的发展形势看，在未来构建这种系统时，NVR整合以太网供电的功能将会发挥重要的应用价值。嵌入式NVR也是未来的发展方向，其受到PC终端设备的限制较少，且在出现NVR硬件故障的情况下，可以提供较高级别的保护。

### 2.3.5 报警设备

报警子系统是网络视频监控系统的重要组成部分。该子系统的指标包括如何发现异常（即报警检测）、报警响应速度的快慢、报警策略是否灵活、报警方式是否多样及人性化等。一个好的监控系统必须具备多种报警检测形式、极快的响应能力、灵活的报警策略及人性化的报警形式。网络视频监控系统能够把监控人员从机械式检查画面的艰苦劳动中解脱出来，利用计算机网络充分扩大报警的地域范围，增加报警的形式。

报警设备主要是利用相关的电子感应设备，对检测到的侵入行为，发送报警信息。报警功能主要是向管理者发送报警地点和警情信息，并显示可以采取的应对对策。报警设备的两项关键指标为误报率和漏报率，不过这两个指标并不是统一的，之间存在一定的差异性。用户可以利用报警设备的这些指标来区分不同品牌的产品和档次。报警子系统中的元件并不多，一般由探测器、信号传输系统、控制器和报警控制中心四个部分组成。此种子系统的功能和性能主要和系统前端的探测器性能有密切的关系。

探测器构成较简单，主要有传感器、放大器和一些电路等，其中最主要的是传感器。探测器的主要作用是将压力、振动、声响等信号转换为可以方便处理的电量，其输出的信号一般为无源开关信号。探测器分为开关型传感器、压力传感器、声音传感器等多种类型。探测器根据不同的分类原则可以进行不同的分类，如：根据其工作模式可以分为微波探测器、红外探测器、激光探测器等；依据信号传输模式可以分为无线传输探测器和有线传输探测器；根据其控制类型可以划分为点控制型探测器、线控制型探测器、面控制型探测器、空间控制型探测器。以下介绍几种常见的探测器类型：

1.开关报警探测器

开关是报警设备中很常用的器件。开关的种类有很多，其中最常见的为微动开关、磁簧开关两种。此外，熔断丝也可作为一种特殊的开关。开关主要安装在门窗上，在连接时可以选择常开和常闭两种。磁控开关主要是通过电磁力进行控制，具有高可靠性和误报率低的优点。微动开关是依靠外部机械力的推动，实现电路通断的电路开关。

2.声控报警探测器

声控报警探测器主要利用传声器作为传感器，其作用是检测入侵者在一定区域内产生相关行为发出的声响，并将此声响转换为报警电信号，然后发送到系统主控器，如图 2-4 所示。

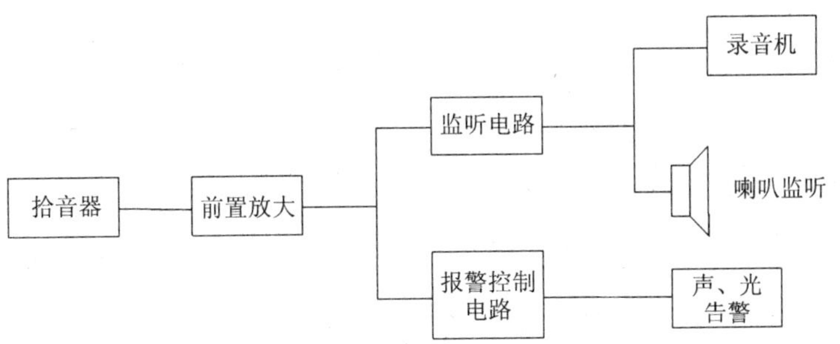


图 2-4 声控报警器示意图

3.微波探测器

微波探测属于立体探测、范围探测，受气候条件、环境变化等方面的影响较小。此种探测器主要利用到目标移动时的多普勒效应，也就是微波发送设备和移动物体之间产生相对位移时，接收到的信号频率会有一定程度的变化。此探测器主要包括微波发射机、接收机和控制器。利用其进行探索时，需要将发射和接收天线放置在监控区域两端，微波束在两个天线之间进行传播。当没有运动遮断微波束时，微波束能量全部由另一个天线接收，发射的信号是正常的；当发射的微波束被运动物体挡住时，接收到的微波能量减弱，在此情况下就会产生报警信号。

4.超声波探测器

超声波技术的迅速发展，使其在很多领域得到广泛应用。一些研究者将超声波技术和探测器结合起来研发出了超声波探测器。这种探测器主要利用多普勒效应，工作时需要的超声波主要通过超声波发射器产生。发射器发射一定波长的超声波后，接收端可以接收从墙壁、地板等物体反射的超声波。如果检测区域没有移动物体，则发射和吸收的超声波的频率相同，不报警；如果检测区域内有移动目标，则发射和接收的超声波有一定的频率差异，从而使探测器发出报警信号。这种探测器的主要优点表现在检测精度高、设备管理维护方便、可长时间稳定工作。

5.直线型入侵探测器

直线型入侵探测器的警戒范围是直线型的，其中常见的有主动式红外线探测器和被动式红外线探测器。

主动式红外线探测器的原理是，利用红外线探测光线是否被遮挡，如果检测到光线被遮挡则发出警报。目前常用的红外线设备主要由红外线发射器和接收器组成。在探测时，警戒范围需要以合适的方式布置起来，其主要应用领域为周界防护探测。当入侵者横跨相应的保护区域时就遮挡了红外线，此时系统就会发出报警。探测用的红外线需要先进行调频处理，接收器需要配有一定频率的鉴相电路，用以判别光束的真伪，并避免受到干扰。这种类型的红外探测器在工作过程中需要发送一定量的红外线，耗费的能量较大，在工作时需为其提供专用电源。

被动式红外线探测器在工作时需要检测入侵者的体温，其优点是不需要提供红外辐射光源、不发射能量，而是直接探测、接收移动目标的红外辐射。其可分为单波束型红外线探测器和多波束型红外线探测器。单波束型红外线探测器主要用到反射聚焦式光学系统，其警戒范围可以达到上百米；多波束型红外线探测器主要选择透镜聚焦式光学系统，其可应用在视角较大的警戒范围，视角可达 90°，作用距离一般只有几米到十几米。

6.双鉴探测器

双鉴探测器主要是为避免单一探测器的缺陷而建立的。其将两种不同模式的探测器综合起来，并在两种探测器都检测到移动目标信息时才报警，如微波加被动红外双鉴探测器。

7.玻璃破碎探测器

玻璃破碎的声音频率为 10～15kHz，其他音源一般不会产生这种频率。这种探测器主要是对玻璃破碎对应的高频信号进行检测，属于一种专用的声控探测器。

8.周界报警探测器

此类探测器的安装位置一般较固定，主要是在围墙或栅栏上，其主要作用是防止有人翻越围墙，如果检测器检测到翻越行为则发出报警信号。传感器也是固定安装的，一般在周界地段的地层下，这样某些人员若翻越或接近周界时其将会产生报警信号。系统会将报警信号发送到控制单元，并提示管理人员做出响应。

### 2.3.6　显示设备

图像显示是系统信息输出的最后环节，显示设备的性能对图像显示效果有显著影响，因此需要为不同的视频监控系统选择合适的显示设备。图像显示与图像生成是相对的，其中涉及光电转换等技术。近年来随着显示技术的快速发展，显示设备已经像素化。目前常用的显示设备为专用监视器和普通的电视设备。由于图像处理软硬件发展较快，网络视频监控系统的画面质量比传统的模拟监控系统更加优越。图像数字化的格式，使得监控数据可以显示于任何普通的数字器上，用户不必再配置专门的监视器就可以浏览到摄像机拍摄的视频，极大地提高了视频的使用效率。

1.平板显示设备

目前的平板显示设备已经有很多种，其大多是对图像进行像素分割后将图像显示出来。这些设备一般具有数字视频接口，其主要优点表现在屏幕较大，且不会产生明显的失真。此方面的设备主要有液晶显示器（LCD）和等离子体显示器（PDP）等，以下对其进行具体说明。

液晶显示器（LCD）：其发光单元为LCD后侧的日光灯管，LCD发出的光源经过菱镜片与背光模块处理之后，被均匀地传送到显示界面；液晶界面接收到信号后其内部的分子排列会发生明显的变化，这样光线是通过还是被阻碍的状态也会产生相应的变化，并据此得到图像。此种显示器的主要缺点表现在：响应时间较长，有时存在明显的拖尾现象，且可视角度不大。

等离子体显示器（PDP）：工作原理是显示器中设置有垂直方向和水平方向的电极条，垂直方向的电极条用于控制像元在水平方向的位置，而水平方向的电极条用于控制像元在垂直方向的位置；在确定的电极条上加上电压后，像元对应的小孔会放电而发射光线。这种显示器的主要优点表现为：轻薄、体积小、不会产生明显的失真和变形、亮度和对比度调节范围较大等。

2.显示设备的主要技术指标

（1）水平分辨：水平方向的像素数量，其主要取决于视频通道带宽。

（2）亮度鉴别等级：图像从黑到白之间的亮度级别范围。

（3）同步范围：主要反映了显示器在正常显示情况下的同步频率区间。

（4）彩色还原性：主要指观察到的色彩显示效果，是通过人的主观体验得出的指标。

## 2.4　网络视频监控系统的功能

网络视频监控系统可以实现的功能很多，也可以根据需要定制一些专业化的个性服务。其主要功能有网络化监控、数字化存储与回放、远程图像实时调度、现场语音控制传输、现场报警联动控制、图像分发及集中管理控制。以下对这些功能进行具体分析。

第一，网络化监控功能。

网络视频监控系统的各监控单元如监控采集点、监控点和控制中心之间通过网络连接并传输监控信息，以此来对网络视频进行监测和控制。在管理过程中，管理人员可以通过网络终端进行实时监控、对监控点发送的视音频数据进行分析，并利用监控平台发送监控指令。

这种系统中多台摄像机可以同时显示相同或不同的内容，将同一个摄像机采集到的数字信号显示在相同或不同的显示设备上，可以选择一、四、六、九、十、十六等类型的画面分割，从而达到需要的显示效果。管理员还可以根据需要设置定时显示，并进行监控组间切换等操作。

第二，数字化存储与回放功能。

数字化存储和回放功能是指用户如果事先设置好存储时间和策略，系统就会根据这些设置条件来连续存储监控数据。用户可以根据需要方便地进行历史信息查询。

视频监控系统会产生大量的音视频数据，这些数据存储在数据存储管理系统中，并可以进行分布式存储管理，以此来达到多地存储的目的。

不同压缩格式的图像信息都可以方便地进行存储。用户可以利用系统的检索、查询功能对数据信息进行处理，例如用户可以根据日期、时间、摄像机编号和时间参数等进行查询，从而提高历史数据的利用效率。用户还可以对检索出的录像进行回放，在回放时也有多种选择，例如可以逐帧、快慢回放和同步回放等。

第三，远程图像实时调度。

管理者可以在监控终端用一副或多幅画面对监控场景进行监测，并可远程控制监控设备的开关等。

如果管理员具有相应的权限，则可查看多路实时图像信息，这些图像可以通过单画面或多画面的方式显示出来；可以根据需要进行全屏幕显示，或者将相关操作控制按钮同时显示在画面上，方便控制；可以根据需要对观看界面进行轮询；可以进行镜头的变倍、聚集等处理。

第四，现场语音控制传输。

用户可以利用系统实时监听场景的环境声音，系统支持点对点和多点语音广播。管理员可对现场工作人员进行指挥调度并完成相应的操作，也可利用监控中心控制视音频数据的传输方式。因此管理员在这种系统中有较高的远程指挥能力。

第五，现场报警联动控制。

在发生报警情况下，系统自动启动监控系统的各个联动设备，对监控模式进行切换，并自动录像，同时利用短信、电子邮件等方式将报警信息发送至用户终端，并进行声光报警等。系统中设置有多种报警设备，主要有探测器、应急铃、烟雾报警器等。

第六，图像分发功能。

如果多个节点短时间内集中访问同一个图像，系统可利用调度策略将视频内容分发处理，以此来满足大量并发访问的需求。

第七，集中管理控制。

管理者可以对全部的监控点及终端设备进行集中监控，也可以根据需要设置各级管理员和不同用户的操作权限，以方便系统管理。

# 第3章 摄像机技术

摄像机是监控系统中最基础的设备，它工作在监控系统的第一线，是占整个系统投资份额最大的一个产品，也是监控图像质量的关键所在。摄像机负责对监控区域内的视频进行采集，并将采集得到的图像从光信号转变为电信号，然后再将电信号传输到监控器和存储设备。摄像机在监狱智能视频监控中有两个重要作用：一是提前预防，对犯人的异常活动有威慑和警示的作用；二是事后追踪线索，有利于案发后的证据采集和案件破获。因此，选用合适的摄像机，至关重要。根据市场调研，目前适应监狱智能视频监控技术要求，并占市场主流的摄像机技术有两种，即模拟摄像机技术和网络摄像机技术。

## 3.1 模拟摄像机技术

模拟摄像机安装容易、造价低的特点，使其占据着绝大多数市场份额，特别是在CMOS高清摄像机技术仍不够成熟、成本也无法迅速下降的形势下，模拟摄像机技术仍会继续存在。

### 3.1.1 模拟摄像机的分类

模拟摄像机可以从色彩、结构组成、感光器件三个方面进行分类。

1. 按色彩分类

模拟摄像机从色彩方面来分,可以分为彩色摄像机和黑白摄像机。一般情况下,黑白摄像机比彩色摄像机的灵敏度要高,更适合用于光线条件不足的情况,如果只是监视物体的位置和移动,就可以采用黑白摄像机;如果更加注重对被摄像物体细节的分辨,比如衣服和景物的颜色,那么采用彩色摄像机会比较好。

2. 按结构组成分类

模拟摄像机按结构组成分为固定式摄像机、可旋转式摄像机、球形摄像机和平球形摄像机。

(1)固定式摄像机:经人工调整固定后位置不再变动,是最为常用的一种摄像机。如图 3-1 所示。

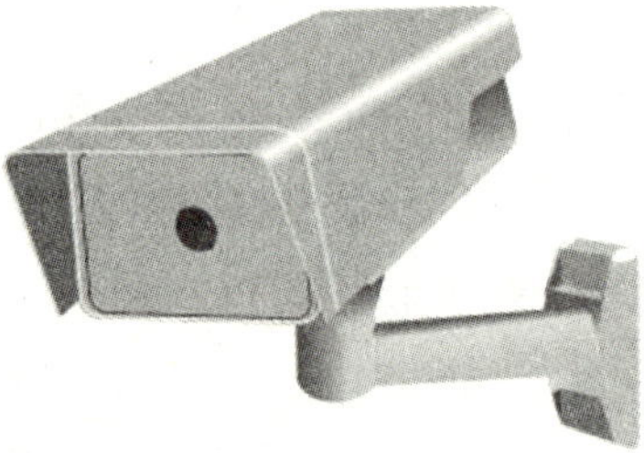

图 3-1　固定式摄像机

(2)可旋转式摄像机:带旋转云台的摄像机,可做上、下、左、右旋转。如图3-2所示。

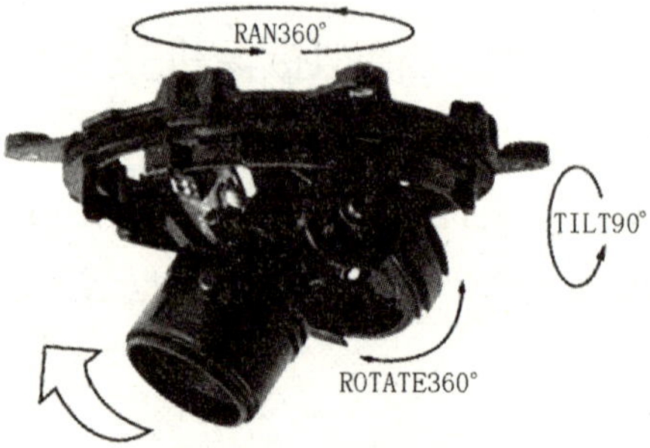


图 3-2　可旋转式摄像机

(3)球形摄像机:可做 360°水平旋转、90°垂直旋转,预置旋转位置。如图3-3所示。

图 3-3　球形摄像机

(4)半球形摄像机:吸顶安装,可做上、下、左、右旋转。如图 3-4 所示。

图 3-4　半球形摄像机

3. 按感光器件分类

模拟摄像机按照其采用的感光器件的不同,可以分为 CMOS 模拟摄像机、CCD 模拟摄像机和 3CCD 模拟摄像机三种类型。CMOS 和 CDD 都是半导体,都在摄像机中作为图像传感器,用来记录光线的变化。CCD 应用得比较早,技术也比较成熟。监控摄像机也大都采用 CCD 芯片。3CCD 模拟摄像机就是使用了三片 CCD 的模拟摄像机，因此其价格比单 CCD 模拟摄像机要贵很多，另外镜头尺寸也大，除非对成像分辨率要求很高，不然很少被采用。目前，我国的 CCD 模拟摄像机市场主要被索尼（SONY）、夏普（SHARP）等国际品牌占领。

4. 按云台运动方式分类

模拟摄像机按照云台的运动方式可以分为快球摄像机、半球摄像机、枪式摄像机等。快球摄像机监控面广、转速快，能够快速准确地跟踪可疑物体；半球摄像机体积小、安装调试方便，且监控具有隐蔽性，主要用于室内或电梯内监控场合；枪式摄像机监控视角大，配合各类镜头的选用，应用范围更广，但因体积较大，多用于室外。

### 3.1.2 模拟摄像机的特点

1.易用性

模拟摄像机安装接线容易，录像资料可以直接本地存储。

2.实用性

模拟摄像机可以内部监看，也可远程监看。

3.整合性

模拟摄像机必须要与硬盘录像机（DVR）相连，才能够把监控录像存储下来。另外，由于硬盘录像机的接口数量是固定的，因此，如果模拟摄像机的数量太多，就需要增加硬盘录像机的数量，进而增加硬件的投入资金。

4.安装特性

模拟摄像机的安装，除了连接硬盘录像机之外，还需要用同轴电缆将其连接到控制平台以及显示设备上。使用同轴电缆作为传输介质，其传输距离可以达到 200 米，并且具有较强的抗干扰能力。

5.远程特性

现在带 DVR 的模拟录像机基本上都可以支持远程观看存储。

6.扩展性

模拟摄像机扩展性较差，原因在于每个模拟摄像机都需要有专用的视频线，当视频线过长时会影响到图像质量。

7.电源特性

模拟摄像机电源有 220V 交流电，供电线路长；其他还有 24V 供电和 12V 供电。

### 3.1.3　模拟摄像机的组成与工作原理

模拟摄像机主要由三部分组成：镜头、传感器（CCD）、处理器（DSP）。如图 3-5 所示。

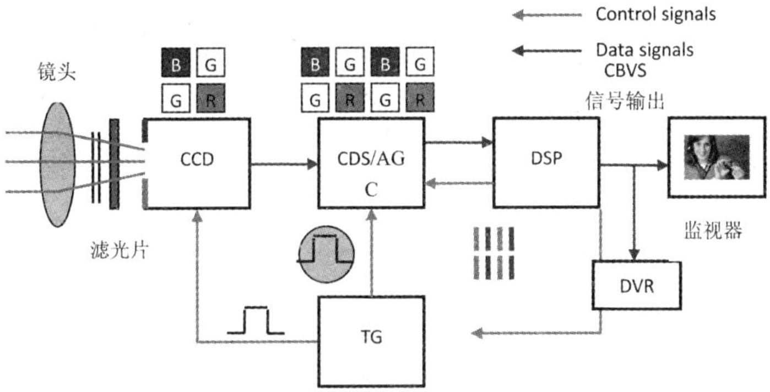


图 3-5　模拟摄像机的组成

1. 镜头

镜头的作用是将景物成像在传感器的感光面上。光学镜头的质量在很大程度上决定了摄像机拍摄效果的清晰度和层次感。可以说，摄像机镜头是整个视频监视系统中最关键的设备。

2. 图像传感器

图像传感器（CCD）的作用是将光信号转换成电信号。图像传感器依靠其上面的感光点，把光影像转换成电子信号，每一个感光点就像一节太阳能电池，被光照到后会产生电能，并且根据光的强弱产生不同大小的电能。

3. 处理器

处理器（DSP）首先把模拟信号转换成数字信号，然后对图像进行颜色、亮度、白平衡等一系列运算，然后再把数字信号转换成模拟信号，最后输出 CBVS

信号。处理器结构比较复杂，通常所说的摄像机方案就是指这里。

我们再来看一下模拟摄像机的工作原理：被拍摄的物体反射外界光线，这些反射的光线被传送到镜头，然后经由镜头聚集到图像传感器(CCD)芯片上，图像传感器(CCD)再采用隔行扫描的方式，根据光的强弱积累相应比例的电荷，然后周期性地放电，从而产生代表被拍摄画面的电信号，此电信号再被送进CDS/AGC(Correlated Double Sampling，简称CDS，即相关双取样电路；Automatic Gain Control，简称AGC，即自动增益控制)，在这里进行滤波、放大处理，到这里的电信号都是模拟信号，模拟信号被送至DSP，由DSP中的A/D Converter(模拟数位转换器)进行模数转换，将模拟信号转换成数字信号之后，再进行颜色、亮度、白平衡等一系列运算，运算完成之后再把数字信号转换成模拟信号进行输出，此时这个信号可连接到DVR(模拟录像机)，进行录制和观看。TG(Timing Gen)的作用是控制整个处理过程的快慢，现在一般是集成在DSP之内了。

由于模拟摄像机是隔行扫描，运动画面截图模糊，直观说就是利用化学特性将光线记录在特别制造的介质上，就是录像带或者胶卷。因为它是利用物理特性来记录影像，所以能最大限度地再现原始场景画面。缺点是信息的交流和复制不方便，而且复制时还有损失。

### 3.1.4 模拟摄像机的接口

模拟摄像机的接口一般指视频接口，常见的有AV接口、BNC接口和S-Video接口。

1. AV接口

AV接口中的A(Audio)代表音频，V(Video)代表视频，是将音频和视频分开传播的接口，这种接口一共采用3根线来传输视音频信号，其中黄色是视频(Video)接口，用来传递视频信号，白色和红色都是音频(Audio)接口，分别用来传递音频信号的左声道和右声道(如图3-6所示)。在连接的时候，只需要把3种颜色的视频音频线和监视器的相同颜色的接口连接就可以了。由于AV接口中视频只有一路视频信号，因此视频信号是将亮度和色度进行混合传输，而将亮度和色彩进行分离的工作就必须由显示设备来完成，分离之后再进行解码，最后成像。

总体而言，AV 接口将视频和音频进行分离传输，避免视频和音频相互干扰。但是视频信号中的亮度和色度混合传输，视频传输肯定会有损失，再加上监视器需要将视频信号中的亮度和色度分离之后再解码才能显示，在这个过程中其画面的质量就比较难保证。因此，高清视频设备基本已经放弃了 AV 接口。

图 3-6　AV 接口

2. BNC 接口

BNC (基本网络卡)接口是将 10Base2 的接头轴细缆用于传输模拟信号的连接口，即同轴细缆接头(如图 3-7 所示)。BNC 接口能够起到隔绝视频输入信号的作用，从而减少信号间的相互干扰，并且信号带宽大，能够取得更好的信号响应效果。但是，这种接口的网卡必须用细同轴电缆作为传输介质，因为同轴细缆比网线要贵，现实中采用的比较少，所以 BNC 接口就比较少见。BNC 接口现在主要出现在安防行业中的监视器端或者有线电视线接口，用来传输视频信号。BNC 接口的视频信号输入线由 5 条构成，分别是 R、G、B 三基色，水平扫描和垂直扫描。在传输时，BNC 接口把视频信号中的三基色(R、G、B)的输入信号分离，最大限度地避免相互干扰，从而改善了视频的输入特性。这种做法，使得 BNC 接口成为专业级显示器的特色。但随着技术的进步，BNC 逐渐被 DVI(Digital Visual Interface)数字视频方式所取代。由于 DVI 设备的价格比较贵，还不能完全占领市场，因此 BNC 接口还将会占据一定的市场份额。BNC 接口的特性如表 3-1 所示。

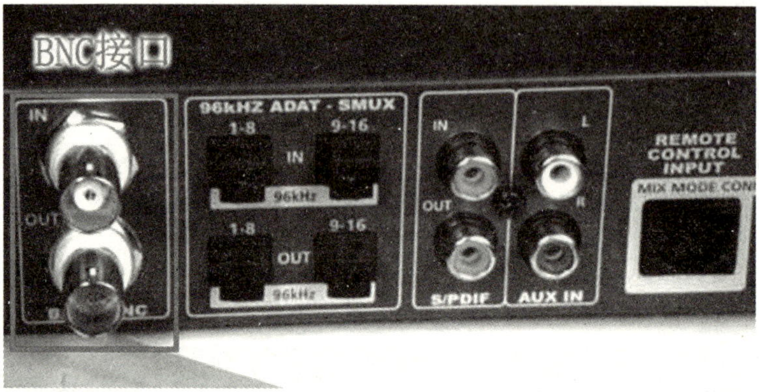


图 3-7 BNC 接口

表 3-1 BNC 接口的特性

| | |
|---|---|
| 特性阻抗 | 75Ω |
| 频率范围 | 0～2GHz |
| 接触电阻 | 内导体≤2.0MΩ;外电阻≤0.2MΩ |
| 绝缘电阻 | ≥5000MΩ |
| 介质耐压 | 1500V |
| 电压驻波比 | ≤1.3 |
| 连接器耐久性 | 500 次产品材料及涂覆 |
| 中心接触件 | 插针——黄铜、镀金(加粗);插孔——锡青铜或铍青铜、黄金 |
| 壳体和其他金属零件 | 黄铜、镀镍(加厚) |
| 绝缘体 | 聚四氟乙烯 |
| 线夹 | 黄铜、镀银 |
| 密封圈 | 硅橡胶 |

3. S-Video 接口

S-Video 全称 SeparateVideo,是目前应用最广泛、输出效果最好的 S 端子接口。S 端子又称亮色分离端子,是一种专业视频标准接口,只传输视频信号,与音频无关。S-Video 的具体做法是把视频信号进行色度和亮度分离之后,再分别使用不同的通道进行传输。这种技术出现于 20 世纪 90 年代后期,如果不需要声音,可以采用标准的 4 芯;如果需要声音,就可以采用扩展的 7 芯。当前使用 S-Video 接口的视频设备已经比较普遍(如图 3-8 所示)，比如准专业级监视器、投影仪等。S-Video 接口跟 AV 接口相比，都是视音频分离，但是 S-Video 接口不再进行亮度色度混合传输，而是使用独立的传输通道，这就在很大程度上减少了传输时的信号串扰，极大地提高了图像的清晰度。但在速度信号的处理上，S-Video 却把两路色差信号( Cr、Cb )混合成一路色度信号 C 进行传输，然后在显示设备内再将色度信号解码为 Cr 和 Cb。这种做法会带来一定的信号损失，从而造成图像失真(虽然只有严格的广播级视频设备才能测试出这种很小的失真)。另外，两路色差信号 Cr、Cb 的混合会影响色度信号的带宽，这不能不说是 S-Video 的缺憾。尽管如此，综合目前的市场状况和成本等因素来看，S-Video 接口仍然是应用最普遍的视频接口。

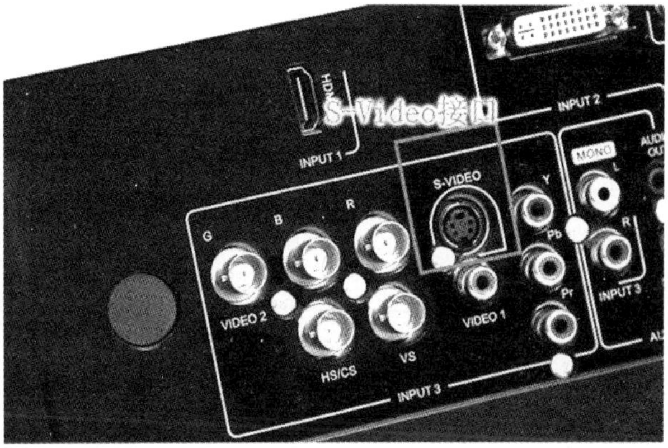


图 3-8　S-Video 接口

## 3.2　网络摄像机技术

网络摄像机技术，把传统摄像机技术与网络技术相结合，产生了所谓的新一代摄像机技术，它通过网络传输影像，并且仅仅使用网络浏览器如 IE、360 等，就可以监视影像。

网络摄像机(IPC)，同模拟摄像机相比，增加了网络编码模块和嵌入式实时操作系统。网络编码模块的作用是把模拟摄像机拍摄到的模拟视频信号进行编码、压缩，转换成数字信号，使拍摄到的影像信号可以在网络上传播；网络摄像机还内置了嵌入式芯片，安装有嵌入式实时操作系统，拥有权限的用户可以对网络摄像机进行管理和控制，例如配置摄像机的系统设置、控制摄像机的云台上下左右运动等。网络摄像机比模拟摄像机布线简单，不仅仅支持网线、光线、POE 供电（网络供电）等有线接入方式，还支持 WIFI、4G 等无线网络接入方式，因此更容易施工，也更容易实现远程监控、管理和维护，更好地支持音频检测报警（模拟监控由于布线复杂，很少使用音频）。网络存储的特点也决定了网络摄像机监控能够更灵活地存储。因此，网络摄像机技术得到了迅速推广，进而出现了众多网络摄像机产品，并且其视频清晰度更高、监控管理方案更完善。

### 3.2.1 IPC 的分类

网络摄像机，按照外观样式可分为：防爆网络摄像机（如图 3-9 所示）、球形网络摄像机（按照云台速度又可细分为低速网络摄像机、匀速网络摄像机和高速网络摄像机）（如图 3-10 所示）、半球网络摄像机（如图 3-11 所示）、枪式网络摄像机（如图 3-12 所示）、红外防水网络摄像机（如图 3-13 所示）和一体网络摄像机（按聚焦速度又可细分为低速聚焦网络摄像机、高速聚焦网络摄像机和超高速聚焦网络摄像机）（如图 3-14 所示）。

图 3-9　防爆网络摄像机

图 3-10　球形网络摄像机

图 3-11　半球网络摄像机

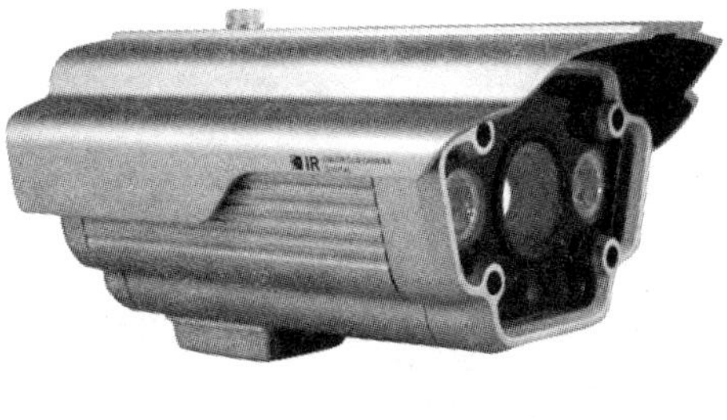


图 3-12　枪式网络摄像机

图 3-13　红外防水网络摄像机

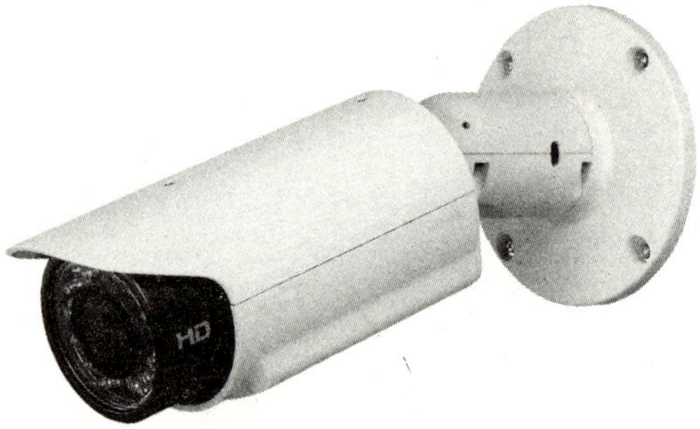

图 3-14　一体网络摄像机

网络摄像机按照网络类型可分为有线网络摄像机（如图 3-15 所示）和无线网络摄像机（如图 3-16 所示）。无线网络摄像机又可分为 3G 网络摄像机和 WIFI 网络摄像机。

图 3-15　有线网络摄像机

图 3-16　无线网络摄像机

### 3.2.2　IPC 的组成及工作原理

IPC 一般由镜头，图像传感器，声音传感器，A/D 转换器，图像、声音编码器，控制器，网络服务器，外部报警，控制接口等部分组成。

1. 镜头

镜头作为网络摄像机的前端部件与模拟摄像机相同，常见的有固定光圈镜头、自动光圈镜头、自动变焦镜头、自动变倍镜头等。

2. 图像传感器

图像传感器跟模拟摄像机一样，有 CMOS 和 CCD 两种。CMOS 比 CCD 省电，其灵敏度低、成本低、噪点高，容易出现杂点。如果需要优良的图像质量，就采用 CCD；如果比较在意成本，就选择 CMOS。

3. 声音传感器

声音传感器即拾声器（或叫麦克风），用来采集声音。

4. A/D 转换器

A/D 转换器，即数字模拟信号转换器，它的功能是把摄像机采集到的图像和声音等模拟信号转换成数字信号。对于采用 CMOS 图像传感器的网络摄像机来说，CMOS 本身集成有 A/D 转换功能，也就不需要 A/D 转换器；如果采用 CCD 图像传感器的网络摄像机，CCD 采集生成的是模拟信号，因此就必须进行 A/D 转换，才能进行数字信号输出。

5. 图像、声音编码器

经过数模转换后的声音、视频数字信号，必须按照一定的标准或者格式进行编码压缩，才能更适于在网上进行传播而不失真。目前，视频和图像的编码压缩技术有硬件和软件两种。硬件编码压缩是将编码压缩的算法固化在芯片上，软件编码压缩是用运行在数字信号处理器 DSP 上的软件进行编码压缩，常见的视频图像格式有 JPEG 等格式。对于声音的编码压缩，也可以采用硬件和软件两种方式，常见的音频编码格式有 MP3 等格式。

6. 控制器

控制器是网络摄像机的核心部件，负责管理和控制网络摄像机。如果网络摄像机所采取的是硬件压缩编码方式，那么其控制器就是一个独立的部件；如果网络摄像机所采取的是软件编码压缩方式，那么其控制器就是 DSP，其在负责管理和控制网络摄像机的同时，还负责运行编码压缩软件。

7. 网络服务器

网络服务器负责网络摄像机与网络有关的功能，它支持 TCP/IP、UDP、HTTP 以及 RTP/RTCP 等网络协议，使用户在个人电脑上就可以使用网络浏览器，根据网络摄像机的 IP 地址，实时观看和收听摄像机采集到的视频和声音，以及控制网络摄像机的镜头聚焦和云台的转动。

8. 外部报警、控制接口

工程项目专用型的网络摄像机还提供了一些非常实用的外部接口，比如 485 接口（用来控制云台）、I/O 接口（用于报警信号的输入输出）。一方面，红外探头一旦发现有目标出现，就会立刻给网络摄像机发出报警信号，网络摄像机收到报警信号后，马上自动调整镜头的方向并进行实时录像；另一方面，当网络摄像机侦测到有目标出现异常举动时（比如罪犯翻墙的行为），也会向监控器端发出报警信号。

网络摄像机的拍摄原理跟模拟摄像机相同，采集的视频和音频信号都为模拟信号，然后视频模拟信号经过 A/D 转换器将模拟信号转换为数字信息，视音频的电信号经过 A/D 转换器将模拟信号转换为数字信号，再通过硬件或软件方式按照一定的编码压缩标准进行编码压缩，比如视频信号编码成 JPEG 格式，音频信号编码成 MP3 格式，再由控制器控制，把编码生成的文件通过网络服务器按照 TCP 或 UDP 等网络协议传送到 Internet 或者局域网。控制器还可以接收和发送报警信号，并且按照管理者的要求发出相应的控制信号，控制镜头聚焦和云台转动。

### 3.2.3　IPC 的核心技术

跟传统的模拟摄像机相比，网络摄像机最核心的技术就是视频编码技术。常见的视频编码技术有 M-JPEG、MPEG-4 和 H.264。

1. M-JPEG

M-JPEG 技术，也叫运动静止图像压缩技术或逐帧压缩技术，它基本不考虑视频流中帧与帧之间的变化，而是把视频流的每一帧都作为一幅静态图像进行压缩处理，针对每一帧进行单独的编辑和存储。但 M-JPEG 只对每一帧图像的空间冗余进行压缩，而不考虑相邻帧之间图像的相同部分可以不用重复存储，因此其压缩效率不高，大概在 20～80 倍。

2. MPEG-4

MPEG-4，指的是一套用于视频和音频信息的编码压缩标准，由国际标准化组织（ISO）和国际电工委员会（IEC）联合制定。MPEG-4 拥有更高的压缩比，更好的灵活性和交互性。MPEG-4 使用图层对影响中的人物、背景等对象进行分离之后再压缩，其压缩倍数为 450 倍（静态图像能达到 800 倍）；MPEG-4 为不同的对象灵活分配码率，重要对象多分配，次要对象少分配，因此数据传输更流畅；MPEG-4 提供了超级链接、上传、下载和删除等工具，用户可以使用这些工具与多媒体数据库中的内容进行交互。

3. H.264

H.264，也是 MPEG-4 的第十部分，是国际标准化组织（ISO）和国际电工委员会（IEC）在提出 MPEG-4 之后提出的新一代数字视频压缩格式，即高级视频编码 AVC（Advanced Video Coding）。相对于 MPEG-4，H.264 拥有更低的码率（H.264 的码率只有 MPEG-4 的 1/3）、更高的图像质量、更强的容错能力（H.264能够解决在网络上传输时丢包等错误）和更强的网络适应性。

### 3.2.4 IPC 的功能及特点

1. IPC 的功能

IPC 的主要功能有：常规功能、监视功能、录像功能、回放功能、报警功能和网络功能。

(1)常规功能

①采用 H.264 技术对视频信号进行压缩编码；

②录像压缩比大，每路数据量在 30M/h 至 190M/h 之间；

③多工操作，支持监视、压缩、录像、回放和网传等同步工作；

④系统自动运行，录像和自检跳过损坏硬盘，支持无人值守；

⑤掉电保护录像资料，防止录像丢失；

⑥来电自动启动，无须手动操作；

⑦可以为多名用户分配管理权限，并分别记录操作日志，提高了系统的安全性；

⑧可以控制多种视频、音频解码器。

(2)监视功能

①提供固定数目画面(如 4 画面)以及自定义画面分割显示；

②可将任意一幅画面全屏显示，并在多幅画面之间全屏、原大小之间切换显示；

③可以实时显示 IPC 的系统工作的各类状态，以及录制的日期和时间；

④遇到发生视频丢失、镜头遮盖、存储异常等情况可发出报警信号；

⑤可以现场进行监听并进行抓拍；

⑥可以根据需要灵活调整监视图像的清晰度。

(3)录像功能

①支持采用 H.264、G.7XX 技术，同步压缩录制视频和音频信号；

②支持报警、定时和手动等方式触发录制；

③支持灵活调整录像的质量和帧率；

④支持画面的局部遮蔽。

(4)回放功能

①可以通过网络，根据摄像机编号、录像的日期时间以及事件的类别，回放

录像和抓拍的图片；

②可以提供播放、停止、暂停、快进快退、文件头/尾、单帧进退和抓拍等功能；

③播放的画面可以放大和缩小，并可以将重要的录像片断单独存储；

④可以将某一时间段的录像设置为重要级别，需要的时候可以直接播放；

⑤可以进行单路或多路画面同时播放。

(5)报警功能

①可以外接探测器，并在视频被移动、硬件受到破坏时发出报警信号；

②可以管理报警电子地图，发出报警信号后可以自动弹出电子地图；

③可以把监视画面中的多个区域进行运动监测，并设置报警灵敏度，在报警前进行预录像；

④可以发出报警联动请求，能够手动或自动地进行布防、协防和撤防；

⑤可以将报警信息和有关现场的图像，自动传送到网络客户端。

(6)网络功能

①在多台网络客户端可以同时监看、监听多路信号，也可以查询并播放录像或抓拍的图片；

②能够在各类网络上传输视音频信号，并且在客户端可以根据网络状况灵活选择传输帧率；

③能够以树型的结构扩展客户端；

④可以通过网络远程控制云台和镜头。

另外，在一些高清网络摄像机中，还使用了智能分析功能。如：视频遮挡与视频丢失侦测、视频变换侦测、视频模糊侦测、视频移动侦测、物品遗留识别、人群运动及拥堵识别，等等。这些功能不仅与高清网络摄像机的智能分析功能有关，还与第三方管理平台软件的功能有关。这些智能分析功能的进一步应用，更推进了高清网络摄像机的应用发展前景。

2. IPC的特点

从硬件结构上来说，网络摄像机是在模拟摄像机的基础上集成视频压缩和网络传输处理模块，所以它兼具模拟摄像机和视频服务器的技术特点，却不是二者的简单组合。独特的结构设计和实现方式决定了其自身的技术特点。

（1）视频压缩

视频压缩是网络摄像机最基本的技术要求。目前，网络摄像机的视频处理芯片以 ASIC 为主，视频压缩采用 MPEG-2、M-JPEG、MPEG-4 和 H.264 等标准，其中以 H.264 为主流。近期，基于 TI Davinci 芯片的网络摄像机已经面市。Davinci 是一个 SoC 系统，具有 ASIC 高效处理的特点，同时又兼顾了 CPU、DSP 的创新灵活性，它除了拥有一个 DSP 的主处理系统外，还有一个 ARM 9 子系统。其另外一个很重要的特点是拥有极其丰富的接口。这些接口对于网络摄像机的功能开发相当有用，以下几个特点就是基于此特性才具备的。

（2）高度集成

网络摄像机不仅具有模拟摄像机的图像采集功能，还内嵌有实时操作系统，用户可以通过网络控制摄像机的镜头聚焦、云台转动等操作；集成了视频音频的编码压缩以及网络功能，使得录制好的视频和音频方便地传送到网络中；内嵌了存储系统，最常见的就是 SD 卡，用于网络故障时暂时存储视频和音频，等网络恢复正常后再将视频上传，如果有重要的监控影像，比如报警图像，SD 卡就能够在本地存储一份，同时上传到网络，这样做可以防止重要数据因为网络故障而丢失。除此之外，网络摄像机还集成了多种总线接入功能，如报警信号的输入输出接口、控制云台的 485 接口等。

（3）以太网供电

以太网供电（Power Over Ethernet，POE）是一种网络供电技术，最早出现在 1998 年，最新的标准是 2009 年制定的 IEEE 802.3af 标准。POE 是在不改动以太网现有的布线基础架构的情况下，以常规以太网线缆为传输介质，在为 IP 电话机、网络摄像机和无线 AP（Access Point）等基于 IP 的终端传输数据信号的同时，为这类设备提供直流电的技术。这样一来，网络摄像机无须再通过其他电源来供电。通过集中使用 UPS（不间断电源）的方式可确保设备在一段时间内（根据 UPS 而定）不间断地运行，同时也简化了管理。IEEE 802.3af 标准是基于以太网供电系统的新标准，该标准要求使用 POE 供电的设备功耗不超过 12.95W。

现在，大多数厂商提供的网络交换机都支持 POE 功能。如果已经装了相应的普通交换机设备，只需通过给交换机增加中跨，即可实现 POE 的功能。其中，中跨的主要作用是给网线加载电源。

（4）无线接入

虽然现在的大部分建筑都安装了有线网络，可以通过有线的方式把网络摄像机接入到网络，但无线接入的网络解决方案在降低工程复杂度和降低成本方面却有着较强的吸引力。例如，在一些需要不定期改变摄像头位置，却又不想重新布线的场合（例如超市）或布线可能影响整个内部建筑美观的地方，无线接入网络解决方案能很轻松地解决这些难题。

网络摄像机常用的无线接入方式为无线局域网（WLAN）接入。无线局域网指的是跨距较小，通常位于室内的无线网络，其有效距离一般不超过 100 米。无线局域网有多种规范标准，无线网络摄像机一般采用IEEE 802.11b或 IEEE 802.11g 标准规范，其中 IEEE 802.11g 是IEEE 802.11b的改进型，数据传输率最高可达 54Mbps。

（5）安全性

网络摄像机可提供三种形式的安全特性。第一种是用户安全管理，如用户注册、权限管理等；第二种是 IP/MAC 地址绑定，只允许绑定IP/MAC地址的电脑访问；第三种是根据安全等级，利用通用的网络安全技术。

### 3.2.5 IPC 的选型

网络视频监控系统的发展，推动了系统所涉及相关产品的技术革新，比如网络摄像机技术、有线电视技术、视频音频编码压缩技术、存储技术、网络技术、防盗报警技术、各种接口及传输介质等。网络视频监控系统是一个整体，涉及的产品需要从宏观上系统考虑，需注意产品之间的衔接配合，以保证整个系统的流畅运转。目前，市场上的网络摄像机产品品牌有很多，在选择时需要注意以下几个方面：

1.操作系统

网络视频监控系统多用于距离比较远、范围比较大的场合，而且监控设备往往需要全天候不间断地运行，因此就必须要求网络摄像机等前端设备具有较高的稳定性。作为网络摄像机的关键组成部分，操作系统在很大程度上决定了网络摄像机的稳定程度。Linux 操作系统属于开源代码的软件，成本低、安全性高、可移植性强，非常适合作为网络摄像机的嵌入式操作。是否使用 Linux 操作系统及其版本是判断网络摄像机性能的一大指标。目前市场上的网络摄像机大都是内嵌 Linux 系统，版本多为 Linux 2.6。

2.音视频压缩格式

网络摄像机的音频和视频压缩格式主要有 MPEG-4、H.264 和 M-JPEG。这三种压缩格式的特点前文已经介绍过，但就视频而言，H.264 比 MPEG-4 和 M-JPEG 更具有优越性，缺点是不包括音频，而 MPEG-4 既包括视频又包括音频，具体怎么选择要看实际需求。需要提醒的是，市场上有很多网络摄像机都标注支持 H.264，但不一定是完全符合标准的 H.264。以 H.264 标准编码压缩的视频可以使用标准流媒体播放软件播放，并且可以接入多数品牌的网络视频监控系统。

3.产品丰富的外部接口

网络摄像机要具备良好的兼容性和扩展性，就需要配备有丰富的外部接口，以适应不同监控系统的需求，扩展系统所需的其他功能，如报警信息的输入输出(I/O)接口、双向音频接口、支持 SD 或 TF 存储、支持 POE 供电、RS485 云台控制接口等。丰富的外部接口能够满足各种行业的不同需要。

4.完全开放的 SDK 开发包

完全开放的软件开发工具包 SDK(Software Development Kit)是衡量网络摄像机兼容性的一项重要指标。每个厂商甚至同一品牌不同版本的硬件产品，其 SDK 都不相同，这就对网络视频监控系统的软件平台的兼容性和稳定性提出了挑战。有些厂商的 SDK 兼容性差，尤其是一些刚刚涉足网络视频监控行业的商家。因此，在选用网络摄像机品牌时必须考虑网络摄像机厂商的行业年限、技术能力。

5.产品安全管理机制

网络摄像机一般都需要接入局域网甚至互联网，这就需要网络摄像机具备比较严格的安全管理机制。目前采用最多的安全管理机制是多级用户名和密码保护，得到授权的用户可以根据用户级别对网络摄像机进行访问和设置。但这只是最基本的保护措施。除此之外，还要有登录用户的 IP 地址、操作日志等信息的详细记录，以备查询。网络摄像机接入网络视频监控系统之后，还要考虑与系统的其他部分配合实施安全管理，例如在网络监控、存储等设备上安装网络防火墙，定期更换用户密码，加强安防人员管理及技术培训等。

6.产品远程升级维护

对于电子信息产品而言，必须能够固件升级服务，才能够跟得上技术的更新和与其他产品的配套使用。一台好的网络摄像机不仅要提供多种固件升级方法，还要支持远程升级维护。例如可以在产品官方网站下载离线升级包，利用工具管理软件进行升级。考虑到网络视频监控系统的安全，在线升级容易被入侵，建议尽量少用。另外，网络摄像机如果发生故障，应该能够把发生故障的网络摄像机 IP 地址、错误类型等详细信息发送给网络监控平台，并尽可能地提供远程解决方案。

7.完善的系统配套工具软件

网络摄像机要获得用户的认可，还要注重细节。比如给用户提供 IP 地址设置软件、固件升级管理软件、存储容量管理软件、手机或掌上电脑现场调试网络摄像机的软件等。

## 3.3　摄像机相关特性及参数

不管是模拟摄像机还是网络摄像机，都有些共同特性，在选择摄像机时必须考虑其特性及参数，以满足实际需求。这些特性也是衡量一个摄像机优劣的重要指标。

### 3.3.1　信噪比

信噪比，是信号电压与噪声电压的比值，通常用符号 s/n 来表示，单位是 dB。信噪比是摄像机非常重要的一个性能指标。如果拍摄的场景比较亮，那么拍摄的画面就比较明快，不容易发现画面中的噪点；如果拍摄的场景比较暗，那么拍摄的画面就比较昏暗，画面中就会出现明显的噪点。因此，干扰噪点的强弱最能够直接体现信噪比的大小，也直接影像着摄像机的拍摄效果。一般情况下，信噪比在 45～55dB 之间，图像有少量噪点，图像质量良好；如果信噪比在 60dB 以上，那么就基本看不到噪点，图像质量优良。

### 3.3.2 照度

摄像机的照度指的是最低照度，是图像传感器正常成像所需要的光线最低值。照度也叫灵敏度，指图像传感器对拍摄区域内光线的敏感程度。照度/灵敏度的数值越小，表示摄像机对光线的要求越低，摄像机越灵敏。黑白摄像机的照度约为0.02～0.05Lx，彩色摄像机则在1Lx以上。普通场合的监视，用照度为0.1Lx的摄像机就能够满足需要；如果是夜间拍摄或光线较暗时，建议使用照度为0.02Lx的摄像机。需要提醒的是，当摄像机与近红外灯配合使用时，也需要使用低照度的摄像机。

以下是一些常见环境的照度，以供参考：

夏日阳光下，100000Lx；阴天室外，10000Lx；电视台演播室，1000Lx；距60W台灯60cm桌面，300Lx；室内日光灯，100Lx；黄昏室内，10Lx；20cm处烛光，10～15Lx；夜间路灯，0.1Lx。

### 3.3.3 帧叠加技术

帧叠加技术也叫帧累积(Frame Integration)技术，主要用于很低照度环境下，对监看目标的影像清晰还原。在夜间或无有效灯光照明时，图像仍可获得相对清晰的影像，在配合红外灯时，摄像机可获得较为清晰的图像。

摄像机内的图像传感器负责把拍摄到的画面转换成电信号，而如果光线太暗，照度过低，那么被拍摄物体在图像传感器上形成的电荷就太少，最后拍摄出的画面就会不清晰甚至不能呈现出图像。对于光线太暗的环境的拍摄，就要使用具备帧叠加技术的摄像机，这类摄像机也被称为累积型摄像机。其工作原理是，把连续几个画面所产生的电荷进行累积，增加图像传感器在单帧图像上的曝光量，从而提高拍摄画面的质量。这种做法可以获得低照度条件下的图像，但是是以降低图像的连贯程度为代价的，因此这种摄像机不能与云台一起使用，否则云台的转动会降低单幅图像的帧累积数量，画面会出现拖尾、不清晰或者丢失现象。累积型摄像机适用于禁止使用红外线或紫外线照射的博物馆、夜间军事海面监视等比较静态场所的监控。

### 3.3.4 宽动态

宽动态技术是在拍摄场景对比强烈的情况下，能够让摄像机获取影像细节的一种技术。比如采用传统摄像机在逆光透过窗口拍摄窗外物体时，如果以窗外物体作为曝光标准，快门约为 1/60 秒，那么拍摄所得图像的明亮区就会变成全白，即曝光过度；如果以照射的光线作为曝光标准，快门约为 1/6000 秒，那么拍摄所得图像的暗区域就会变成全黑，即曝光不足。而采用宽动态技术的摄像机在处理上述情况时，将会采用两次分别曝光的方法，对于明亮区域采用快曝光，对于阴暗区域采用慢曝光，然后再进行合成，这样就能够同时看清画面上明亮和阴暗的物体。作为摄像机的拍摄图像指标，宽动态指摄像机可以看清楚的图像的最亮部分与最暗部分的照度比值，也可以理解为是摄像机对拍摄场景中光照反射的适应能力，这种适应能力实际上指的是一个范围，通常称之为“动态范围”。一般摄像机的动态范围为 3∶1，而宽动态摄像机的动态范围则可以达到一般摄像机的几十倍。

### 3.3.5 镜头焦距与视场角

镜头焦距是指镜头光学后主点到焦点的距离，是镜头的重要性能指标。镜头焦距的长短决定着拍摄的成像大小、视场角大小、景深大小和画面的透视强弱。镜头的焦距是镜头的一个非常重要的指标。镜头焦距的长短决定了被摄物在成像介质(胶片或 CCD 等)上成像的大小，也就是相当于物和像的比例尺。当对同一距离的同一个被摄目标进行拍摄时，镜头焦距长的所成的像大，镜头焦距短的所成的像小。根据用途的不同，照相机镜头的焦距相差非常大，有短到几毫米、十几毫米的，也有长达几米的。

镜头根据其焦距的长短，也即拍摄时的视角大小，可分为广角镜头、标准镜头、长焦镜头和针孔镜头等。

广角镜头：广角镜头的焦距非常短，视角在 90°以上，观察范围大，能拍摄较多的景物，但是距离摄像机近的图像就会产生变形。这种镜头适用于拍摄距离比较近并且范围比较大的景物。

标准镜头：指焦距的长度和所拍摄画面的对角线长度大致相等的镜头。标准镜头的视角一般在45°～50°之间，焦距通常在40～55mm之间，使用标准镜头拍摄到画面的透视效果跟使用人眼观察的透视效果比较接近。标准镜头是所有镜头中最基本的一种镜头，也是摄像机标配的镜头。

长焦镜头：长焦镜头适用于拍摄远距离景物，景深较小，因此容易使背景模糊，主体突出。长焦镜头通常分为三级：中焦距镜头、长焦距镜头、超长焦距镜头。135mm以下称中焦距。如：85mm，视角28°；105mm，视角23°；135mm，视角18°。中焦距镜头经常用来拍摄人像，有时也称为人像镜头。135～500mm称长焦距。如：200mm，视角12°；400mm，视角6°。500mm以上的称为超长焦距镜头，其视角小于5°，适用于拍摄远处的景物。如球场上的特写以及野生动物的拍摄，因无法靠近被摄物，超长焦距镜头就大有用武之地。

针孔镜头：指利用小孔成像原理来得到影像的镜头。它造价低廉，原理简单，用于隐蔽观察，经常被安装在天花板或墙壁等地方。

### 3.3.6 ISP成像技术

ISP(Image Signal Processor)，即图像信号处理器，主要作用是对前端图像传感器输出的信号做后期处理，主要功能有线性纠正、噪声去除、坏点去除、内插、白平衡、自动曝光控制等。ISP技术只有依赖ISP摄像机才能在不同的光学条件下较好地还原现场细节。ISP技术在很大程度上决定了摄像机的成像质量。

ISP的关键技术有：

第一，自动白平衡，纠正在特定光源下拍摄时出现的偏色现象。

第二，颜色增强/校正，纠正成像缺陷和改善图像色彩。

第三，去除模糊，改善细节。

第四，自动对焦，让图像更清晰。

第五，自动曝光，补偿拍摄场景的光亮。

第六，图像/视频去抖动，去除图像抖动产生的模糊和视频的画面不稳定。

第七，宽动态，在非常强烈的对比下让摄像机看到影像。

ISP作为CCD和CMOS摄像机中重要的搭配组件，可以弥补其感光度低、信噪比高的不足。现在的ISP基本集成在了DSP芯片上，并出现了集成ISP处理算法的 FPGA 芯片。据悉，ISP 处理在 WDR、DNR 上有标准化的趋势，50dB/70dB 宽动态组件搭配 CMOS，在摄像机上已成为标准配备，如 Nextchip、Pixelplus 等。

### 3.3.7　其他技术指标

摄像机技术除了以上介绍的外，在选择监控摄像机时，同样需要考虑其参数。如 CMOS 技术、像素和分辨率、电子快门、背光补偿、AGC、Gamma 补偿等。

1. CMOS 技术

CMOS 跟 CCD 一样，在摄像机中都是用作图像传感器，其材料是用硅和锗两种元素做成的半导体，用来将被拍摄物体所反射的画面转换成电信号。CMOS 比 CCD 省电 30%左右，而且只在电路接通的时候才耗电。另外，CMOS 还能够整合数模转换功能（CCD 不具有此功能，需要另加数模转换器）。但是 CMOS 比 CCD 的灵敏度要低，而且在它拍摄快速变化的影像的时候，电流会随着影像的变化而变化，而电流变化过快就会产生大量的热量，CMOS 过热就会产生一些暗电流，从而造成拍摄画面出现杂点。除此之外，CMOS 的价格要比 CCD 低。总之，虽然 CMOS 技术出现得比较晚，发展还不太成熟，但是代表了未来的发展方向。

2. 像素和分辨率

像素，指的是摄像机的图像传感器上光电感应元件的数量。图像传感器上的每一个感光元件，接收被摄物体反射过来的光线，根据光线的强弱产生相应的电荷，生成电信号，这些电信号经过滤波和放大处理，变成模拟信号，最后在输出的画面上就形成一个个的点。实际上就是由这些点组成了整个画面（如果把影像放大很多倍就能够看到这些小方点），这些小方点就是构成影像的最小单位，也就是我们常说的“像素”。像素越高，图像就越清晰。像素又可以分为 CCD 像素和有效像素。CCD 像素指的是 CCD 器件上的感光元件的数量；有效像素指的是拍摄所得画面中的小方点的数量。二者有联系，但并不相等。市场上的摄像机标注的大部分是 CCD 像素而不是有效像素。

分辨率指的是单位长度中，所表达或撷取的像素数目。通常说的数码相机输出照片最大分辨率，指的就是影像分辨率，单位是 ppi。

像素和分辨率是成正比的，像素越大，分辨率越高。

3. 电子快门

为了让影像亮度正确，必须正确控制摄像机的入光量。要调整入光量必须从镜头的光圈及相机的快门着手。一般用手动镜头时，光圈调固定就不动了，如果这时遇到强光就需要在 CCD 还没曝光前，DSP 赶紧把 CCD 上的讯号“扫”下来，也就是光线强时抓快些，光线弱时抓慢些（抓一次相当于用单反相机时“咔嗒”一声）。单反相机是机械式快门，摄像机是电子式快门。电子式快门也叫电子快门。

4. 背光补偿

背光补偿，也称逆光补偿，是把画面分成几个不同的区域，每个区域分别曝光。在某些应用场合，视场中可能包含一个很亮的区域，而被包含的主体则处于亮场的包围之中，画面一片昏暗，无层次。此时由于 AGC 检测到的信号电平并不低，因此放大器的增益很低，不能改进画面主体的明暗度，当引入逆光补偿时，摄像机仅对整个视场的一个子区域进行检测，通过求此区域的平均信号电平来确定 AGC 电路的工作点。

5. 自动增益控制

自动增益控制利用探测视频信号的电平，得到一个控制电压，对于过高的视频信号采取降低措施，对于过低的视频信号采取放大措施，也就是自动控制信号的放大或缩小倍数，从而使摄像机能够在较大的动态范围内正常工作。

# 第4章　视频监控系统存储技术

随着计算机网络技术的迅猛发展，视频监控系统目前正处于以数字硬盘录像机为代表的数字视频监控系统全面向以网络视频服务器、网络摄像机为代表的网络视频监控系统转型阶段。在此过渡阶段，绝大多数的应用是数字与网络混合型的系统。相比数字视频监控而言，以 IP 协议为基础的网络视频监控系统可以构建出更大规模、更复杂、更灵活、更具有扩展性的应用体系，其核心部分是一套具有广泛兼容性和高度集成性的智能视频监控管理软件，其将监控系统和计算机网络/信息管理系统连接起来，使两个相互独立的系统走向融合，从而实现真正的三网合一(数据、语音和视频图像)。

## 4.1　存储技术基础知识

### 4.1.1　视频监控的存储特点

视频监控系统摄像头数量多，监控时间长，采集数据的时间往往长达几天或几十天。随着监控点的增加，视频存储就显得相当重要。

视频应用与普通的 IT 应用差别十分明显。普通 IT 应用主要是应对突发数据，数据流量时大时小，落差非常大，对延时不太敏感，主要要求瞬时的高带宽。视频应用则完全是另外一种情况。视频流是典型的持续数据流，在相当长一段时间内，数据流量基本保持不变，不能大幅度抖动，对延时非常敏感，但并不要求太高的带宽。

综合来讲，由于视频监控系统的上述特点，使系统中的存储设备在读写数据时须采用不同于其他类型系统的方式。不同之处主要体现在以下五点：

第一，支持大容量存储需求。由于长时间的视频图像存储需求以及需要大量的摄像头等特点，使得视频监控系统都具有支持大容量且具有高扩展性的存储需求。

第二，数据写入时都是以流方式写入。由于监控点的数据，都是实时监控的图像数据，因此只能以流媒体文件的形式存储信息。相应的检索服务器在读取视频信息时，也需要以流方式来进行读取。

第三，长时间的数据读写过程，需要足够大的带宽。一般情况下，视频监控系统中的摄像头都是小时工作制，采集后的数据在存储时一般采用分段保存的方式。虽然如此，分段后的视频数据一般时长为 2～6 小时，这是一个长时间的写入过程。相应的后期回放过程，也会是一个长时间的读取过程。为了保证在长时间的采集和读取过程中，数据帧不会发生丢失现象，需要为视频监控存储系统配备足够大的带宽。

第四，码率（也就是带宽）恒定。除了长时间的数据读写，在采集视频的过程中，文件的格式一般是不会发生改变的，并且会保持一个恒定的码率。因此，在读写过程中，视频监控系统需要保持恒定的码率。

第五，存储设备不同于数据库系统的常用设备。由于视频监控系统处理的数据都是大块的流媒体文件，因此不能使用普通数据库系统中的小数据块读写或文件传输存储设备。

### 4.1.2 硬盘结构与原理

视频监控的存储媒介是磁盘。磁盘分为软盘和硬盘。硬盘是目前最主要的数据存储设备。

硬盘有固态硬盘（Solid State Drive，SSD）、机械硬盘（Hard Disk Drive，HDD）、混合硬盘（Hybrid Hard Disk，HHD）。固态硬盘是通过闪存颗粒来实

现存储的，机械硬盘是采用传统的磁性磁片做媒体实现存储，而混合硬盘是把磁性磁片和闪存集成到一起的一种硬盘。绝大多数硬盘都是固定硬盘，被永久性地密封固定在硬盘驱动器中。

1. 固态硬盘

使用固态电子存储芯片阵列制作而成的硬盘，叫作固态硬盘。固态硬盘由两部分组成：控制单元和存储单元。固态硬盘的外观（外形和尺寸）、规范（接口的规范）和各种指标（功能、定义和使用方法）与传统硬盘完全一致。其被广泛应用于军事、车载、工控、视频监控、网络监控、网络终端、电力、医疗、航空、导航设备等领域。

（1）结构

固态硬盘按存储介质可以分为两大类：基于闪存（Flash Disk）的固态硬盘和基于动态随机存储器（Dynamic Random Access Memory，DRAM）的固态硬盘。

基于闪存的固态硬盘是固态硬盘的主要类别，其内部构造十分简单。固态硬盘内主体其实就是一块 PCB 板，而这块 PCB 板上最基本的配件就是控制芯片、缓存芯片（部分低端硬盘无缓存芯片）和用于存储数据的闪存芯片。

市面上比较常见的固态硬盘有 LSI Sandforce、Indilinx、JMicron、Marvell、Phison、Goldendisk、Samsung 以及 Intel 等多种主控芯片。主控芯片是固态硬盘的大脑，其作用一是合理调配数据在各个闪存芯片上的负荷，二是承担了整个数据中转，连接闪存芯片和外部 SATA 接口。不同的主控之间能力相差非常大，在数据处理能力、算法方面，对闪存芯片的读取写入控制上会有非常大的不同，这直接会导致固态硬盘产品在性能上的差距高达数十倍。

主控芯片旁边是缓存芯片，固态硬盘和传统硬盘一样需要高速的缓存芯片辅助主控芯片进行数据处理。这里需要注意的是，有一些廉价固态硬盘方案为了节省成本，省去了这块缓存芯片，这对于其使用时的性能会有一定的影响。

除了主控芯片和缓存芯片以外，PCB 板上其余的大部分位置都是 NAND Flash（闪存芯片）了。NAND Flash（闪存芯片）又分为 SLC（单层单元）闪存、MLC（多层单元）闪存以及 TLC（三层单元）闪存。

(2)工作原理

SSD与HDD的最大差异就在于随机读写速度,这是由SSD的基本构造决定的。SSD的系统接口、供电部分,以及驱动方式都与HDD没有差别,其主要改变是构成单元和物理工作方式。SSD的内部构造包括PCB板、主控制器芯片和闪存芯片,有些产品还会有缓存。SSD最基本的单位就是闪存芯片。这是一种非易失性内存芯片,通过充电、放电的方式写入和擦除数据,速度相当快。由于SSD在读写操作中完全通过电路来传输信号,因此不会存在类似HDD那样移动磁头、旋转盘片等动作,大大减少了处理时间。然而,NAND Flash也分为几种,目前消费级SSD甚至不少企业级SSD都是用MLC(多层单元)闪存。这种闪存的写入性能不如SLC(单层单元)闪存,寿命也较之短很多,但是价格要低很多。就算这样,目前SSD的成本也没有降低到人人都能接受的程度,价格仍然是影响SSD进一步普及的主要因素。

一块SSD是由多个闪存颗粒组成的,我们可以将每一个闪存颗粒看作是一个独立的存储单位,然后由主控制器将它们做成一个RAID并联。也就是说SSD的读写是“多线程”的,每次的工作并不会只局限于一个颗粒上,主控可以让数据分解,并同时在不同颗粒上进行写入,这样一来速度自然会更快了。当然,主控要做的事情远非这么简单。

2. 机械硬盘

(1)结构

机械硬盘内部通常由多片磁盘盘片构成,盘片一般都是以铝为片基,外涂磁性介质。硬盘的工作原理是利用磁粒子的极性来记录数据(磁性的两种状态代表数据的0和1)。

硬盘最基本的组成部分是由坚硬金属材料制成的涂以磁性介质的盘片。不同容量硬盘的盘片数不等。每个盘片有两面,都可记录信息。每个磁道被分成许多扇形的区域,每个区域叫一个扇区,每个扇区可存储$128\times2^N$($N=0,1,2,3$)字节信息。在DOS中每扇区是$128\times2^2=512$字节,盘片表面上以盘片中心为圆心、不同半径的同心圆称为磁道。硬盘中,不同盘片相同半径的磁道所组成的圆柱称为柱面。磁道与柱面都是表示不同半径的圆,在许多场合,磁道和柱面可以互换使用。我们知道,每个磁盘有两个面,每个面都有一个磁头,习惯用磁头号来区分。

(2)工作原理

硬盘控制器及磁盘驱动器的控制电路是磁盘工作过程中两个重要的部分。磁盘控制器通常位于主板上(集成在南桥或采用独立芯片),负责向磁盘驱动器的控制电路发送指令,从而控制磁盘驱动器读写数据;磁盘驱动器控制电路位于磁盘驱动器上,负责接收磁盘控制器的指令,并直接驱动磁头臂响应请求从而读写数据。

CPU 读写数据的过程通常是:CPU 发送命令给磁盘控制器(CPU 需要执行磁盘控制器驱动程序),然后磁盘控制器发送命令给磁盘驱动器,磁盘驱动器直接控制磁头臂执行相应的动作,从而实现数据的读写。

3. 混合硬盘

混合硬盘是一块基于传统机械硬盘诞生出来的新硬盘,除了机械硬盘必备的碟片、马达、磁头等,还内置了 NAND 闪存颗粒。这颗颗粒将用户经常访问的数据进行储存,可以达到如 SSD 效果的读取性能。

固态混合硬盘(Solid State Hybrid Drive,SSHD)是把磁性硬盘和闪存集成到一起的一种硬盘。原理是通过增加缓存进行数据的预读取(Prefetch),从而减少从硬盘读取数据的次数,达到提高硬盘性能的目的。与固态硬盘和传统硬盘不同的是,混合硬盘将闪存模块与传统硬盘整合到了一起。对比一下就会发现,新一代的混合硬盘不仅能提供更佳的性能,还可减少硬盘的读写次数,从而使硬盘耗电量降低。由于一般混合硬盘仅内置 8GB 的 MLC 闪存,因此成本不会大幅提高。同时混合硬盘也采用传统磁性硬盘的设计,因此没有固态硬盘容量小的不足。通常使用的闪存是 NAND 闪存。可以这样认为,混合硬盘是综合了传统硬盘和固态硬盘优点的一种硬盘。

### 4.1.3　硬盘接口技术

硬盘本身是一个复杂的设备,但不论它的内部如何复杂,对于用户来说可以把它当作一个“黑匣子”来看待。用户使用硬盘并不需要过多了解硬盘的内部结构,只需要知道硬盘的接口及协议就足够了。

硬盘接口是用来实现硬盘与主机连接的部件,它的存在实现了硬盘缓存与主机内存之间的数据传输。硬盘接口的性能，对整个存储系统的性能和程序运行速度起着重要的作用。硬盘接口的性能直接决定着硬盘与计算机之间的数据传输速度。

硬盘的接口包括物理接口及逻辑接口。物理接口是硬盘接入硬盘控制器上的针数、针的细节等规范；逻辑接口主要指硬盘完成到控制器的物理连接后，还需要约定通过硬盘的接口，实现对硬盘内数据的存取操作的指令，指令用来指明"怎样将数据写入磁盘或从磁盘读取数据"。

根据适用场合不同，硬盘接口主要分为四种：IDE（Integrated Drive Electronics，电子集成驱动器）、SATA（Serial ATA，串行 ATA）、SCSI（Small Computer System Interface，小型计算机系统接口）和 FC（Fibre Channel，光纤通道）。其中，IDE 接口的硬盘适用于家庭和部分服务器；SATA 主要应用于家用市场，有 SATA、SATAII、SATAIII，是现在的主流；SCSI 接口的硬盘更适用于服务器；FC 接口的硬盘造价高昂，专门应用于高端服务器。

ATA 接口标准是 IDE 硬盘的特定接口标准，是最早期的接口，以稳定性、低价位、标准化等优势得到广泛的应用，主要应用在中低端；SCSI 接口是一种专门为小型计算机系统设计的存储接口，通常服务于大型的转发服务器及存储系统中，性能好、价位高。

以下主要介绍一下 IDE 接口、SATA 接口、SCSI 接口、SAS 接口、FC 接口。

1. IDE 接口

IDE 是通过将盘体与硬盘控制器集成而得到的硬盘驱动器（图 4-1 为 2.5 英寸 IDE 硬盘接口）。把盘体与控制器集成在一起的做法带来了一些好处：首先，它使得需要连接的电缆个数减少、连接电缆的总长度变短；其次，它使得数据在传输中的可靠性也得到了提高；再次，由于将控制器集成在了硬盘中，使得硬盘生产商无须再担心硬盘与其他厂商控制器的兼容问题，硬盘的制造也变得更容易。IDE 技术自从诞生至今，它的发展从未停止，IDE 接口的性能不断优化，再加上它价格低廉、兼容性强，使得 IDE 接口硬盘不可替代。

图 4-1　2.5 英寸 IDE 硬盘接口

IDE 是一类硬盘的总称，但是由于最早的 IDE 硬盘是 ATA-1，到现在还有很多人习惯性地认为 IDE 指的是 ATA-1。其实，随着之后的发展 ATA-1 已被淘汰，取代它的是多种型号的 IDE 类硬盘产品，如：DMA、ATA、Ultra DMA、Ultra ATA 等。

2. SATA 接口

SATA 接口是通过串行连接方式实现的，它使用嵌入式时钟信号，较 ATA 的纠错能力更强，还能对传输中发出的指令进行检查并自动校正，这对提高数据传输过程中的可靠性有很大帮助。同时 SATA 还具有支持热插拔、结构简单等优点。

3. SCSI 接口

SCSI 是种较为特殊的接口总线，可以与多种类型的外设进行通信（如图 4-2 所示）。SCSI 采用 ASPI（高级 SCSI 编程接口）的标准软件接口使驱动器和计算机内部安装的 SCSI 适配器进行通信。SCSI 是一种高速数据传输技术，它在小型机上得到了广泛应用。它具有应用范围广、带宽大、CPU 占用率低、热插拔等优势。

图 4-2 SCSI 接口

在 SCSI 母线上可以连接主机适配器和 8 个 SCSI 外设控制器。外设可以包括磁盘、磁带、CD-ROM、可擦写光盘驱动器、打印机、扫描仪和通信设备等。

SCSI 是个多任务接口，设有母线仲裁功能。挂在一个 SCSI 母线上的多个外设可以同时工作。SCSI 上的设备平等占有总线。

SCSI 接口可以同步或异步传输数据，同步传输速率可以达到 10Mbps，异步传输速率可以达到 1.5Mbps。

它的连接电缆可以长达 6m。

对于光储产品来说，SCSI 接口提供了一种强大而灵活的连接方式，并且具有很高的性能，它支持 7 个或更多驱动器连接在 SCSI 适配器上。不过它的价格昂贵，并且具有 SCSI 接口的光驱还需要搭配同样价格不菲的 SCSI 卡才能使用。SCSI 接口光驱，还有安装、设置都较复杂的缺陷，这使得 IDE 接口光驱较 SCSI 接口的光驱使用更广泛。因此，家用产品都不适用 SCSI 接口，只有一些有特殊需求的领域才使用 SCSI 接口。

4.SAS 接口

SAS(Serial Attached SCSI，串行连接 SCSI)是 SCSI 的新一代技术，和应用较广的 SATA 硬盘类似，它为了提高传输速度采用了串行技术，为了降低内部空间的拥挤程度也采用了缩短连接线的方法。SAS 是为了提高存储系统的效率、扩充性、可用性，以及同 SATA 硬盘间的兼容性，而开发出来的一种全新的接口。

SAS 接口可以实现对 SATA 接口的兼容，这主要体现在协议层和物理层这两个层面上的兼容。SAS 接口和 SATA 接口可以实现在物理层上的全面兼容，在 SAS 的环境中，可以没有任何条件地直接使用 SATA 硬盘。在 SAS 的标准中，包含了 SATA 的全部接口标准，因此 SATA 硬盘可以被 SAS 控制器完全操控。但是，由于 SATA 早于 SAS，因此在 SATA 环境中是不能使用 SAS 硬盘的，SATA 控制器不能控制 SAS 硬盘。在协议层，SAS 可以实现与 SATA 和一些 SCSI 设备的完全兼容。这完全依赖于 SAS 的三种协议：串行 SCSI 协议（SSP）、SCSI 管理协议（SMP）和 SATA 通道协议（STP）。在实现 SCSI 命令的传输时由 SSP 控制，对 SCSI 设备进行维护、管理时由 SMP 控制，而 STP 则是在 SAS 和 SATA 传输数据时使用。

5. FC 接口

FC（Fibre Channel，光纤通道）接口和 SCSI 接口类似，这种接口起初也不是专门为硬盘开发的，而是为网络系统服务的。后来其应用到硬盘上，也是为了提高存储速度和灵活性。它的应用使多硬盘系统的通信速度得到了很大的提高。FC 具有高速带宽、远程连接、热插拔、设备连接数量大等优点。

FC 是专门为多硬盘系统环境（如：服务器）设计的，能够为系统提供较高的数据传输率，适用于高端工作站、海量存储子网络、服务器、外设间的数据通信。

### 4.1.4　磁盘阵列技术

当前，用来提高磁盘读写速度以及数据安全性的主要技术就是磁盘阵列技术。磁盘阵列是被操作系统视为单一硬盘的一个虚拟磁盘。它实际上是一个磁盘的阵列，由多个磁盘组成。通过阵列控制器的统一管理，这个磁盘可以实现快速的并行或交叉存取，并具有优秀的容错能力。磁盘阵列技术因为拥有巨大的存储容量被广泛地应用于多媒体相关系统中。磁盘阵列虽然在物理组成上是由多个（几个至上百个）磁盘组成，但是实际意义上可以被用户当作一个硬盘使用。因此，对于用户来说磁盘阵列可以是一个存储容量高达上千千兆字节的硬盘。

磁盘阵列技术的优势如下：提供了较高的容错能力，有效解决数据安全问题；有效改善数据的存取速度；使磁盘、内存和 CPU 间的性能差异得到一定缓解，从而提高系统整体的工作效率。

### 4.1.5 磁盘 IOPS 及带宽

1. 磁盘的 IOPS

IOPS(Input/Output Operations Per Second)即每秒输入输出量，也叫作每秒读写次数，它是体现磁盘性能的一个重要指标。IOPS 是指系统每秒能够处理的 I/O 请求次数(I/O 请求通常是读、写数据的操作请求)。从应用软件到磁盘，层与层之间的各种主要接口，各个接口之间的每次交互都可以称为一次 IO。

IOPS 值取决于多种因素，主要是：

(1)如果 IO 的数据块很大，那么 IOPS 不会很高。

(2)如果 IO 的数据块不大，但是需要磁头频繁换道，那么 IOPS 不会很高。

(3)如果 IO 的数据块大且需要频繁换道，那么 IOPS 会很低。

(4)如果 IO 的数据块不大且不需要频繁换道，那么 IOPS 会很高。

2. 传输带宽

传输带宽(Throughput，即数据吞吐量)是另一个评价磁盘性能的重要指标。传输带宽是指系统在单位时间内能够完成的数据传输量。对于某些需要大量的顺序读写工作的应用，如 VOD(Video On Demand)，则更关注带宽指标。

如果写入 10000 个 1kb 的文件需要 10s，那么此时的传输带宽只能达到每秒 1Mb，而写入一个 10Mb 的文件用 0.1s，那么此时的传输带宽就是100Mbps。所以，即使同一块硬盘在写入不同大小的数据时，表现出来的带宽也是不同的，具有高带宽规格的硬盘在传输大块连续数据时具有优势，而具有高 IOPS 的硬盘在传输小块不连续的数据时具有优势。

### 4.1.6 硬盘性能测试

作为一个重要部件，电脑的所有数据信息都是由硬盘来存储的，同时，整个计算机系统的性能也受到硬盘性能的直接影响。由于发展迅猛的半导体技术远远先进于磁存储介质技术，所以硬盘在整机系统中很多时候充当着一个“瓶颈”的角色。如果把一台整机比喻成一只水桶的话，硬盘就好比水桶中最低一侧的桶壁，水桶是否可以装更多的水就由这一侧桶壁的高度决定。由此可见，硬盘对整机系统性能的影响很大。硬盘性能在整机系统中至关重要，因此如何测试硬盘的性能是计算机领域中一个重要的研究内容。

一般对硬盘性能的测试，除了需要对 IOPS 和传输带宽（吞吐量）进行测量外，还需要测试系统在 Rebuild 情况下的 IO 性能。

在视频监控系统应用中，磁盘阵列需要 24 小时不间断运行，因此当系统某个盘坏掉使得系统进入“Rebuild”状态时，系统也必须要保持事先计算好的 IO 性能要求。因此在某种程度上讲，系统在 Rebuild 情况下的 IO 性能才是真正需要测试的指标。

对于硬盘性能的测试，在不同的操作系统下需要使用不同的测试工具。在 Windows 下使用的测试工具有 HD Tune、SANergy、IOMeter 等；在 Unix 下有 Unixbench；在 Linux 下有 dd、ORION、IOzone、Bonnie＋＋等。

## 4.2　RAID 技术简介

### 4.2.1　RAID 技术基础

RAID 是英文 Redundant Array of Independent Disks 的缩写，中文简称为独立冗余磁盘阵列。作为一种高性能的存储系统，RAID 的应用范围越来越广。在 RAID 技术中，可以实现对一系列磁盘的分组，这就可以使数据在存储时实现数据冗余和数据条带分布。数据冗余是实现数据保护必需的一项技术，而数据条带分布则可以提高磁盘读写性能。

RAID 是通过不同的方式把多块独立的物理硬盘组合在一起，形成一组硬盘，成为一个逻辑上的硬盘。RAID 级别是指组合磁盘的不同方式。和单个硬盘相比，这种结构的硬盘可以提供更大存储容量和更强的数据备份功能（图 4-3 为 RAID 控制芯片）。数据备份功能可以备份数据信息，是磁盘数据安全性的重要保障。磁盘数据一旦发生损坏，通过数据备份功能可以恢复损坏的数据。对于用户来说，RAID 的一组磁盘就是一个硬盘，对它的操作与单个硬盘没有任何区别，可以进行分区和格式化等磁盘操作。RAID 与单个硬盘的不同之处在于，它可以自动备份数据，并且存储速度远远高于单个硬盘。

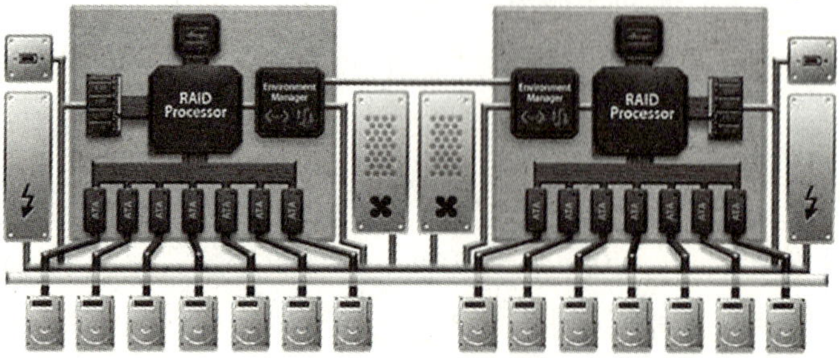


图 4-3 RAID 控制芯片

RAID 最初用于高端服务器市场，不过随着计算机技术的快速发展，RAID 技术已经渗透到计算机遍布的各个领域。如今，在家用电脑主板中，RAID 控制芯片也随处可见。

不同的磁盘组合方式用不同的 RAID 级别来标识。RAID 的级别从 RAID 概念的提出到现在，已经发展了多个级别，有明确标准级别的分别是 0、1、2、3、4、5 等。但是最常用的是 0、1、3、5 四个级别。RAID 的级别还有很多，比如：6、7、10、30、50……RAID 降低了大容量硬盘的使用成本，提高了系统的执行效率，并且使系统运行的稳定性得到了提高。

1. RAID 原理

磁盘阵列作为独立系统在主机外直连或通过网络与主机相连。磁盘阵列的多个端口可以被不同主机或不同端口连接。一个主机连接阵列的不同端口可提升传输速度。

和 PC 用单磁盘内部集成缓存一样，磁盘阵列内部为加快与主机交互速度，都带有一定量的缓冲存储器。主机与磁盘阵列缓存交互，缓存与具体的磁盘交互数据。

在应用中，有部分常用的数据是需要经常读取的，磁盘阵列根据内部的算法，查找出这些经常读取的数据，加快主机读取这些数据的速度，而对于其他缓存中没有的数据，主机要读取，则由阵列从磁盘上直接读取传输给主机。对于主机写入的数据，只写在缓存中，然后由缓存再慢慢写入磁盘。

标准的 RAID 写操作包括以下几个步骤：

(1)读取校验盘中的数据。

(2)读取目标数据盘中的数据。

(3)通过对已存在数据、新数据和旧校验数据进行一定操作，生成新校验数据。

(4)在校验盘中写入新校验数据。

(5)在目标数据盘上写入新数据。

当主机需要将其他 RAID 中的数据发送给一个指定的 RAID 时，此 RAID 的阵列控制器会先将收到的数据保存在 Cache(缓存)中，并立刻向主机报告数据已写入此 RAID 中。这些数据写入 RAID 的工作都是由阵列控制器控制完成的。阵列控制器可以将数据继续存放在 Cache 中，直到需要停机或 Cache 存满并且有新数据写入(需要为新数据腾出 Cache 的存储空间)时，控制器才会将数据写入 RAID 中。在这个过程中，主机不需要等待 RAID 的校验计算过程，便可以处理其他任务，这就加快了主机的读写速度，大大提高了主机的工作效率。我们把这种策略，叫作缓存回写技术(Write-Back Cache)。

2. RAID 的分类

磁盘阵列的样式有三种：一是外接式磁盘阵列柜，二是内接式磁盘阵列卡，三是利用软件来仿真。

外接式磁盘阵列柜最常被使用在大型服务器上，具有可热插拔的特性，不过这类产品的价格都很贵。

内接式磁盘阵列卡，价格便宜，但需要较高的安装技术，适合技术人员使用操作。硬件阵列能够提供在线扩容、动态修改阵列级别、自动数据恢复、驱动器漫游、超高速缓冲等功能。

利用软件仿真的方式，是指通过网络操作系统自身提供的磁盘管理功能将连接的普通 SCSI 卡上的多块硬盘配置成逻辑盘，组成阵列。软件阵列可以提供数据冗余功能，但是磁盘子系统的性能会有所降低，有的降低幅度还比较大，达 30%左右。因此这种方式会拖累机器的速度，不适合大数据流量的服务器。

3. RAID技术的特点

(1)传输速率高

RAID具有很高的数据传输速率。它拥有多个磁盘，这些磁盘可以同时读写数据，这使得系统的数据吞吐量得到大幅提高。最初设计RAID的目的就是要提高磁盘的数据传输速率。因为当时CPU的性能增长很快，这使得磁盘的数据传输速率成为计算机处理数据的瓶颈。RAID的出现成功地解决了这个问题。一个RAID硬盘中存在多个物理磁盘，这些磁盘可以同时传输数据，因此RAID的数据传输速率可以达到传统单个硬盘的几倍甚至百倍以上。

(2)具有容错功能

RAID通过数据校验实现了容错功能。普通磁盘驱动器是依靠磁盘上的循环冗余校验码的方法来鉴别是否传输有误，实际意义上，普通磁盘是没有容错功能的。由于RAID是由多个磁盘组成的，在某个磁盘数据故障时，RAID利用数据校验技术仍可读出数据，经过数据重构将故障硬盘内的数据，经计算后重新置入新硬盘中。容错功能提高了系统的稳定冗余性，为系统提供了更高的安全性。

目前，RAID技术尚不完善，还存在一些不足之处。比如：RAID 0不具有冗余和错误修复能力，当其中的一个物理磁盘损坏或出错时，整个硬盘都无法使用；RAID 1的磁盘利用率是RAID中最低的，在只有两块磁盘的情况下才能达到最高值；RAID 0+1是RAID 0和RAID 1的结合体，其而空间利用率高于RAID 1，而且可以提供一定的数据安全保障，但是安全性低于RAID 1。

4. RAID级别

不同的RAID级别代表着不同的存储性能、数据安全性和存储成本。在各个RAID级别中，使用最广泛的是RAID 0、RAID 1、RAID 10、RAID 5。

目前学术界公认的标准RAID等级有七个：RAID 0 RAID 1、RAID 2、RAID 3、RAID 4、RAID 5、RAID 6。其是由SNIA（Storage Networking Industry Association，全球网络存储工业协会）、University of California-Berkeley(加利福尼亚大学伯克利分校)等组织机构设定的。标准RAID等级在RAID的配置集合中是最基本的，它们都是对数据条带技术、镜像和数据校验技术进行组合或单独利用。为了提供更好的安全性、可靠性和传输性等存储性能,可以通过将标准 RAID 等级进行组合来实现,即 RAID 组合等级。

(1)RAID 0

RAID 0 将存储数据按照固定值分成若干小块,然后将这些小块数据分别写到 RAID 0 的不同磁盘上,这就是 Stripping 技术(数据条带技术)(如图 4-4 所示)。通过 Stripping 的方法将数据散列在多个磁盘上,这样在读写时就可以通过多个磁盘并行的方式来实现,从而提高硬盘的读写效率。如果一个 RAID 0由 N 个硬盘构成的话,理论上这个 RAID 0 的容量和传输速度就会是传统单个硬盘的 N 倍。当阵列控制器与多个硬盘都有通道连接时,对这些硬盘进行 RAID 0 操作,系统的读写性能会更高。

例如,当需要向 RAID 0 中写数据时,可以按照 512 字节到数兆字节的固定大小将数据分成若干相等的块,然后将这些数据块交替写入各磁盘中:将第 1 块数据写入磁盘 1 中,第 2 块写入磁盘 2 中……第 n 块写入磁盘 n 中。当系统在所有磁盘上都写过一次数据时,就再回到磁盘 1,将数据块写入磁盘 1 的下一段中,最后按照这个方法将所有数据写入 RAID 0 中。这种分割数据的方法可以将读写的负载平均分配到所有磁盘驱动器中。同时,磁盘驱动器间的工作是同步的,也就是多个磁盘同时进行读写,这使得 RAID 0 硬盘的读写性能大幅提高。但是,RAID 0 并没有提供数据保护功能,这使得如果一个磁盘出错,所有数据都会丢失。

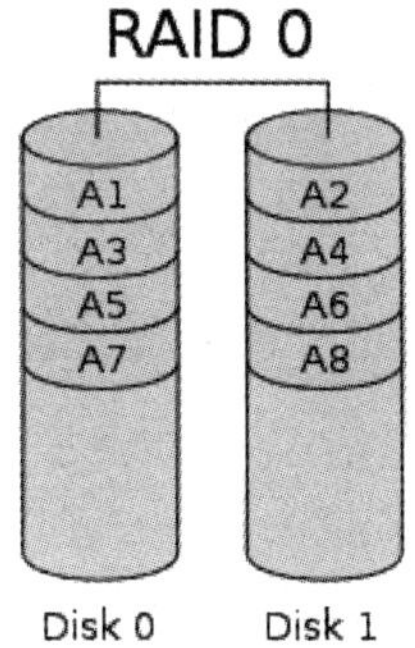


图 4-4　RAID 0 无容错的数据条带

从严格意义上说,RAID 0 不是 RAID,因为它没有数据冗余和校验。

RAID 0技术只是实现了带区组。在实现过程中，RAID 0 只是连续地分割数据并行地读/写于多个磁盘上。由于数据块被并行地保存在不同的磁盘上，因此 RAID 0 具有很高的数据传输率。另外，由于组成 RAID 0 的所有硬盘空间都可以用来保存数据，因此 RAID 0 的存储空间利用率也是最高的。所以 RAID 0 只适用于一些对读写速度要求极高的特殊场合，比如：Video/Audio 信号存储、临时文件传输等。由于其没有任何的数据冗余，所以安全性极低，只要 RAID 里的任何一块磁盘损坏，都会发生所有数据丢失的毁灭性的情况。换句话说，RAID 0模式中，硬盘个数越多，安全性越低。因为这些问题的存在，RAID 0 并不适用于一些系统的关键环节。但是，在视频、图像的制作和编辑中 RAID 0 非常受欢迎。

(2)RAID 1

RAID 1 也被称为镜像(Mirror)，它的磁盘分为工作磁盘和镜像磁盘，写入数据时，它会将完全一致的数据写入两种磁盘中。RAID 1 的磁盘空间利用率最高，为 50%(如图 4-5 所示)。由于数据要写两份，因此在写入数据时，它的响应时间会受到一定的影响，但是这对读取数据并没有任何影响。RAID 1 技术为数据提供了最佳的保护，平时系统从工作磁盘中读取数据，一旦工作磁盘异常，系统就自动读取镜像磁盘中的数据，不会对系统的正常运行造成影响。

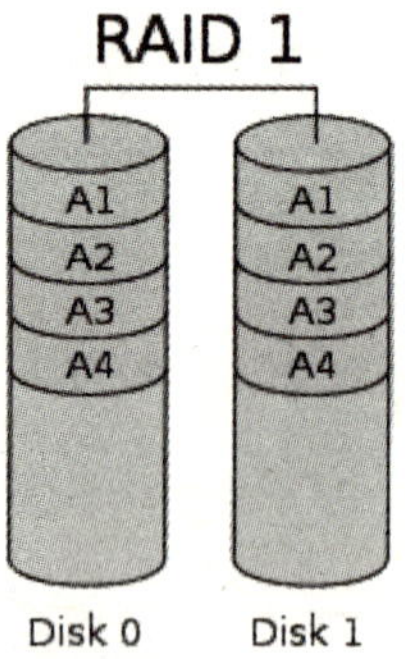


图 4-5 RAID 1 无容错的数据条带

RAID 1 与 RAID 0 刚好相反，它是为了增强数据的安全性使两块磁盘数据呈完全镜像，从而达到安全性好、技术简单、管理方便的目的。RAID 1 拥有完全容错的能力，但实现成本高。RAID 1 适用于对顺序读写性能要求高以及对数据保护极为重视的应用，如对邮件系统的数据保护。

(3)RAID 3

RAID 3 技术采用的是单盘容错并行传输的策略。它也是通过 Stripping 技术将写入数据分块存入各磁盘中，只是它的最后一个磁盘不同于其他磁盘，最后一个磁盘是专门用来存储校验数据(将写入数据块进行异或校验得到的数据)的，这叫作单盘容错。当某个硬盘发生错误，写入时会继续对校验盘和其他正常磁盘进行操作；而读数据时，则是通过计算其他正常磁盘和校验盘上的数据来重构问题磁盘上的数据，来完成数据的读操作。RAID 3 技术的优点是在实现读写并行传输的同时，通过单盘容错，使系统的可靠性大大提高。它的不足在于，每次读写操作都要牵动整个磁盘组，每次操作只能完成一项读写任务。因此，RAID 3 更有利于读写较长的连续记录，但在读写较短数据时性能会略有下降。图 4—6 为 RAID 3 带有专用位校验的数据条带。

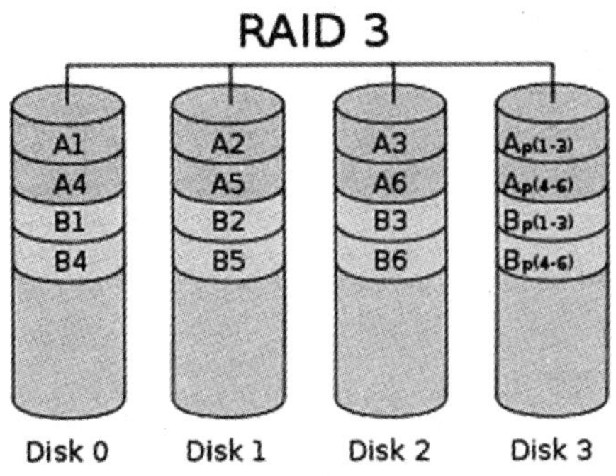


图 4-6　RAID 3 带有专用位校验的数据条带

(4)RAID 5

RAID 5 也被称为带分布式奇偶校验位条带技术。RAID 5 硬盘的每个磁盘上都专门有一个数据块大小的存储空间专门存放奇偶位(如图 4-7 所示)。不同于 RAID 3 的是，RAID 5 的每个磁盘上都有奇偶校验位信息，而不是集中存放在一个校验磁盘上，这样可以大大减轻单个磁盘存放奇偶校验信息的负担。虽然这样做在容量方面会产生一些损失，但是 RAID 5 在整体性能方面表现得更好，因此这种技术也被广泛应用于存储系统中。它更适用于事务处理这类对读写密度和比率要求比较高的情况。由于 RAID 5 需要一定的冗余度，因此构造这种硬盘至少需要三个磁盘。对于 RAID 5 中的磁盘进行控制，有两个方法：一是利用磁盘阵列控制器实现，二是使用网络操作系统的软件实现。

RAID 5 技术兼顾了数据安全、存储成本和性能，可以把其看作是由 RAID 0 和 RAID 1 组合的一种技术。与 RAID 3 类似，RAID 5 在数据安全性方面要低于 RAID 1，而磁盘利用率要高于 RAID 1。RAID 5 硬盘的每个磁盘中多了一个奇偶校验信息，这使得它的写入速度稍稍低于传统单个硬盘，而在读取速度上与 RAID 0 相近。由于 RAID 5 中一个磁盘上的多个数据都是对应这个磁盘上的一个奇偶校验信息，它的磁盘利用率略高于 RAID 1，存储成本优于 RAID 1。

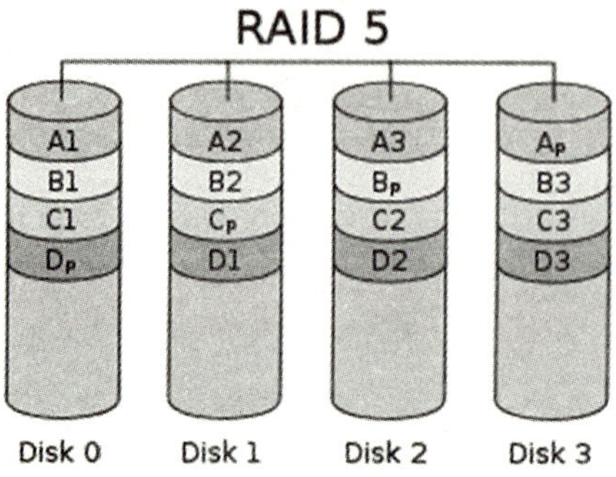


图 4-7 RAID 5 带有分散校验的数据条带

(5)RAID 01 和 RAID 10

标准 RAID 等级各有特点，在应用中，可以将多个等级进行组合，利用优点弥补缺点，根据需要构建出安全性和存储性更高的 RAID 系统。目前出现的 RAID 组合等级很多，主要有：RAID 00、RAID 01、RAID 10、RAID 30、RAID 50、RAID 53、RAID 60 和 RAID 100，其中得到广泛应用的只有两个等级，是

RAID 01 和 RAID 10。这主要是因为组合等级的成本昂贵，只有在偶尔出现的特定场合才会使用。图 4-8 是典型的 RAID 01 和 RAID 10 模型，由于它们都是对 RAID 0 和 RAID 1 的组合，因此，有些文献中会写二者是等同的效果，但笔者认为他们还是有区别的。RAID 01 是先将各磁盘条化再对整个磁盘阵列进行镜像操作，因此它的本质是对物理磁盘的镜像；而 RAID 10 是先将磁盘分组进行镜像然后再整体条化，因此它是对虚拟磁盘的镜像，二者是不同的。而且，在相同配置的情况下，二者的容错能力也略有不同，通常情况下 RAID 01 是优于 RAID 10 的。

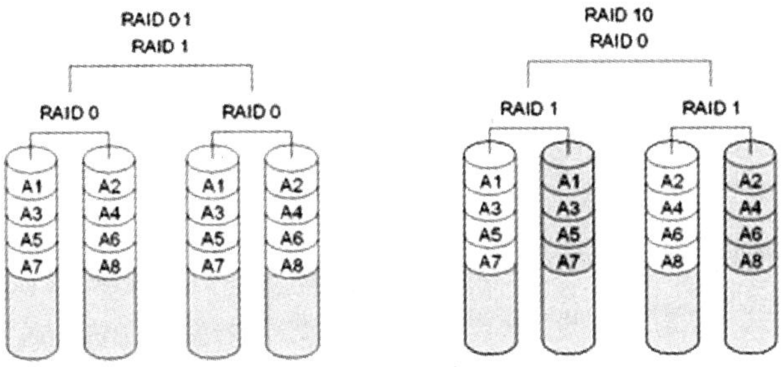


图 4-8　典型的 RAID 01(左)和 RAID 10(右)模型

### 4.2.2　RAID 技术的演进发展

A Case for Redundant Arrays of Inexpensive Disks(加利福尼亚大学伯克利分校的相关研究组在 1987 年发表的文章)中首次提出了“RAID”，并定义了 5 个 RAID 等级。研究小组的研究目的起初是反映 CPU 的运行效率，他们发现 CPU 的运行效率约以每年 30%～50%的速度增长，而硬盘性能的增长只有 7%左右。因此研究人员希望找到一种能立即提升硬盘性能的新技术，来平衡硬盘与 CPU 之间的差距，从而有效提高计算机的运算能力。因此，研究小组把主要研究目的放在了提高硬盘的效能与成本上。

研究小组在研究中，设计出了容错技术(fault-tolerance)和逻辑数据备份技术(logical data redundancy)，进而得到了 RAID 理论。为了有效降低硬盘成本，在初期研究中，他们把便宜(inexpensive)的磁盘作为研究重点。然而在现实生产环境中，组合大量便宜的磁盘并不适宜。于是，他们将 inexpensive 的策略改为 independent，即许多独立的磁盘组。

1988 年之后，又出现了 RAID 0 和 RAID 6 两个级别。并且，随着计算机技术的发展，存储厂商不断推出更多的 RAID 等级。然而，这些等级并没有一个统一的标准。目前学术界公认的标准 RAID 等级有七个，是由 SNIA、University of California-Berkeley 等组织机构设定的。其中，RAID 0、RAID 1、RAID 3、RAID 4、RAID 5，这五个等级被业界公认为工业标准，而在实际中应用最为广泛的等级为：RAID 0、RAID 1、RAID 3、RAID 5、RAID 6 以及 RAID 10。

RAID 的等级各有优势，各等级之间并无高低之分，它们只是代表一种硬盘的实现技术。在实际应用中，用户都是根据自己的需求，考虑性能、成本和实用性来选择相应的 RAID 等级来构造自己的存储系统。

从首次提出 RAID 技术，至今已有近三十年时间。其间，社会信息化水平飞速发展，计算机存储的数据量增长迅猛，数据处理取代计算成为信息计算的研究核心；人们愈加重视数据处理，不断追求高存储量、高读写速率、高安全性、高可用性、高扩展性以及易于管理性等更高的数据处理性能。在如此强大的发展需求推动下，RAID 技术不断进步，目前已广泛应用于各个领域的存储系统中。

正是由于技术发展的成熟，RAID 技术的未来发展已经不被广泛看好，甚至预言在不久的将来会停止发展。

当前的 RAID 技术仍然存在诸多不足，各种 RAID 模式都存在自身的缺陷，其主要集中在读写性能、实现成本、恢复时间窗口、多磁盘损坏等方面。因此，RAID 技术显然还存在很大的提升空间，具有很大的发展潜力。近年来新出现的 RAID 模式以及学术研究包括分布式校验、多重校验、混合 RAID 模式、水平和垂直条带、基于固态内存 RAID、网络校验等，显示了其未来的发展趋势。特别指出的是，多核 CPU 和 GPU 是当前的热点技术，它们大幅提升了主机的可用计算资源，可以解决 RAID 对计算资源的消耗问题，软 RAID 很可能将重新成为热点。另外，存储硬件性能的提升、存储虚拟化技术、重复数据删除技术以及其他存储技术都会极大地推动 RAID 技术的进一步创新和发展。

### 4.2.3 RAID 技术比较

几个主流的 RAID 技术的细节对比见表 4-1。

表 4-1　主流 RAID 等级技术对比

| RAID 等级 | RAID 0 | RAID 1 | RAID 3 | RAID 5 | RAID 10 |
|---|---|---|---|---|---|
| 技术特点 | 条带 | 镜像 | 专用位校验条带 | 分散校验条带 | 镜像加条带 |
| 最少磁盘数 | 2 | 2 | 3 | 3 | 4 |
| 容错性 | 无 | 有 | 有 | 有 | 有 |
| 冗余类型 | 无 | 有 | 有 | 有 | 有 |
| 热备用操作 | 不支持 | 支持 | 支持 | 支持 | 支持 |
| 数据保护 | 没有 | 有 | 允许一个磁盘损坏 | 允许一个磁盘损坏 | 每个 RAID 子阵列中允许一个磁盘损坏 |
| 可用容量 | 最大 | 最少 | 中等 | 中等 | 最少 |
| 减少容量 | 无 | 50% | 一个磁盘 | 一个磁盘 | 50% |
| 读性能 | 高 | 低 | 高 | 高 | 高 |
| 随机写性能 | 高 | 低 | 低 | 一般 | 一般 |
| 连续写性能 | 高 | 低 | 低 | 低 | 一般 |

一个普通的应用程序需要存储系统具有良好的 I/O 性能，同时也要求对数据安全做好保护工作，能实现以上功能。因此以下将从数据重构及对系统性能的影响、I/O 性能、数据安全保护等方面，结合磁盘现状分析 RAID 10 和 RAID 5两种技术的差异。

读操作上 RAID 10 和 RAID 5 是相当的。RAID 5 不便于进行小量写操作，使得其不适合应用于密集写操作的场合，如重做日志及回滚字段。RAID 10由于不需要数据校验，只是单纯地执行写操作，因此在写操作的性能上 RAID 10 要好于 RAID 5。

在数据重构效率方面，RAID 5 在数据重构工作上所花费的时间远大于 RAID 10。由于 RAID 5 工作负荷较大，因此会影响重构器件的性能，而花费时间长，则再次出现数据损坏的可能性也会变大。

在数据安全保护方面，在已有一块磁盘失效的情况下，RAID 10 系统只有在该失效盘的镜像盘也失效时才会导致数据丢失，否则不会出现数据丢失情况。同样在已有一块磁盘失效的情况下，RAID 5 系统只要再出现任意的一块磁盘失效，都将导致数据丢失。

综合来看，出现一块磁盘失效后，当 RAID 10 和 RAID 5 系统进行数据重构时，RAID 5 需消耗的时间要长，同时重构期间 RAID 5 系统负荷更大，出现数据丢失的可能性也更高。因此，在数据重构方面，RAID 5 系统的可靠性远比 RAID 10 低。而在磁盘空间利用率上，RAID 5 较 RAID 10 的效率更高，RAID 5的空间利用率是 70%，而 RAID 10 的空间利用率仅为 50%。所以综合考虑硬盘成本问题，目前来说 RAID 10 加上 SATA 硬盘应该是一种较好的组合。

## 4.3　存储架构的发展

按照存储的体系架构划分，目前主流存储系统有 DAS(Direct-Attached Storage，直接连接存储)、NAS(Network Attached Storage，网络附加存储)、SAN(Storage Area Network，存储区域网络)三种模式，见图 4-9。大型复杂的应用系统对于转发和存储要求的不断提高推动了存储系统的发展，也推动了存储构架的发展。

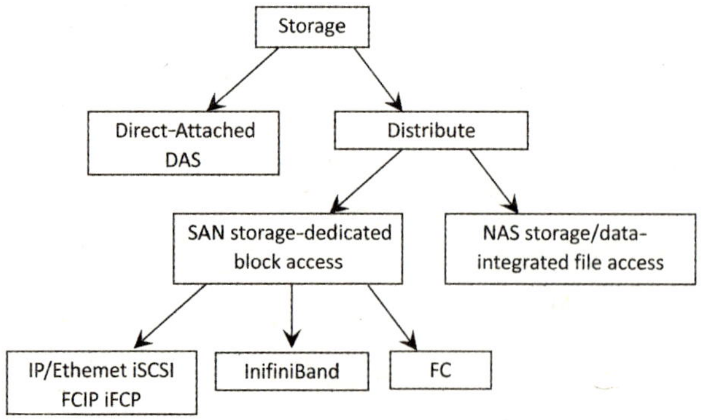


图 4-9　存储体系架构分类

### 4.3.1　DAS 技术

DAS 是一种传统的直接附属存储模式。它通过光纤通道或 SCSI 总线直接将存储设备连接到服务器上，常用于服务器在地理上比较分散、很难通过远程连接方式互连的情况下。

DAS 存储的体系架构如图 4-10 所示，存储设备通过 IDE、SCSI 以及光纤(FC)接口与服务器直接相连，满足了单台服务器存储空间扩展和高性能传输的需求。

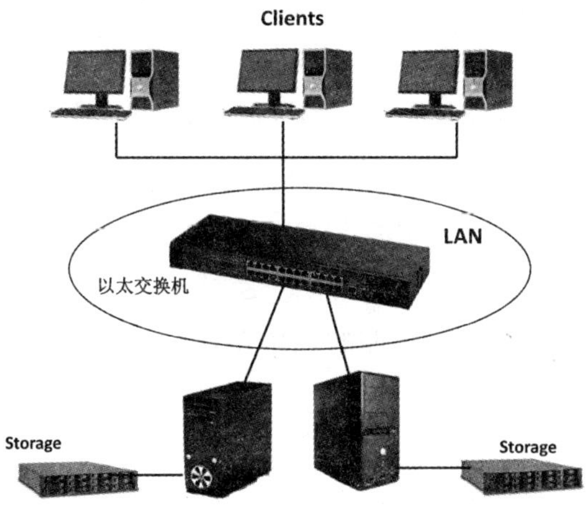


图 4-10　DAS 基本结构

1. DAS 中的数据流

DAS 架构下，客户端访问资源的步骤如下：

(1)客户端发送请求命令给服务器。

(2)服务器收到命令，查询缓冲区，如果有数据，则直接经过网卡发送数据给客户端；如果没有，则将请求翻译成本地数据访问命令，转向存储设备。

(3)存储设备根据客户端命令发送数据给服务器缓存。

(4)数据经过服务器缓存拷贝到网卡缓存。

(5)数据经网卡发送给客户。

2. DAS 架构的特点

DAS 模式的好处是前期投入低,维护比较简单,其对于小规模系统应用是比较合适的。

DAS 架构下,数据的读写完全依赖于服务器,数据量增长后,响应性能随之下降。DAS 架构的结构特点,决定了其很难实现集中管理,整体拥有成本较高。DAS 没有中央管理系统,数据的备份和恢复需要在每台服务器上单独做。DAS 中,不同的服务器连接不同的磁盘,相互之间无法共享存储资源,容量再分配很难。DAS 连接方式导致服务器和存储设备之间的连接距离有限制。

在 DAS 架构下,不同的节点服务器连接不同的硬盘存储设备,各个硬盘存储设备容量可能并不相同,同时利用率也不同,可能有的利用率到了 90%,而有的利用率不到 10%。因此,DAS 这种专属的服务器而非共享的方式导致磁盘总体利用率很低。所以,需要将所有的存储设备从"直接专属"的形态转变成"网络共享"的模式,这正是 NAS 及 SAN 架构。

### 4.3.2 NAS 技术

NAS 是一种独立的、直接存储的存储方案。它基于 LAN 的存储方式,使用 TCP/IP 协议进行通信,以文件的 I/O 方式进行数据传输,集中式的数据存储模式降低了数据信息的管理成本。与 DAS 相比,NAS 完全可以实现异构平台之间的数据共享,广泛地支持 Windows NT、UNIX、LINUX 等操作系统,特别适合于文件共享服务的应用,如 FTP 软件。

NAS 存储的体系架构如图 4-11 所示。NAS 采用网络(TCP/IP、ATM、FDDI)技术,通过交换机连接存储系统和服务器主机,建立专用于数据存储的私有网络。

1. NAS 架构中的数据流

客户机给 NAS 设备直接发送对资源的请求,回复该请求的数据也直接发给客户机而无须服务器的中转,这大大提高了系统的响应和传输速度。NAS 采用标准网络接口,只需将 NAS 设备连接到 TCP/IP 网络即可使用。NAS 上一般安装有自己的操作系统,服务器通过"File I/O"方式向 NAS 设备发送文件存取请求,NAS 系统将"File I/O"转换成"Block I/O",并存储到内部磁盘。

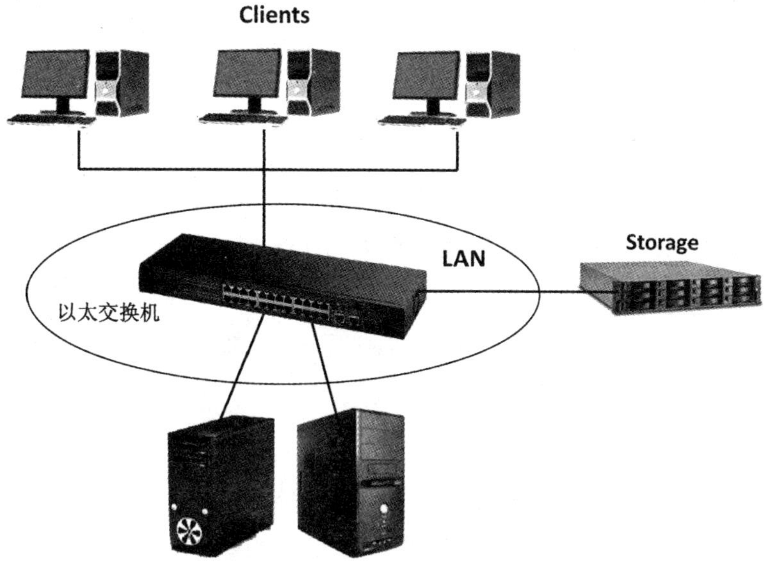


图 4-11 NAS 的基本结构

2. NAS 架构的特点

在 LAN 环境下,NAS 已经完全可以实现异构平台之间的数据级共享,不同操作系统的用户通过网络支持协议可进入相同的文档,因而 NAS 设备无须改造即可用于具有混合 Unix/Windows NT 操作系统的局域网。另外,NAS 设备的存储物理位置同样是灵活的。它们可设置在工作组内靠近数据中心的应用服务器上,或者也可设置在其他地点,通过物理链路与服务器连接起来。无须应用服务器,NAS 设备允许用户在网络上直接存取数据,这样既可以减小 CPU 的开销,也能显著改善网络的性能。与将备份数据流从 LAN 中转移出去的 SAN 不同,NAS 仍使用网络进行备份和恢复。

NAS 的缺点是备份过程中带宽消耗过大,这是与文件服务器相关的一个关键性问题。NAS 将存储事务由并行 SCSI 连接转移到了网络上。它除了必须处理正常的最终用户传输流外,还必须处理包括备份操作的存储磁盘请求。因此,NAS 的性能取决于网络负载。因为 TCP/IP 协议使用的帧比较小、本身开销较大、占用宽带资源较多，所以 NAS 最适合应用于在传输时间内具有突发性小数据量且需要快速响应情况的信息传输，而不适合大数据量持续数据传输的情况。

### 4.3.3 SAN 技术

SAN 称为存储区域网络，它通过特定的互联方式连接若干台网络服务器和大磁盘阵列或备份磁带库等存储服务器，组成一个单独的数据存储网络，是一种特殊的高速网络。SAN 将存储网络和局域网分开，所有和存储相关的数据流量都在存储网络上传输，从而不会影响局域网性能。

1.SAN 的系统构成

SAN 一般由主机、软件、存储、网络和服务组成。它将光纤通道交换机、集线器和网关等网络硬件与软件管理功能合为一体，兼容各厂商的设备和软件，信息可及时地进行存储、访问、共享和保护。SAN 的基本结构如图 4-12 所示。

SAN 不仅提供大容量的数据存储，而且在地域上可以分散存储，从而缓解了大量数据传输对于局域网的影响。SAN 的结构允许任何服务器连接到任何存储磁盘阵列，不论数据存放在哪里，服务器都可直接存取所需的数据。SAN 通过在光纤通道协议上加载 SCSI 协议来达到块级数据传输，主要支持 HIPPI、SCSI、IPI、IP、ATM 等多种高级协议。SAN 和其他网络一样将通信协议与传输物理介质隔离开，多种协议可在同一物理连接上同时传送，高性能存储体和宽带网络单排接口的使用，使得系统成本和复杂程度大大降低。通过将多台大型交换机连接在一起，SAN 能够提供数百个连接端口，适应了增长型企业不断剧增的信息存储容量的需求。

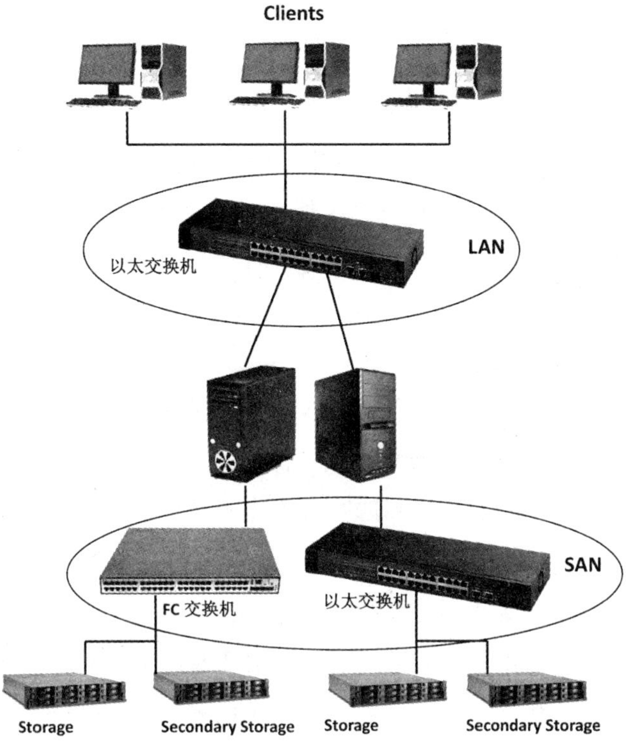


图 4-12　SAN 的基本结构

2.SAN 架构的特点

(1)SAN 的优势

①更好的适应性。分散的数据资源可以相互连接起来构成总体资源,资源之间的物理距离可达 10km,而且能够简单有效地实现存储设备的重复使用。事实上,SAN 架构可以让用户很轻松地从一种应用转到另一种应用。

②更好的扩展性。存储设备与服务器不再一对一固定地连接在一起,它们都可以动态地加入到 SAN 的设备池中。

③更好的性能。光纤通道技术使数据的传输速度有了很大幅度的提高。同时,SAN 架构支持 LAN-Free 和 Server-Free 备份,能够提高备份的效率并减轻服务器的负担。由于文件迁移不必通过以太网传输数据,数据传输和应用的性能有了很大的提高。

④更高的可用性。SAN 可以利用集群技术通过任意一台服务器访问到所需数据,而且数据可以按需自动复制到任意地方。用户可以自由选择数据是复制到磁盘/卷一级,还是数据库/文件系统一级。

⑤增强的可管理性。SAN 通过集中控制使管理变得更简单。

⑥更高的可靠性。SAN 的核心设备——磁盘阵列和磁带库,都具有更高的可靠性。而且在 SAN 中,维护或更换设备以及对其进行配置,都不会影响整个网络。

(2)SAN 的不足

①SAN 不能实现文件级共享。SAN 只能通过光纤通道交换机或光纤通道集线器的功能,以及磁盘阵列或集中式存储管理系统所提供的 LUN 屏蔽功能等实现多台主机对存储设备的物理共享,不能使处于不同主机上的应用共享同一个存储设备上的数据。通过 SAN 的集群文件共享文件系统可以解决这一问题,但目前还不能支持异构操作系统的 SAN 文件共享。

②SAN 实施成本较高。构建一个基于光纤通道的 SAN,不仅需要购买光纤通道交换机或集线器,还要考虑到为相关的每一台主机配置光纤接口卡(FC HBA),所以其成本比直接利用原有网络基础的 NAS 网络存储系统高。

### 4.3.4 iSCSI 技术

iSCSI(SCSI Over IP),即互联网小型计算机系统接口。它是一种在 Internet 协议网络上将 SCSI 数据块映射成以太网数据包进行数据块传输的标准。

1. iSCSI 的工作流

iSCSI 协议就是一个在网络上对数据封包和解包的过程。在网络发送端,数据被封装成包括 TCP/IP 头、iSCSI 识别包和 SCSI 数据三部分内容的数据包,传输到接收端时,这三部分内容分别按顺序被解开。

2. iSCSI 的特点

从根本上说,iSCSI 协议是一种跨过 IP 网络来传输 SCSI 数据块的方法。它比光纤通道具有更好的可扩展性,可以利用当前的 IP 网络设施,还可以利用 IP 网络中的身份验证和加密机制。

iSCSI 具有低廉、开放、安全等诸多优点，但是也存在着一些不足之处。首先，iSCSl 采用 SCSI 协议，与其他的存储协议如光纤通道协议不兼容，因此不能与目前流行的光纤通道 SAN 兼容。其次，iSCSI 在广域网中的速度仍不理想。如果 iSCSI 能够解决在 IP 网络上占用过多带宽的问题，并有效实施差错控制，将极大地促进这一存储技术的发展应用。此外，iSCSI 相关技术和产品还处于发展阶段，用户可选择的余地较小。

iSCSI 协议虽然存在一些不足，但考虑到其易管理、成本低、开放性高、安全性好等优点，必将获得飞速发展。

### 4.3.5　存储架构比较

几种存储架构的比较如表 4-2 所示。对于小规模的存储架构，DAS 具有非常大的优势。NAS 适合中小规模的存储架构建设，由于其访问方式具有共享性，可以直接建设不同操作系统平台以及多服务器下的访问方式。SAN 则适合在大规模的系统中使用，是开发以及建设和管理成本最低的一种方式，在数据访问性能、分级存储、备份等方面优于前两种数据访问方式，但是对于小型系统建设，NAS 和 DAS 更有优势。

表 4-2　不同存储架构对比表

| 存储架构 | DAS | NAS | SAN | iSCSI |
| --- | --- | --- | --- | --- |
| 架构方式 | SCSI 或 FC 直接外观存储设备方式 | 基于以太网的存储 | 基于以太网的存储 | 基于光纤网络的存储 |
| 连接方式 | SCSI 卡、1394 卡 | 以太网络 | FC 卡、光交换 | 以太网络 |
| 扩展性 | 差 | 一般 | 一般 | 一般 |
| 容错能力 | 弱 | 中 | 强 | 强 |
| 数据库存储 | 支持 | 不支持 | 支持 | 支持 |
| 灾难恢复能力 | 无 | 无 | 有 | 有 |
| 实施难度 | 低 | 低 | 高 | 较高 |
| 成本 | 较低 | 中等 | 较高 | 中等偏高 |

## 4.4 存储系统的设计

### 4.4.1 大型监控存储系统的需求

大型监控系统内的摄像机数量较多，所需存储的视频数据量巨大，因此大型监控的存储系统一般需满足以下要求：

第一，具有多级存储构架。在系统中可以实现前端存储、中心存储和客户端存储。

第二，支持多种存储方式的统一管理。存储管理服务器应该能够对分布式存储、集中式存储以及分布集中并存的存储进行统一的管理。存储应具有冗余、纠错及 LAN-free 备份等功能。

第三，存储系统应具有足够的存储空间，能够按照需求保存一定时间内的监控视频。在重要应用场合，应对录像文件采取防篡改或确保文件完整性的措施。

第四，支持多种网络协议。系统应具有以太网接口，支持 TCP/IP 协议，应扩展支持 iSCSI、SIP、RTSP、RTP、RTCP 等网络协议。

第五，支持音频存储设备。单台中心存储设备应支持多台音频存储设备的同时访问，支持主流厂商视音频流编码设备。

第六，支持联动报警存储。系统收到报警信号时，应能够对视音频进行存储，并应支持报警前录像功能，可配置录像时间。

### 4.4.2 前端存储与中心存储

1.前端存储

所谓前端存储，是将存储部件放置在网络视频监控系统的前端设备（如网络视频编码器或网络摄像机）中，由前端设备直接对监控图像完成本地录制和保存。

前端存储具有三个方面的优势：一是可以通过分布式的存储部署，将集中存储带来的容量压力降低；二是可以有效地将集中存储带来的网络流量压力缓解；三是在网络发生故障时集中存储的图像会丢失，前端存储可以避免产生这个问题。

对于前端存储，由于单个前端编码设备通常携带不多的监控点路数，存储时间也不长，所以对存储容量要求不高，网络摄像机一般用 SD 卡或 CF 卡，视频服务器一般用内置硬盘。这与单机存储差不多。

而与单机存储本质上不同的是，为了保证用户访问的灵活性和便捷性，大型视频监控系统中的所有前端存储不仅要能够通过点对点对单机进行访问，还要能够通过一个统一的接口对所有内容进行集中共享。为此，大型视频监控系统通过中心业务平台统一管理和调度所有前端存储，并对存储空间和存储内容进行网络化。这样，用户既可以通过直接登录单个前端设备点播回放录像资料，也可以通过统一登录中心业务平台集中检索和回放所有前端录像资料。

2.中心存储

在大型视频监控系统中，中心存储是核心部分。前端设备对监控点图像进行采集压缩编码，处理成数字监控码流，然后通过网络传送到中心业务平台，再通过中心业务平台将码流存储在网络录像单元中。

在很多大型的视频监控联网应用中，多级分布的中心存储方式也是一种常用的存储方式，即分中心存储。分中心存储一方面使一个中心点集中存储带来的存储容量和网络流量的压力降低，一方面使系统的可靠性得到提高。

使用中心/分中心存储，具有五个方面的明显优势：一是对于用户而言，便于检索和调用录像资源；二是保证了存储内容的完整性，不会因为某个前端设备失窃或损坏而导致重要内容的丢失；三是资源调度合理化，将存储空间按需分配给前端设备，从而节约资源；四是实现存储策略的多样化，以满足用户的个性化需求；五是维护方便，便于集中检测从而及时排查问题。

对于监控点比较少的路数和要求存储时间不长的应用场合，中心/分中心存储部署可以采用服务器插硬盘或外接磁盘这种比较简单的方式，即 DAS(直接访问存储)。而随着网络视频监控的优势被认可，现在开始出现越来越多的大型甚至超大型视频监控系统，比如“平安城市”建设中的社会治安监控系统及中国电信和中国网通正在全面推进的“全球眼”和“宽视界”这两大运营级视频监控系统，这些监控系统都对接入大规模前端设备和大容量集中存储有需求。

原来的单机存储方式无法满足这些系统在容量灵活扩展方面的应用需求，必须将更为先进的网络存储设备和存储技术应用到这些系统中，其中典型的就是SAN、NAS以及iSCSI。

SAN(存储区域网)起源于20世纪90年代中后期，与DAS不同，SAN基于光纤通道技术，通过光纤通道交换机将服务器和存储阵列连接起来，形成专用于数据存储的区域网络。SAN采用了面向网络的存储结构，数据存储和数据处理相分离，具有易于扩展存储空间、寻址灵活、可远距离传输数据、I/O性能高、存储设备利用率高等特点，是一种全新的存储体系结构。

与SAN基于专门的光纤通道协议不同，NAS(网络访问存储)基于IP网络实现服务器和存储阵列的互联，通信时使用TCP/IP协议，数据传输用文件级的I/O方式进行。相比之下，NAS设备的安装、调试、使用和管理更简单，具有较低的部署成本。

iSCSI是IETF一种新的标准协议，即通过IP网络，将SCSI区块数据转换成网络封包的一种传输标准，它和NAS一样通过IP网络来传输数据，但在数据存取方式上，采用的方式与NAS不同，其采用与SAN相同的BlockProtocol协议。由此，iSCSI的优势在于：第一，iSCSI使SCSI数据包在以太网中传输成为可能，使SAN不再需要光纤网络，通过IP网络即可实现原先的功能，使管理复杂度和成本都降低了；第二，由于用户应用需求的复杂性，有时会同时部署SAN和NAS两种存储网络，而iSCSI则可以将两者融合起来。

iSCSI的这些特点非常契合现在的视频监控发展的现状和方向，特别是在运营级视频监控领域。基于目前成熟的IP网络进行中心/分中心存储系统的构建，iSCSI技术无疑是一个很好的参考。

### 4.4.3 集中存储与分布存储

高清时代的存储，最大的特点就是存储容量的爆发式增长，这对视频监控系统的各个环节，比如编解码算法、网络传输性能、数据存取机制、存储设备性能和读写效率等，都提出了更高的要求。对于高清存储而言，根据存储规模和部署方式进行分类，一般分为两大类：分布式存储架构和集中式存储架构。

以NVR、HDVR为代表的分布式存储架构，主要针对中小型的监控环境，如园区、酒店等。存储产品采用控制器架构、嵌入式操作系统、模块化设计，具有良好的稳定性、扩展性和管理性，其对应的缺点是系统封闭带来的灵活性不足，但这对中小型监控环境没有影响。

以 SAN、NAS、DAS 为代表的集中式存储架构，主要针对大型的监控环境，如平安城市、智能交通等（采用集中式存储架构，从而实现集中式管理，即所谓云管理模式）。存储产品则采用开放式存储架构（俗称存储服务器，即具备存储功能的服务器），优点是具有良好的灵活性，可以实现软、硬件的定制和嵌入，实现监控平台、服务器、存储的融合，管理维护更加简单。其缺点是灵活性会影响稳定性，这就对存储厂商的研发能力提出了很高的要求。

### 4.4.4　存储管理方式

选择存储方案时需考虑以下几方面问题：

第一，数字视频数量。数字视频数量影响存储容量和存储性能需求。

第二，存储格式。存储格式采用 H.264 或 MPEG-4/2 视频格式，各种编码器都有各自的播放库。

第三，视频流带宽/记录时间。视频流带宽/时间影响存储容量和性能需求。一般视频流带宽的范围是 1～8Mb/s。在监控记录的时间上，有全天时记录和部分时间记录（工作时间）的区分。

第四，视频录像需要保持的存储天数。

第五，视频流的记录方式。视频流的记录方式影响存储空间的接口。

第六，稳定可靠性。

第七，系统存储视频的可扩展性。

另外，对于分布式多中心存储系统，为实现灵活调配资源和冗余管理资源，在数据写入时要选择存储资源，即存储资源管理策略；数据查询时需要找到具体存储的存储系统及在系统中的具体位置。

在存储架构的管理方面需要综合考虑容量管理、配置管理、性能管理和可用性管理等因素。

容量管理需要系统满足容量管理规划的需求。

配置管理可以提供与需求相适应的系统资源信息，包括当前逻辑和物理配置数据、端口利用数据以及设备驱动器数据等，配置时可以根据高可用性和连接性的商业要求综合考虑。

性能管理是指在需要的情况下，通过综合调整系统设备从而提高系统的性能，且要求存储系统遵守平台访问公共标准。

可用性管理是指要对系统的可用性进行保证。可用性管理负责预防故障，在问题发生时及时纠正，对重要事件在其发展到致命之前提出警告。

对于大型视频监控系统的存储管理，需要对整个存储平台引入存储生命周期管理理念，通过专业的数据中心对全局的关键视频数据进行存储备份，通过对多种备份方式和策略的选择，将分布存储上的数据定时、定量、定条件地备份到中心存储上。

### 4.4.5 存储的物理实现

数据存储的物理实现（也就是如何选择物理存储技术），需要考虑三个问题：在集中存储模式方面采用 DAS、SAN 还是 NAS；考虑 SAN 时，FC-SAN、IP-SAN(iSCSI)的适用与定位；是否需要磁盘阵列和磁带库形成的物理分级存储等。不同的用户具有不同的投资规模使得其对存储系统的性能、容量、可靠性、生命周期以及规划管理的要求是多种多样的。因此在构建视频存储和管理系统时，不必局限于某一种存储技术或设备，应着重于建立开放的、可扩展的、灵活的内容存储管理平台；可以对各种物理存储技术进行管理和兼容；可以根据实际市场发展状况，选择适合需求的技术和产品。

4.3 节中介绍的四种架构模型，均要求有合适的硬件平台，以便于快速便捷地存储与回放大量的影像信息，同时完成对存储硬件系统平台在不同发展阶段的升级过程中平滑无缝的连接。这就要求底层的硬件平台在吞吐量、容量、稳定性、接口等方面能满足系统正常运转的要求。

另外，大型监控存储系统在存储硬盘的选择上与电脑需求的硬盘也是不同的，其需要满足可扩充性、长时间连续读写、保证视频流畅性、散热能力强等要求。

### 4.4.6　存储容量的计算

为大型监控存储系统选择合适的存储设备，首先要做的就是对存储容量的估算。对存储容量进行估算，需要我们先估计一秒钟存储空间的需求 SS，进而再计算一小时存储空间的需求 SH(SH＝SS×3600)、一天的存储空间需求 SD(SD＝SH×24)，最后根据系统使用需要估算出系统的存储容量。

其中，需要主要考虑的因素有：系统中需要存储的视频通道的数量；视频存储方式的选择(如：24 小时存储、预置时间表存储或报警触发存储等方式)；通道的码流大小(可以参考帧率与分辨率情况)。

磁盘空间的计算是粗略的，不可能做到非常精确，在实际的视频监控系统中，码流的大小是动态变化的，因为每个摄像机的场景是随时间变化的(即使表面上看到的是静态的画面)。因此，在设计、计算存储空间时，得到的存储空间大小只是一个近似值，一般预留一定容量以保证录像保存足够天数。

### 4.4.7　存储系统的安全性

保证存储系统中数据的可靠性和安全性十分重要。存储设备中的单点故障可能引起巨大的经济损失。要确保保存数据的完整、可靠和有效调用，必须满足数据快照、数据卷复制、远程数据同步以及访问安全性等条件。

数据快照：全球网络存储工业协会(SNIA)对快照(Snapshot)的定义是关于指定数据集合的一个完全可用拷贝，该拷贝包括相应数据在某个时间点(拷贝开始的时间点)的映像。快照可以是其所表示的数据的一个副本，也可以是该数据的一个复制品。

数据卷复制：在同一个存储系统中，具有将一个逻辑卷(源卷)位到位地完全拷贝到另一个逻辑卷(目标卷)的能力，允许在拷贝过程中通过只读方式对源卷进行访问，并挂起写操作，保证数据拷贝的时间完整性。

另外，在内容索引服务器和存储资源服务器，以及需要访问它们的服务器间应该建立安全机制，确保正确的信息写入正确的位置，从而获得权限范围内的信息等。

### 4.4.8 存储系统的可靠性

存储系统应采用全冗余体系结构设计，无任何单点故障，而且必须提供良好的多平台兼容性，支持 SUN、IBM、HP 等重要的 Unix 系统和重要的 Liunx 平台。针对不同的故障，可以采用不同的解决方法。

第一，针对不同的灾难，必须找出原因并有针对性地解决。

第二，针对硬件故障，可以采用硬件冗余的方法来解决。

第三，针对人为错误和软件故障，可采用数据冗余的方式来解决。

第四，针对环境灾难，可采用设备冗余的方法来解决。有的容灾方法，如磁带备份既可以防范人为的和软件的逻辑灾难，也可以防范环境的物理灾难。

### 4.4.9 存储系统的性能要求

1. 写入流程对存储的物理性能要求

存储系统具有较高的多线程写能力，其 I/O 性能应满足以下计算公式：传输带宽＝单视频流量×索引开销系数×存储视频路数。监控存储系统的存储容量计算公式为：存储空间＝单视频流量×索引开销系数×存储周期×存数视频路数。

2. 查询和读取流程对存储的物理性能要求

由于目前查询和提取用户业务量相对写入业务量非常小，所以对存储的 I/O性能要求不高，可根据实际运营商的经验酌情评估。另外，系统性能实际上是由业务流程各环节功能模块共同协作的结果，所以在评估存储系统性能要求时，也需要与其他各环节协同平衡来考量。

存储资源服务器要求较高的 I/O 吞吐量，要与连接的物理存储系统相匹配。

# 第 5 章　网络视频传输

网络摄像机的广泛应用，使得监控中网络视频传输过程研究受到了足够的重视。监狱智能视频监控要求监控视频的传播必须是实时的、可靠的，这个传输过程的保障，具体体现在技术层面上，即视频编解码技术、实时传输协议、实时传输控制协议及流媒体技术环节上。换句话说，网络视频传输就是研究如何将摄像机拍摄到的视频进行编码以有利于传输（即研究视频编码技术）；然后要考虑编码之后的信号采用何种协议在网络上传输（即实时传输协议）、传输过程应如何控制（即实时传输控制协议）；最后视频信号传输到服务器上进行存储，监控端观看监控视频需要跟服务建立连接，用户可以一边下载一边观看、收听，而不用等整个文件下载到自己的计算机上。

## 5.1　视频编解码技术

视频编解码技术是网络电视发展的最初条件，也是网络监控中最关键的技术之一。只有高效的视频编码才能保证在现实的互联网环境下提供视频服务。

### 5.1.1 编解码技术简介

1984年CCITT(International Consultative Committee on Telecommunications and Telegraph,国际电报电话咨询委员会,它是国际电信联盟的常设机构之一)制定了世界上第一个视频编码标准H.120。迄今经过30多年的发展,国际标准ITU－T和ISO/IEC分别制定了不同阶段的标准。ITU-T推荐委员会制定的标准大多数都是应用于实时视频通信方面,例如H.261、H.262、H.263和H.264;另一方面,ISO/IEC的MPEG标准大多是为视频存储、广播视频和视频流应用而制定的标准,包括MPEG-1、MPEG-2和MPEG-4等。两个独立的标准化委员会组织在致力于制定不同标准的同时,联合发展了H.262/MPEG-2和H.264/AVC。其中H.264(或称为MPEG-4第十部分),是由ITU-T和ISO/IEC联合制定的最新一代视频编码标准。此标准可应用于网络电视、广播电视、数字影院、远程教育、会议电视、视频监控等多个领域。

同时,在制定视频标准方面,三家比较大的公司Real Networks、Microsoft(微软)和Apple(苹果)都有自己的流媒体格式和相应的播放器,并且这三家公司占据了绝大部分市场,如Real Networks公司的RM、RMVB标准,Microsoft公司的AVI、ASF、WMV标准,Apple公司的MOV标准。MPG只是一种压缩编码标准,而平常所见的扩展名为MPG的文件,都是用MPEG-1编码方式进行压缩的。

视频编解码技术主要是对视频压缩和解压缩的技术。由于视频信息的数据量巨大,为了在视频存储和网络传输时节约存储空间、提高传输速度,研究人员提出了视频编解码技术,利用视频中存在大量冗余信息的特性对视频进行压缩。因此,视频压缩编解码技术是视频通信的关键技术,并不断追求以下两个方面的技术进步:

第一,追求更高的压缩率,提高压缩质量。第一代视频压缩标准有H.261、MPEG-1、MPEG-2和H.263等。目前广泛使用的为第二代视频压缩标准,其中包括MPEG-4和H.264。第二代标准比第一代的压缩率翻了一番,而正在研究的第三代标准还会再翻一番,也就是说会达到200～300倍的压缩率,能够大大压缩视频文件的体积。

第二，追求更好的扩展性编码。在网络时代，视频和图像编码的目标从产生固定大小的码流，发展到需要产生一定的传输码率范围的可扩展性码流，因此以后的视频编解码技术必然要支持可扩展性。然而，可扩展性编码现在还是一个很不成熟的领域，与不可扩展的单层编码相比，它的码率效率还比较低(例如 FGS 的码率效率比 MPEG-4 的非可扩展性编码低 2～3db)。如何将可扩展性编码的码率逼近非可扩展性编码，是目前主要的研究方向之一。

### 5.1.2　MPEG-4/H.264 编解码技术及特点

1. MPEG-4/H.264 编解码技术

MPEG-4/H.264 标准是由 ITU-T 的视频编码专家组(VCEG)和 ISO/IEC 的活动图像专家组共同成立的联合视频小组(JVT)于 2003 年共同公布的。H.264也称 MPEG-4 的第十部分，即高级视频编码(AVC)。H.264 是在 ITU-T 增强型多媒体通信标准 H.26L 基础上提出的，它继承了 H.263、MPEG-1、MPEG-2 和早期 MPEG-4 的优点，在沿用 MC-DCT(即运动补偿加变换编码)的混合结构基础上，增添了类 DCT 整数变换、CAVLC 和 CABAC 熵编码算法等新技术，进一步提高了编码算法的压缩效率和图像解压质量。

H.264 标准压缩系统由视频编码层(VCL)和网络提取层(NAL)两部分组成。VCL 中包括 VCL 编码器和解码器，主要是实现视频数据压缩编码和解码的功能，它包括运动补偿、变换编码和熵编码等压缩单元。NAL 则用于为 VCL 提供一个与网络无关的统一接口，它负责对视频数据进行封装打包后使其在网络中传送，它采用统一的数据格式，包括单个字节的包头信息、多个字节的视频数据与组帧、逻辑信道信令、定时信息、序列结束信号等。包头中包含存储标志和类型标志：存储标志用于指示当前数据不属于被参考的帧；类型标志用于指示图像数据的类型。VCL 可以传输按当前的网络情况调整的编码参数。如图 5-1 所示。

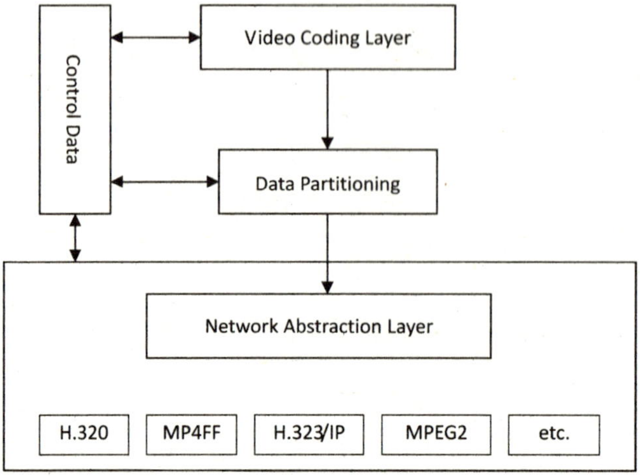


图 5-1 H.264/AVC 编码器结构

2.H.264 的特点

(1)运动矢量估计中灵活的分割宏块。H.264 采用不同大小和形状的宏块对视频帧进行分割与亚分割,最小可达 1/4 像素的精度,可以采用多个参考帧来进行运动预测,并且可使用 B 帧作为参考帧。

(2)帧内预测编码模式更精确。帧内预测编码是利用单帧图像内相邻像素的相关性,以消除空间冗余的方式,使用较少的比特数压缩表示像素块信息。

(3)小尺度的系数变换。采用类似于 4×4 点离散余弦变换(DCT)的整数变换。

(4)基于内容去块效应滤波。它能够有效防止图像出现马赛克块的模糊现象。

(5)统一的熵编码。使用了两种熵编码方法,即基于上下文的自适应变长编码(CAVLC)和基于上下文的自适应二进制算数编码(CABAC),进一步减少了数据的冗余,提高了压缩效率。

(6)更实用的编码方式,更好的压缩性能。H.264 和 H.261、H.263 一样,也是采用 DCT 编码加 DPCM 差分编码,即混合编码结构。但 H.264 在混合编码的框架下引入了更简洁的编码方式,提高了编码效率,更贴近实际应用。

(7)适应多种信道,应用目标广泛。采用更适于网络传输的结构和语法,具有更好的抗误码和抗丢包的处理能力，可满足不同效率、不同场合的视频应用。

(8)无须版权，开放使用。使用H.264编解码不需要缴纳专利费，能使其应用更加广泛。

(9)H.264无须版权，开放使用，能很好地适应IP和无线网络的使用。这对目前因特网传输多媒体信息、移动网中传输宽带信息等具有重要意义。

### 5.1.3　HEVC编解码技术及特点

1. HEVC编解码技术

HEVC(High Efficiency Video Coding)，是由ISO-IEC/MPEG和ITU-T/VCEG成立的研究视频编码的联合协作小组JCT-VC(Joint Collaborative Team on Video Coding)共同研制的新一代视频编码标准。2013年1月26号，HEVC正式成为国际标准，该标准也被称为H.265标准。同之前的H.264/MPEG-4标准相比，HEVC提供了更加灵活、可靠和稳定的视频解决方案。相同质量的视频文件，使用HEVC编码的文件大小是H.264标准的一半、MPEG-2标准的四分之一，能够显著减少文件的存储和分发成本，这为更高清晰度的内容进入消费层应用铺平了道路。

HEVC是一个开放的标准，其中使用到的技术和算法较前两代标准H.264和MPEG-2更为复杂，视频流在压缩过程中需要经过更多的选择和运算。本书主要围绕视频的基本编码方式、HEVC的具体部署、HEVC对应用市场的影响等方面进行阐述。相信随着HEVC标准的正式颁布，预计一至两年内市场上大部分的消费电子厂商都将在自家的设备中支持HEVC编解码的方式。

2. HEVC的特点

(1)灵活的编码结构。在H.265中，宏块的大小从H.264的16×16扩展到了64×64，以便于高分辨率视频的压缩。同时，采用了更加灵活的编码结构来提高编码效率，包括CU(Coding Unit，编码单元)、预测单元PU(Predict Unit，预测单元)和TU(Transform Unit，变换单元)，如图5-2所示。

其中编码单元类似于H.264/AVC中的宏块的概念，用于编码的过程；预测单元是进行预测的基本单元；变换单元是进行变换和量化的基本单元。这三个单元的分离，使得变换、预测和编码各个处理环节更加灵活，也有利于各环节的划分更加符合视频图像的纹理特征，有利于各个单元更优化地完成各自的功能。

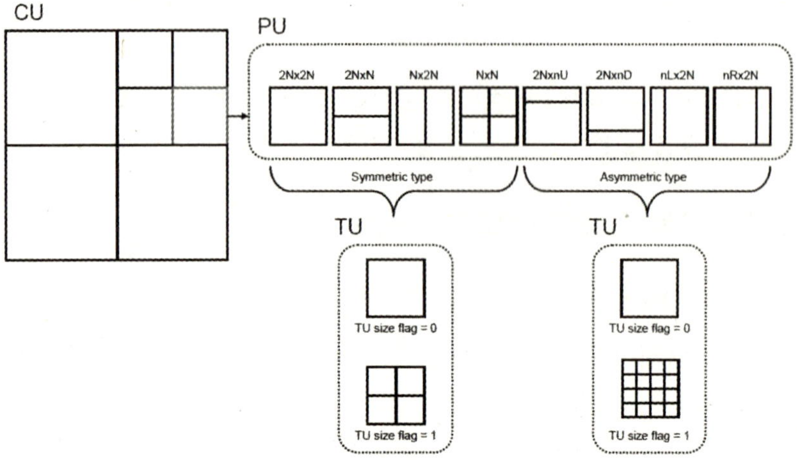


图 5-2 编码单元(CU)、预测单元(PU)、变换单元(CU)

(2)灵活的块结构——RQT(Residual Quad-tree Transform，残量四分树变换)。RQT 是一种自适应的变换技术，是对 H.264/AVC 中 ABT(Adaptive Block-size Transform)技术的延伸和扩展。对于帧间编码来说，它允许根据运动补偿块的大小自适应调整图像分割块区的大小；对于帧内编码来说，它也允许根据帧内预测残差的特性自适应调整分割块区的大小。算法根据当前块信号的特性，自适应地选择变换块大小，如图 5-3 所示，可以得到能量集中、细节保留程度以及图像的振铃效应三者最优的折中。

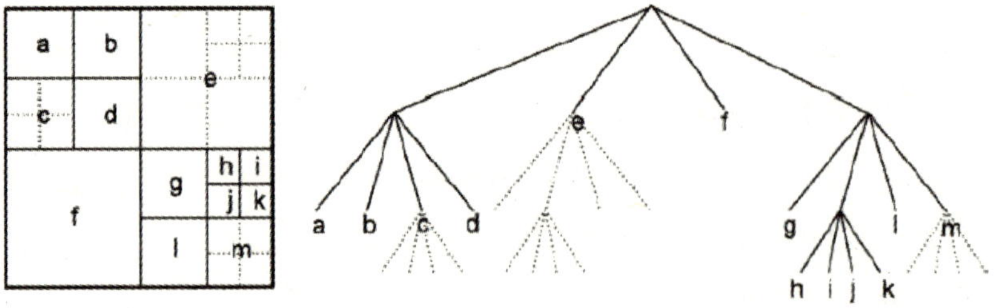


图 5-3 灵活的块结构示意图

(3)采样点自适应偏移——SAO (Sample Adaptive Offset)。SAO 在编解码环路内,位于去块效应算法之后,通过对重建图像的分类,对每一类图像像素值加减一个偏移量,以达到减少失真的目的,从而在提高压缩率、减少码流的情况下能够保证较好的图像品质。采用 SAO 后,平均可以减少 2%~6%的码流,而编码器和解码器的性能消耗仅仅增加了约 2%。

(4)自适应环路滤波——ALF(Adaptive Loop Filter)。ALF 应用于 SAO 算法之后,用于重建图像以达到重建图像与原始图像之间的均方差(MSE)最小,即解码后图像与编码前原图像间的差异最小。

(5)并行化设计。当前中央处理器芯片架构已经从单核运算逐渐发展为多核并行运算,因此为了适应多核芯片并提高编解码速度,HEVC/H.265 引入了很多并行运算的优化思路,主要包括以下几个方面:

① Tile,又称为条带。如图 5-4 所示,用垂直和水平的边界将图像划分为一些行、列和块区,划分出的矩形区域为一个 Tile,每一个 Tile 包含整数个 LCU (Largest Coding Unit,最大编码单元),Tile 之间可以互相独立,以此实现并行处理。

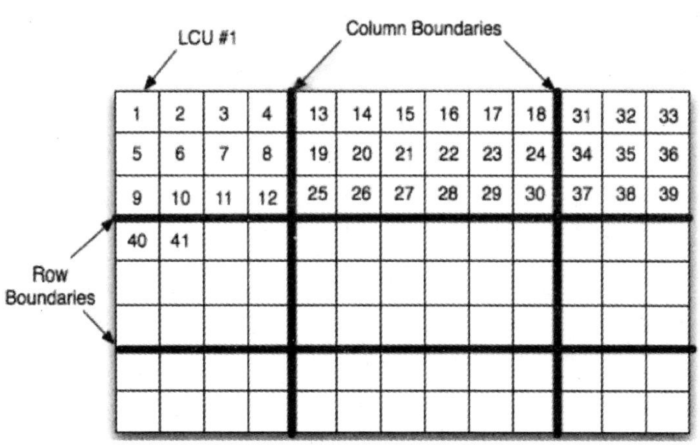


图 5-4　Tile 划分示意图

②Entropy Slice。Entropy Slice 允许在一个 slice 内部再切分成多个 Entropy Slices，每个 Entropy Slice 可以独立地编码和解码，从而提高了编解码器的并行处理能力。

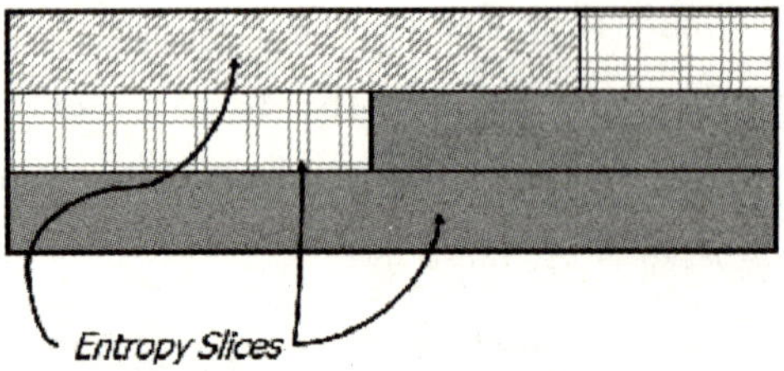


图 5-5 每一个 slice 可以划分为多个 Entropy Slice

③WPP(Wavefront Parallel Processing)。上一行的第二个 LCU 处理完毕，即对当前行的第一个 LCU 的熵编码(CABAC)概率状态参数进行初始化，如图 5-6 所示。因此，只需要上一行的第二个 LCU 编解码完毕，就可以开始当前行的编解码，以此提高编解码器的并行处理能力。

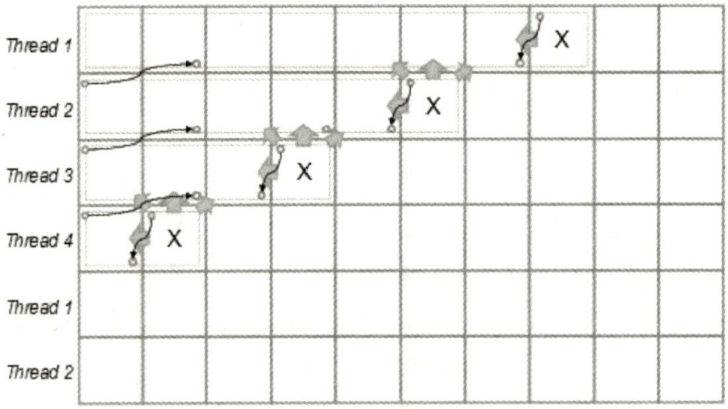


图 5-6 WPP 示意图

(6)H.264 中已有特性的改进。相对于 H.264，H.265 标准的算法复杂性有了大幅提升，获得了较好的压缩性能。H.265 在很多特性上都做了较大的改进，如表 5-1 所示。

表 5-1　H.264 和 H.265 关键特性对比

| | H.264 | H.265 |
|---|---|---|
| MB/CU 大小 | 4×4～16×16 | 4×4～64×64 |
| 高度插值 | Luma-1/2 像素<br>{1，−5，20，20，−5，1}<br>Luma-1/4 像素(1，1) | Luma-1/2 像素<br>{−1，4，−11，40，40，−11，4，−1}<br>Luma-1/4 像素<br>{−1，4，−10，57，19，−7，3，−11}<br>Luma−1/4 像素<br>{−1，3，−7，19，57，−10，4，−1} |
| MVP 预测方法 | 空域 MVP 预测 | 空域＋时域 MVP 预测<br>AMVP/Merge |
| 高度 Intra 预测 | 4×4/8×8/16×16；9/9/4 模式 | 34 种角度预测<br>Planar 预测 DC 预测 |
| 色度 Intra 预测 | DC，Horizontal，<br>Vertical，Plane | DM，LM，planar，Vertical，<br>Horizontal，DC，diagonal |
| 变换 | DCT4×4/8×8 | DCT4×4/8×8/16×16/32×32<br>DST4×4 |
| 去块滤波器 | 4×4 和 8×8 边界 Deblock 滤波 | 较大的 CU 尺寸，4×4 的边界不进行滤波 |

H.265 标准是在 H.264 标准的基础上发展起来的，由于H.264在视频应用领域的主流地位，可以预见 H.265 协议在未来具有广大的发展前景。世界上许多主流电视组织以及媒体运营商已经选择 H.264 作为媒体格式标准，一些主要的编解码设备厂商也一直积极参与到 H.265 标准的研究当中。由于H.265标准在压缩效率、并行处理能力以及网络适应性方面得到了极大改善，它的发展和应用必将把视频编解码理论和应用推向一个新的高度。

## 5.2 网络传输协议

智能视频监控在网络中传播的主要是视频流，数据量比较大，且必须保证视频传播的实时性和接收方观看视频的流畅度和画面质量，因此，选择合适的网络传输协议和网络传输控制协议至关重要。但在这之前，必须先了解网络协议在网络体系结构中的分布及功能。

### 5.2.1 OSI 模型

OSI（Open System Interconnection）是开放式系统互联参考模型，由国际标准化组织（ISO）制定。这个模型把网络通信的工作分为 7 层，它们由低到高分别是物理层、数据链路层、网络层、传输层、会话层、表示层和应用层。如图 5-7 所示。

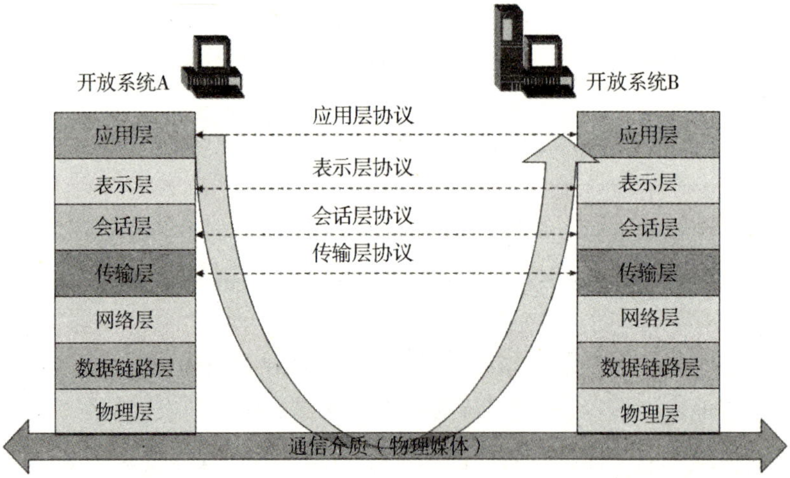


图 5-7　ISO/OSI 系统互联 7 层模型

这 7 个层之间都是独立的，每一层所实现的功能对上一层来说都是透明的，每一层只关心下一层所提供的服务，而不关心下一层的任务是如何完成的。物理层的任务是确定与传输介质的有关特性，即机械特性、电气特性、功能特性和规程特性；数据链路层的任务是向网络层提供透明的和可靠的数据传送基本服务，该层对传输的数据的内容、格式及编码没有限制，它们的功能已经被传输介质和网卡固化了，无法通过编程来改变，因此编程设计的时候就不考虑这两层了；网络层的主要任务是选择合适的路由，对数据实现打包和发送，这一层上Netware使用的是IPX协议，Windows和Unix使用的是IP协议；传输层的任务是根据子网特性对网络资源合理利用，并以可靠和经济的方式使两端主机实现传输连接，以透明的方式传输报文，在这一层Netware使用的是SPX协议，而Windows使用TCP/UDP协议，Unix使用TCP协议；会话层的任务是确定互连的主机之间的信息传递方式，即单工、半双工和全双工，在局域网中一般不考虑；表示层的任务是进行传输数据格式化和转换代码，一般用于异种机之间的通信，微机之间不存在这个问题，所以这一层也不用考虑；应用层的任务是确定进程之间通信的性质以满足用户的需要，它需要编程来实现，但不需要选择协议。

### 5.2.2 传输层

了解了OSI模型之后，我们重点关注下与网络传输密切相关的传输层。就传输层所处的地位而言，其下3层的主要任务是数据通信，其上3层的任务是数据处理。而传输层是OSI模型的第4层。因此该层是通信子网和资源子网的接口和桥梁，起到承上启下的作用。

传输层的主要任务是：向用户提供可靠的端到端的差错和流量控制，保证报文的正确传输。

传输层主要有以下三大功能：

第一，传输连接管理，提供建立、维护和拆除传输连接的功能。传输层在网络层的基础上为高层提供“面向连接”和“面向无接连”两种服务。

第二，处理传输差错，提供可靠的“面向连接”和不太可靠的“面向无连接”的数据传输服务、差错控制和流量控制。在提供“面向连接”服务时，通过这一层传输的数据将由目标设备确认，如果在指定的时间内确认未收到信息，数据将被重发。

第三，监控服务质量。当网络层服务质量不能满足要求时，传输层将服务质量加以提高，以满足高层的要求。

传输层主要涉及的是网络传输协议，该层常见的协议有：Windows 的 TCP 协议、UDP 协议，Novell 网络中的 SPX 协议和微软的 NetBIOS/NetBEUI 协议。

由此看来，为了保证基于网络的视频流数据传输的实时性和稳定性，传输层协议的选择是关键。

### 5.2.3 TCP 与 UDP 协议

1.TCP 协议

TCP(Transmission Control Protocol，传输控制协议)是一种面向连接的、可靠的、基于 IP 的传输层协议，在网络结构中位于 IP 层之上、应用层之下，主要实现建立网络通信通道、控制数据传输的功能。当应用层向 TCP 层发送 8 位字节的网络传输数据流时，TCP 把数据流分割成适当长度的报文段，报文最大传输段大小(MSS)通常受该计算机网络数据链路层的最大传送单元(MTU)的限制。然后，TCP 把数据包传送给 IP 层，并由它通过网络将包传送给接收端实体的 TCP 层。为了保证传输的可靠性，TCP 协议采取了如下措施：

(1)为每个包分配一个序号，保证按序接收传送到接收端的包，然后接收端对已成功收到的字节发回一个相应的确认(ACK)。如果发送端在合理的往返时延(RTT)内未收到确认，那么就会假设数据已丢失，对应的数据将会被重传。

(2)用一个校验和函数来检验数据是否有错误，在发送和接收时都要使用校验数据计算校验，以保证数据的正确性与合法性。

(3)采用超时重传和捎带确认机制，以确保传输数据的可靠性。

(4)采用流量控制，使用滑动窗口协议，对于窗口内未经确认的分组需要重传。

(5)采用拥塞控制算法。该算法主要包括三个主要部分：①加性增、乘性减；②慢启动；③对超时事件做出反应。

2.UDP 协议

UDP(User Datagram Protocol，用户数据报协议)是一种无连接的传输层协议，提供面向事务的不可靠信息传送服务，与 TCP 协议一样用于处理数据包。UDP 协议将网络数据流量压缩成数据包。一个典型的数据包就是一个二进制数据的传输单位。每一个数据包的前 8 个字节用来包含报头信息，剩余字节则用来包含具体的传输数据。UDP 协议相对来说较为简单，不提供数据包分组、组装且不能对数据包进行排序，即当报文发送之后，是无法得知其是否安全完整到达的。UDP 用来支持那些需要在计算机之间快速实时传输数据的网络应用，众多的客户/服务器模式的网络应用，包括网络视频会议系统、在线播放系统等都需要使用 UDP 协议。

TCP 协议对于网络带宽和网络硬件缓冲区的要求比较高，如果网络状况不好，视频监控信号会出现延迟和断点等。其原因在于：

第一，TCP 的重传机制和拥塞控制机制。当发送方发现丢失数据后，一方面 TCP 的重传机制，要求等待一个或多个周期，才能重传丢失的数据，这对实时性要求比较高的视频监控来说，是不能接受的；另一方面，TCP 的拥塞控制机制在探测出有数据包丢失时，就会减小拥塞窗口，这会影响视频流的传播速度，造成延迟。

第二，TCP 报文头不提供时间戳和编解码信息。TCP 是可靠的传输层协议，其机制决定了在设计协议的时候报文头中不包括时间戳和编解码信息，而这些信息恰恰是接收方的应用程序所需要的。

第三，TCP 启动慢。即便是在网络运行状态良好、没有丢包的情况下，由于 TCP 的启动需要建立连接，而建立连接的初始化时间较长，从而导致 TCP 启动慢。

由此可见，TCP 协议不适合用来传输实时监控视频流的数据。而 UDP 是一种无连接的数据包投递服务，它虽然没有 TCP 可靠，并且无法保证实时视频传输业务的服务质量，但是其传输时延低，这点适合监控视频流的传输要求。因此，在实际应用中，用 UDP 来传输监控视频流，用 TCP 传输那些对实时性要求不高但对可靠性要求高的控制信息。

### 5.2.4 RTP与RTCP协议

1. RTP协议

(1)RTP概述

为了支持网络实时传输服务，提供数据实时传输的标准，IETF(Internet Engineering Task Force，互联网工程工作小组)的多媒体传输工作小组于1996年制订了RTP(Real-time Transport Protocol，实时传输)协议。

RTP被定义为在一对一或一对多的传输情况下工作，其目的是提供时间信息和实现流同步。RTP的典型应用建立在UDP上，但也可以在TCP或ATM(Asynchronous Transfer Mode，异步传输模式)等其他协议之上工作。RTP本身只保证实时数据的传输，依靠RTCP提供数据传输服务，并不能为按顺序传送数据包提供可靠的传送机制，也不提供流量控制或拥塞控制。

(2)RTP的工作流程

RTP的工作流程如下：RTP协议把从上层接收的流媒体信息码流(如H.264)，装配成RTP数据包发送给下层，下层协议提供RTP和RTCP的分流。例如在UDP中，RTP使用一个偶数号端口，则相应的RTCP使用其后的奇数号端口。RTP数据包没有长度限制，它的最大包长只受下层协议的限制。

(3)RTP协议的特点

①简单。RTP协议不具备运输层的完整功能，也不提供任何机制来保证数据的实时传输，即：不保证通信质量，而是依赖下层的协议来完成这些任务。它不保证提交或防止乱序提交，也不保证下层网络是可靠的并且提交的分组是有序的。RTP报文甚至不包括长度和报文边界的描述，而是依靠下层协议提供长度标识和长度限制。另外，RTP协议将部分运输层协议功能(比如流量控制)上移到应用层完成，简化了运输层处理，提高了该层效率。

②灵活。RTP协议的数据报文和控制报文使用相邻的不同端口，使数据流和控制流分离，大大提高了协议的灵活性，也便于简化处理过程。

③支持多播。如果下层网络支持，RTP可支持采用多播的传送方式将实时数据传送到多个目的地，满足多媒体会话的需要。

④可扩展性。RTP协议通常作为一个具体的应用程序提供服务，通过一个

具体的应用进程实现，而不是作为 OSI 体系结构中单独的一层，RTP 只提供协议框架，开发者可根据程序的具体要求对协议进行充分扩展。

(4)RTP 的使用领域

RTP 协议的使用领域包括：简单多播音频会议、音频视频会议、混合器和解释器。

2. RTCP 协议

(1)RTCP 概述

RTCP(Realtime Transport Control Protocol，实时传输控制协议)负责管理传输质量，并在当前应用进程之间交换控制信息。在 RTP 会话期间，各参与者周期性地传送 RTCP 包，包中含有已发送的数据包的数量、丢失的数据包的数量等统计信息，服务器可以利用这些信息动态地改变传输速率，甚至改变有效载荷类型。RTP 和 RTCP 配合使用，能以有效的反馈和最小的开销使传输效率最佳化，故特别适合在网络中传送实时数据。

(2)RTCP 的功能

①用反馈信息的方法检测分配数据的传送质量。这种反馈可以用来进行流量的拥塞控制，也可以用来监视网络状态并诊断网络中出现的问题。

②为 RTP 源提供一个永久性 CNAME(规范性名字)的传送层标志。因为在发现冲突或者程序更新重启时，SSRC(同步源标识)会变，因此需要一个运作痕迹记录其变化，在一组相关的会话中接收方也要用 CNAME 从一个指定的参与者得到相联系的数据流(如音频和视频)。

③根据参与者的数量来调整 RTCP 包的发送率。

④传送会话控制信息。例如，可在用户接口显示参与者的标识。这是可选功能。

### 5.2.5　RTSP 与 RSVP 协议

1.RTSP 协议

(1)RTSP 概述

RTSP(Real Time Streaming Protocol，实时流传输协议)是 TCP/IP 协议体系中的一个应用层协议，用于控制多媒体的播放，即在播放从因特网上下载的实时数据时,用户能够对其进行控制。该协议用于 C/S 软件体系结构中,实现在客户端和服务器端协商并建立实时流会话的功能。RTSP 在网络体系结构中位于 RTP 和 RTCP 协议的上层,使用 TCP 或 RTP 完成数据传输功能,如图 5-8 所示。与 HTTP 协议相比,HTTP 协议的请求由客户机发出,服务器只做出响应,协议是单向的;而使用 RTSP 协议的客户机和服务器都可以发出请求,即 RTSP 可以是双向的。

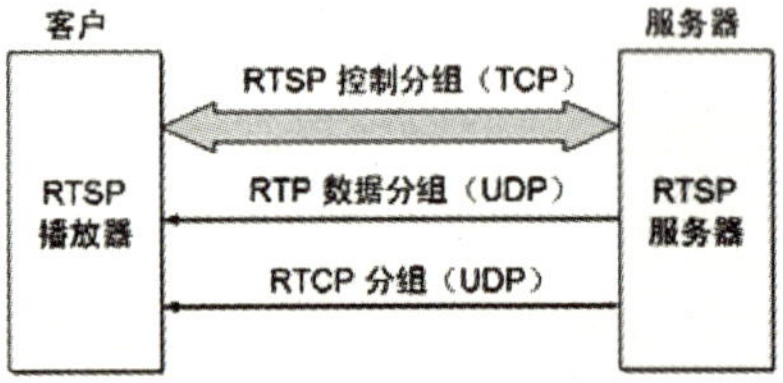


图 5-8 RTSP 与 RTP 和 RTCP 的关系

RTSP 是应用级协议,控制实时数据的发送,并提供了一个可扩展框架,实现了实时数据如音频与视频的受控点播。该协议控制多个数据发送连接,为选择发送通道(如 UDP、组播 UDP 与 TCP)提供途径,并为选择基于 RTP 上发送机制提供方法。

RTSP 建立并控制一个或几个时间同步的连续流媒体,实现多媒体服务器的网络远程控制功能。RTSP 连接没有绑定到传输层如 TCP 的连接,在连接期间,用户可打开或关闭多个面向服务器的可传输连接以发出 RTSP 请求。此外,RTSP 可以使用无连接传输协议,如 UDP 协议。

(2)RTSP 协议支持的操作功能

①从媒体服务器上检索媒体。用户可通过 HTTP 或其他方式提交一个播放演示的描述。假如该描述要求是组播的方式,演示时就包含用于连续媒体的组播地址和端口;假如要求演示仅通过单播方式发送给用户,为了安全用户应提供目的地址。

②媒体服务器邀请进入会议。媒体服务器可被邀请参加正在进行的会议、记录部分或全部会议内容、回放多媒体资料。这种模式非常适合在分布式教育

上应用，会议中几方可轮流实现对系统的远程控制。

③实时讲座中添加媒体信息。RTSP 请求可由代理、通道与缓存处理，在现场讲座等应用中，用户可获得附加媒体内容。

(3)RTSP 协议的特点

RTSP 非常适用于流媒体的传输，具有可扩展性、易解析、安全、独立于传输、支持多服务器并发连接等特点，它的应用使客户端媒体播放器可以边下载边播放多媒体信息，而不需事先将整个文件下载完毕再进行播放，实现了音视频的实时在线播放功能。因为这些特点，RTSP 协议广泛用于电视会议、网络教学、视频点播、监控视频传输及回放等应用软件中。

RTSP 协议以客户服务器方式工作，它是一个多媒体播放控制协议，用来使用户在播放从因特网上下载的实时数据时能够进行控制，如图 5-9 所示。要实现 RTSP 的控制功能，不仅要有协议，还要有专门的媒体播放器和媒体服务器。RTSP 仅仅是使媒体播放器能控制多媒体流的传送的协议。因此，RTSP 又称为带外协议，而多媒体流是使用 RTP 在带内传送的。

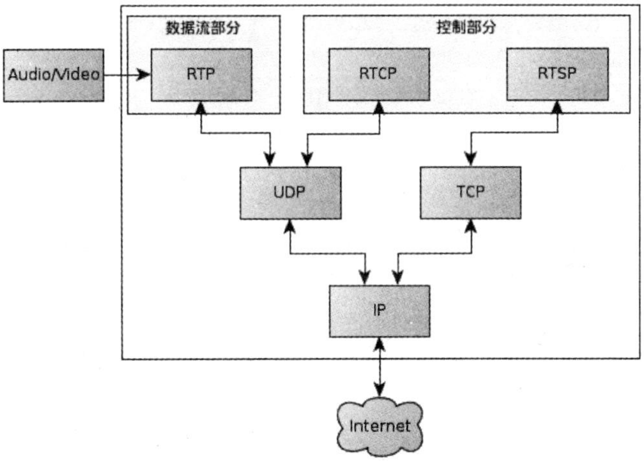


图 5-9　RTSP 参与控制实时数据传输示意图

2. RSVP 协议

(1)RSVP 协议概述

RSVP(Resource Reservation Protocol，资源预留协议)是用于建立

Internet 上资源预留的网络控制协议。它支持端系统进行网络通信带宽的预约，为实时传输业务保留所需要的带宽。RSVP 是为保证服务质量（QoS）而开发的，主机使用 RSVP 协议代表应用数据流向网络请求保留一个特定量的带宽，路由器使用 RSVP 协议向数据流沿途所有节点转发带宽请求，建立并且维护状态以提供所申请的服务。RSVP 请求一般将导致沿数据路径的每一个节点预约保留资源，其基本的工作原理如图 5-10 所示。

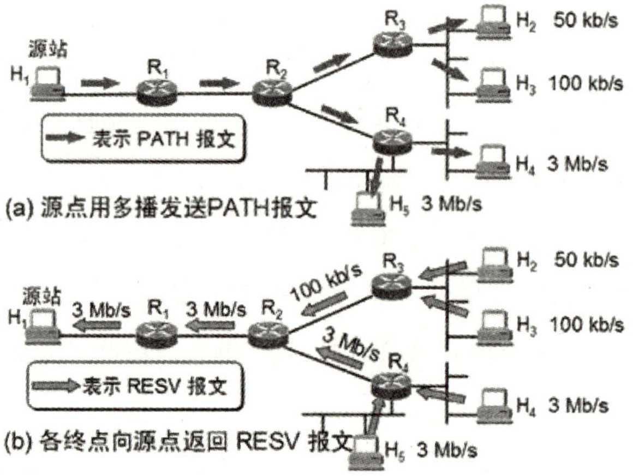


图 5-10　RSVP 协议的工作原理

RSVP 运行在网络层 IPv4 或 IPv6 之上，但 RSVP 并不传送应用数据，它不是网络传送协议，也不是路由选择协议，而是一个 Internet 控制协议，类似于 ICMP（互联网络控制报文协议）和 IGMP（路由协议）。为了执行 RSVP 协议，在接收端、发送端和路由器中都必须要有执行 RSVP 协议的软件。

（1）RSVP 的特征

①可伸缩性（scalability）。RSVP 的一个重要特性是具有较好的可伸缩性，不需要为多目标播送的每一个接收方都预约资源，当数据流在树状节点集上传输时会合并，只要满足最高 QoS 的资源请求就可。在多目标广播的情况下，各接收方根据自己的 QoS 要求提出资源预约，发出 RSVP 消息，RSVP 的 RESV 消息不是盲目地寻找发送方，它只沿着 PATH 消息的路径反向发送。在多目标树的分支节点处，RSVP 将来自不同接收方的预约请求合并，只有是 QoS 要

求的预约请求才继续传送，如图 5-11 所示。RSVP 的可伸缩性有利于改善带宽、加强网络资源的管理和减少网络负荷。

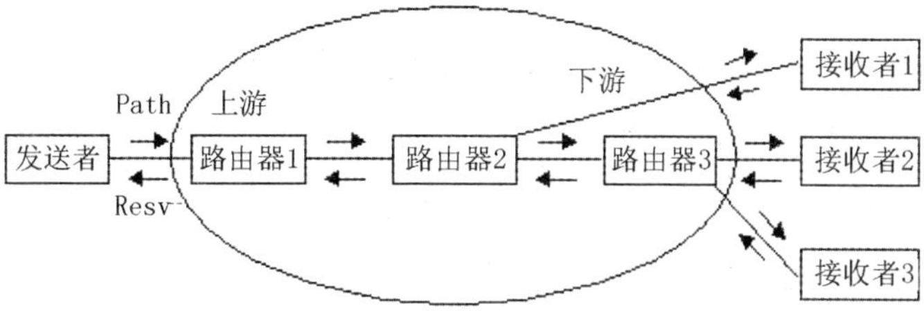


图 5-11　资源预留请求在节上传输时会合并

②接收端导向。接收端导向即 RSVP 由数据流的接收端启动并且维护和保留资源。因此，对于一条链接，RSVP 只在一个方向上为数据流保留资源。接收端的资源需求以预留消息的形式传输，源宿之间所有相关通信设备依据此信息保留所需通信的资源。这种接收端驱动的预留思想是 RSVP 协议区别于其他预留协议的主要特点和优势。因为这使得 RSVP 协议在多播通信群组中能够满足不同接收端的异构需求，使接收端能够依据终端能力和应用需求，提出合适的预留资源的请求；同时这也避免了组播时发端驱动易造成的发端瓶颈，有利于改善多播组成员的动态管理和提高群组扩充能力。

③预约状态是"软状态"。在多点到多点应用中经常出现组成员变化的情况，网络中路由器也会动态改变。为了动态适应网络变化，增强鲁棒性，RSVP 在路由器上建立的预约状态是"软状态"，而将维持预留的责任放到了终端用户身上。所谓的"软状态"也就是终端系统必须周期性地发送 RESV 消息和 PATH 消息来刷新路由器的状态，维护建立的预约状态。在刷新报文丢失的情况下，路由器上的 RSVP 状态会因超时而被删掉，各节点可以及时回收资源。选择合适的预约状态来维护周期是很重要的，周期太短会因控制信息太频繁而加重负载，周期太长会延迟预约资源的回收。

④独立于其他网络协议。RSVP 采用模块化设计，协议尽量独立于路由协议、数据流描述、具体的服务质量参数以及管理控制部分，这使 RSVP 的适应范

围更广。实际上，RSVP就是一个单独的用于资源预留的信令协议，它没有自己的路由算法，而是使用底层的路由协议为它的路由消息寻找路径、承载数据流描述和预留请求者要求的服务质量参数，并由它上层的策略机制来进行控制、管理以及安全保障工作。

需要指出的是，RSVP没有指定网络如何为数据流保留资源，而仅是允许应用程序提出保留必要的链路带宽的一个协议。一旦有保留资源的要求提出，路由器则为数据流保留带宽，其接口负责维护途经的各种数据流信息包。

(2)RSVP协议的框架结构和工作过程

RSVP协议的总体框架结构由5个模块组成，如图5-12所示。

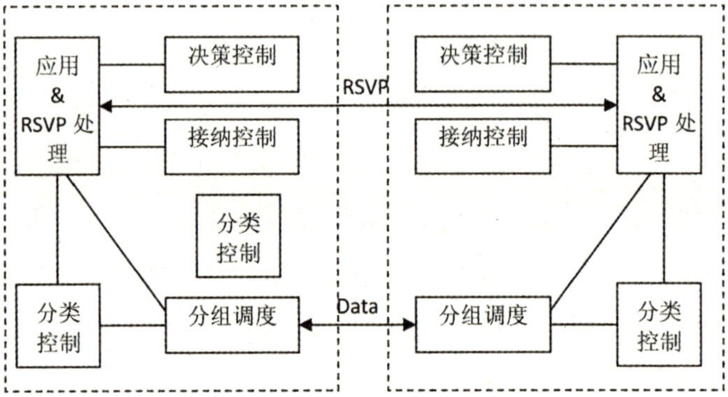


图 5-12 RSVP协议框架结构

①决策控制。决策控制用来判断用户是否拥有资源预留的许可权。

②接纳控制。接纳控制则用来判断可用资源是否满足应用的需求，主要用来减少网络负荷。

③分类控制。分类控制用来决定数据分组的通信服务等级，主要用来实现由 filterspec 指定的分组过滤方式。

④分组调度。分组调度则根据服务等级进行优先级排序，主要用来实现由 flowspec 指定的资源配置。

当一个主机请求获得具有特殊QoS的数据流传输时，RSVP就会对沿着数据流传输路径的每一个路由器发送此请求，并且使路由器和主机都保持各自的状态以便提供所需服务。RSVP 带着此请求经过传输路径上的每一个节点，在各个节点上，RSVP 都试着为数据流传输保留资源。

当 RSVP 处理模块收到预约资源的请求后，它通过调用决策控制模块来检查用户预约资源的权限，调用接纳控制模块来检查是否有足够的资源来满足所请求的服务质量。由于路由器在链路上保留的带宽不能超过链路本身的能力，因此每当路由器接收一个新的预约资源请求时，它必须首先判断多目标广播树下流链路的申请是否可以被接纳。如果决策控制和接纳控制这两项检查成功，RSVP 处理模块就启动分类控制模块并为分组调度器设置相应的连接参数，建立资源预约。同时，RSVP 处理模块将预约资源的请求转发给数据路径的下一个节点。其间如果有一步失败，RSVP 处理模块将发送相应的出错信息给申请资源的端系统。一旦资源预约通过了数据路径上所有节点的检查，该数据流的网络传输便可以获得其请求的 QoS 了。

预约资源请求后，由分类控制模块和分组调度器为数据流提供服务。分类控制模块负责查看数据包，分析包的 IP 和 TCP/UDP 头，确定其所属的数据流是否预约了资源及 QoS 为何种级别。然后，分组调度器按照包的 QoS 级别做出转发决定，并将包加入相应的传输队列。

在需要保证传输质量时，应用程序调用 RSVP，由其在数据传输路径上建立必要的状态，而数据报文分组的具体操作由调度器完成。应用程序发送的数据报文是与 RSVP 无关的，甚至数据报文可以在预约还没有建立时就发送，但此时没有传输带宽的保证。

(3)RSVP 消息

网络资源预留由两类 RSVP 消息实现：PATH 消息和 RESV 消息。当数据流需要在某条特定的网络路径上预约网络资源时，发送源首先给目的地址发送一条 PATH 消息，消息包含发送源的数据格式、源地址、端口号和流量特性。该路径上的每个节点(路由器)都传递这一消息。由于该消息传递的路径与数据流的路径一样，因此，接收方可以利用 PATH 消息了解到达发送源的反向路径，决定哪些资源应当预留。然后接收方发送包含资源预留参数的 RESV 报文给上游路由器来建立和定期更新预留的状态。RESV 报文由流规范和过滤规范组成，流规范决定路由器的包调度算法，过滤规范则指示包过滤器应当利用数据流中的哪些包。RESV 消息依照 PATH 消息确定的路径上行，在沿途节点设定资源预留参数，并维护这些节点的状态以保证所请求的服务。

(4)RSVP 的缺点

虽然 RSVP 是一个简单、高效的协议，但它也存在一些不足之处。

①RSVP 依靠在路由器间周期性地刷新来保持资源保留状态。这种方法在网络堵塞时就会导致资源不能从路由器上被释放，并产生延迟情况。

②可伸缩性是 RSVP 的优点，同时也是 RSVP 的缺点。因为在骨干网上，传输 RSVP 控制信息所占用的带宽很大，在骨干路由器上，为了支持大量的数据流资源预留，被占用的存储空间也很大。

③大量的 RSVP 信息保存在终端系统和路由器上，产生巨大的系统资源开销，降低了数据包转发的效率。这会给骨干路由器的性能带来显著的负面影响，也会在网络边缘使防火墙的处理效率降低。

根据当前 RSVP 规范的建议，RSVP 适合于小型、私有网络上的多媒体传输。在这种网络上，其缺点不会表现得很突出。因此，RSVP 协议适用于局域网、内部网，不适用于互联网的骨干网。而互联网上的多媒体实时传输可以通过 RTP、RTCP、RSVP 的配合实现。首先，利用 RSVP 建立并维护网络资源预约。然后，使用 RTP 在建立的预约路径上进行实时多媒体数据的传输，同时周期性地发送 RTCP 控制报文，监视传输情况并及时反馈，以保证数据的实时传输。

### 5.2.6 SNMP 协议

1. SNMP 协议概述

SNMP(Simple Network Management Protocol，简单网络管理协议)，由一组网络管理的标准组成，包含一个应用层协议(Application Layer Protocol)、数据库模型(Database Schema)和一组资源对象。该协议基于简单网关监视协议(Simple Gateway Monitor Protocol，SGMP)，是 IETF 定义的 Internet 协议簇的一部分。利用 SNMP，一个管理工作站可以远程管理所有支持这种协议的网络设备，包括监视网络状态、修改网络设备配置、接收网络事件警告等。

2.SNMP 的工作原理

SNMP 采用特殊的 C/S 模式，即代理/管理站模型，通过管理工作站与 SNMP 代理间的交互工作实现对网络的管理与维护。每个 SNMP 代理负责回答 SNMP 管理工作站关于 MIB 定义信息的各种查询。SNMP 的应用场景如图 5-13 所示。

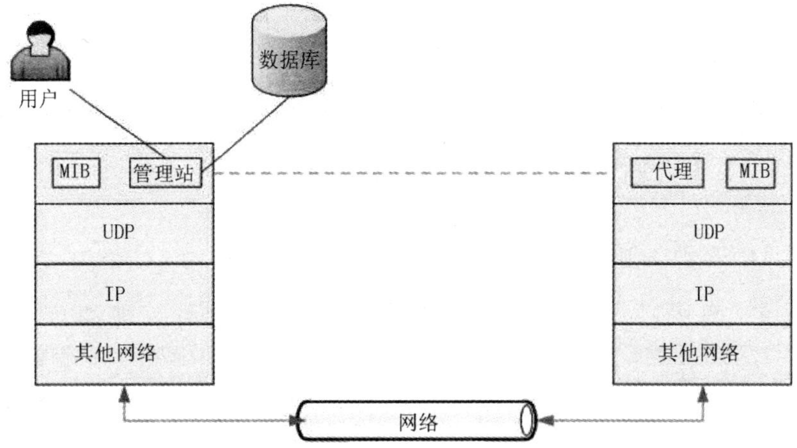


图 5-13 SNMP 的应用场景

MIB 实现了管理站和代理端接口的统一，并定义了设备中的被管理对象。管理站和代理都实现相应的 MIB 对象，使得双方可以识别对方的数据，实现通信。在管理过程中，管理站向代理请求 MIB 中定义的数据，代理端接收并识别后，将管理设备提供的相关参数或状态等数据转换成 MIB 定义的格式，最后将该信息发回管理站。

3. SNMP 的报文类型和工作流程

SNMP 定义了五种报文类型：Get-Request、Get-Response、Get-Next-Request、Set-Request 和 Trap。

①Get-Request、Get-Response 与 Get-Next-Request

SNMP 管理站用 Get-Request 消息在拥有 SNMP 代理的网络设备中检索信息，而 SNMP 代理则用 Get-Response 响应消息。Get-Next- Request 用于和 Get-Request 组合起来查询特定的表对象中的列元素。

②Set-Request

SNMP 管理站用 Set-Request 报文对网络设备进行远程配置（包括设置设备名、设备属性或删除设备等）。

③Trap

SNMP 代理使用 Trap 向 SNMP 管理站发送非请求报文，用于描述某一事件的发生，如接口 UP/DOWN、IP 地址更改等。上面五种消息中，Get-Request、Get-Next-Request 和 Set-Request 是由管理站发送到代理侧的 161 端口的；Get-Response 和 Trap 是由代理发给管理站的，其中 Trap 消息被发送到管理站的 162 端口。所有数据使用的都是 UDP 协议封装。SNMP 工作流程如图 5-14 所示。

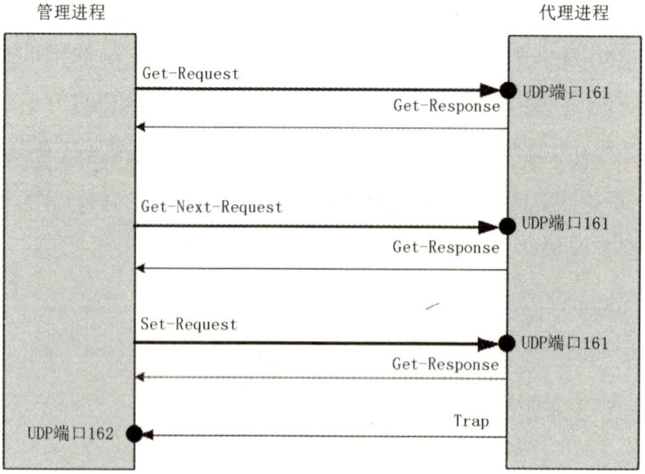


图 5-14　SNMP 工作流程

## 5.3　网络视频监控数据传输

网络视频监控数据传输的过程包括：

第一，视频采集，压缩编码，对视频数据进行打包。

第二，依次对每个视频数据包进行 RTP 协议封装。

第三，将封装好的视频数据包通过网络发出去。

第四，客户端收到视频数据包后进行组帧。

第五，解码播放。

由此可见，网络视频监控数据传输的过程主要包含两个方面：一方面是发送方的视频数据发送；另一方面是接收方的视频数据接收。在这两个方面都应采取相应的策略以保证视频数据的顺利传输。当然，除了视频数据之外，还有另外一种数据在网络中传输，即控制数据流。

### 5.3.1　控制数据流

控制数据流也称控制信息，包括客户工作站向摄像机、服务器等设备发送的控制信息，主要针对业务管理、服务连接和命令发送等内容。这些都是不容丢失的关键信息，因信息量小，通常采用 TCP 协议发送。

### 5.3.2　视频流编码

视频流编码是要解决“传输什么东西”的问题的，也就是摄像机拍摄到的视频信号，采用何种格式，以有利于在网络中传输。视频流编码的目的就是要对视频数据进行压缩。未经压缩的视频流数据量太大，导致目前的带宽无法承受，因此视频流编码是视频传输的前提条件。

目前，视频流编码的标准主要采用 H.264，未来的发展趋势是H.265。

### 5.3.3　RTP 打包

视频流完成编码压缩后，在进行网络传输之前还要进行打包。给视频流打包是为了更好地适应网络传输。视频流的打包，一般采用 RTP 协议，即实时传输协议。以 H.264 的视频流为例，H.264 的视频流由 NALU（Network Abstraction Layer Unit）组成，在传输前将视频流加上包头信息，然后进行封装打包。RTP 数据包由固定包头和载荷两部分组成，其结构如图 5-15 所示。

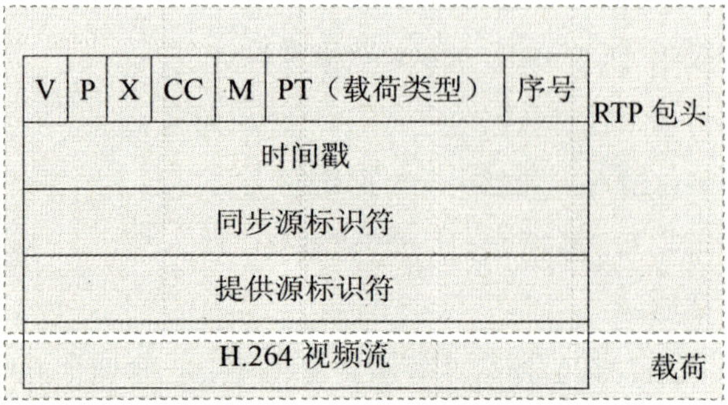


图 5-15　RTP 数据包的结构

## 5.3.4　视频流的封装

视频流在完成 RTP 打包之后，还需要进行封装。对视频流的传输，采用的是 UDP 协议。视频流的封装主要是利用 UDP 协议的非面向连接（无建立连接的时延）、高效性（UDP 的头部开销只有 8 个字节，数据部分占比例较 TCP 高）的特点，将 RTP 数据包封装在 UDP 消息字段（传输层封装），然后进行 IP 数据封装（网络层封装），再封装成帧（数据链路层封装），最后往下交付到物理层。这样数据才能发送到网络上进行传输。如图 5-16 所示。

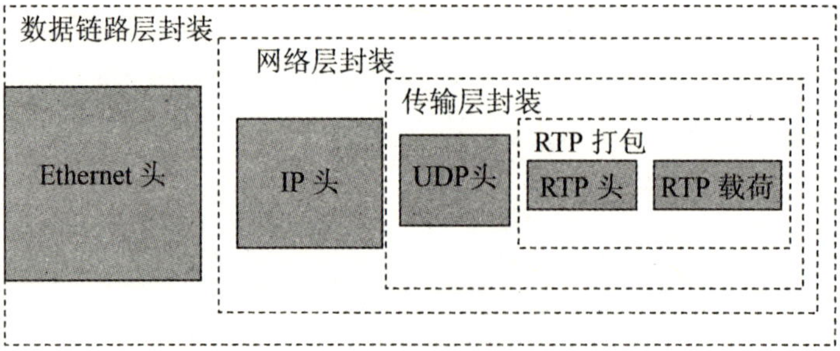


图 5-16　RTP 视频流的封装

### 5.3.5 视频封装格式

视频封装格式与视频编码标准没有关联。视频封装就是将压缩编码好的视频按照一定格式放到一个文件当中,也就是采用什么样的包装来盛放视频。

常见的视频封装格式有:

AVI。AVI 是微软在 20 世纪 90 年代初创立的封装标准,是当时为对抗 Quicktime 格式(mov)而推出的,只能支持固定 CBR 恒定比特率编码的声音文件。

FLV。FLV 全称为 FlashVideo,是针对 H.263 家族的格式。

MKV。MKV 即万能封装器,有良好的兼容和跨平台性、纠错性,可带外挂字幕。

MOV。MOV 是用于 Quicktime 的封装。

MP4。MP4 主要应用于 MPEG-4 的封装。

RM/RMVB。RM/RMVB 是由 Real Networks 开发的应用于 RM 和 EMVB 的一种视频文件格式。

TS/PS。TS/PS 是两种视频或影片封装格式,常用于高清视频的封装。

WMV。WMV 是微软推出的一种流媒体格式,可边下载边播放,很适合网络播放和传输。

不同的封装格式一般是为了适应不同的传输需求,即使采用同一种编码标准,如 H.264,由于封装格式不同,也无法直接兼容。如 Media player 无法直接打开 RM 格式的文件。

### 5.3.6 视频传输过程

视频流经过层层打包,最后封装成帧,通过网络进行传输,其过程如图 5-17 所示。视频流采用 RTP 协议进行封装,但 RTP 协议只保证实时传输数据,并不能提供可靠的顺序传送机制,也不提供流量控制或拥塞控制,它依靠 RTCP 提供这些服务。在 RTP 会话期间,各参与者周期性地传送 RTCP 包,包中含有已发送的数据包的数量和丢失的数据包的数量等统计信息。因此,服务器可以利用这些信息动态地调节传输速率,甚至改变有效载荷类型,尽可能地解决网络实时数据传输中出现的不可预测的延迟、抖动等问题。

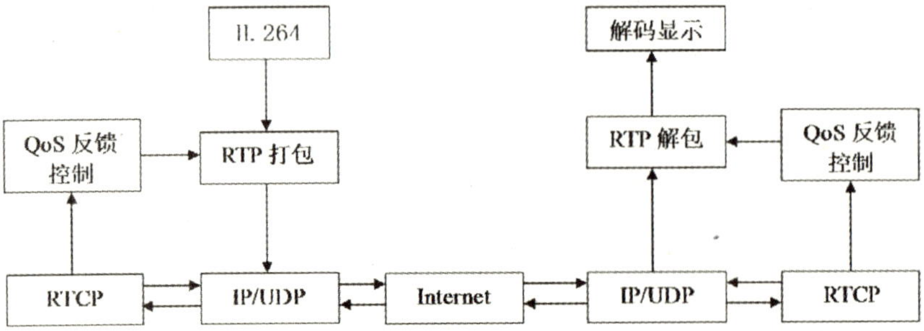


图 5-17 基于 RTP/RTCP/UDP/IP 的 H.264 视频传输过程

## 5.4 流媒体技术及应用

### 5.4.1 流媒体技术的概念

所谓流媒体技术就是把经过压缩处理后的连续影像和声音信息放在网站服务器上，让用户一边观看、收听一边下载，而不用等整个压缩文件下载到自己的计算机上才可以观看的网络传输技术。这种多媒体文件边播放边下载的流式传输方式不仅缩短了启动延时，而且降低了对系统缓存容量的需求。

### 5.4.2 流媒体技术的应用

流媒体技术在一定程度上突破了网络带宽对多媒体信息传输的限制，因此被广泛运用于网上直播、网络广告、视频点播、视频监控、远程教育、远程医疗、视频会议、企业培训、电子商务等多个领域。

流媒体技术在网络视频监控中的应用主要是网上直播，即由流媒体服务器将监控视频分发给远程的多个用户（如图 5-18 所示）。流媒体服务器的使用，一方面解决了网络带宽紧张的问题，即在同一区域内对不同用户相同的资源要求进行转发，而不需要集中访问 DVR 或 DVS，造成不必要的网络拥堵；另一方面解决了 DVR 或 DVS 访问人数限制的问题，由于设备所能承担的压力有限，因此会限制同时访问人数，而每个流媒体服务器负责转发区域内的视频需求，就可打破 DVR 或 DVS 的同时访问人数限制。

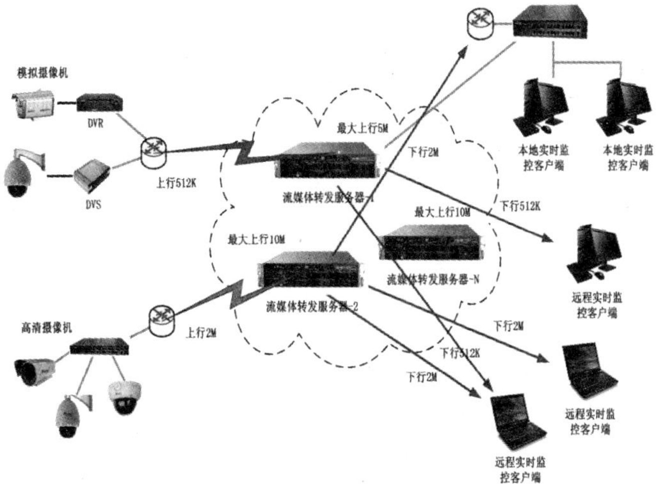


图 5-18　流媒体服务器转发示意图

## 5.5　SIP 协议简介

SIP(Session Initiation Protocol)是一个应用层的信令控制协议，用于创建、修改和释放一个或多个参与者的会话。这些会话可以是 Internet 多媒体会议、IP 电话或多媒体分发。会话的参与者的通信方式可以是组播、网状单播，也可以是两者的混合体。

SIP 简单灵活、分布式控制的特点适应视频监控系统网络化、规模化、远程访问、集中管理发展的趋势，也有利于不同监控系统之间的互联互通。

### 5.5.1　信道分离技术

信道分离技术就是在一个视频监控系统中，建立两个逻辑传输通道，即信令通道和数据通道。信令通道用于传输控制命令，通常采用 SIP 协议或H.323 协议进行传输；数据通道用于传输视音频数据，经过压缩编码的视音频数据采用 RTP/RTCP 协议传输。如图 5-19 所示。

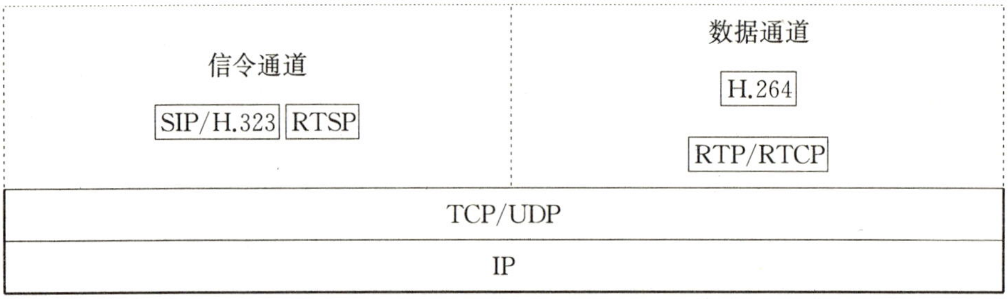


图 5-19　控制信息和视频数据传输的信道分离技术

## 5.5.2　SIP 数据传输

### 1. 控制命令传输

控制命令在信令通道上传输，信令协议可以采用 SIP 或 H.323 协议。以 SIP 协议为例，其传输过程如图 5-20 所示。

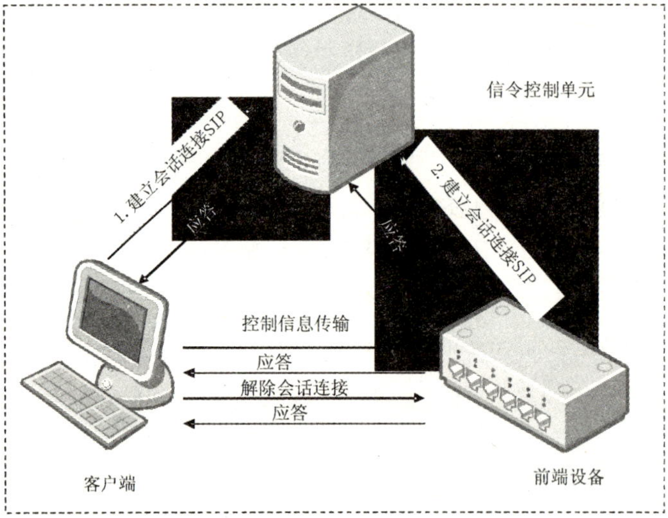


图 5-20　控制命令传输示意图

### 2. 实时视频的传输

实时视频的传输采用 SIP 协议控制会话，采用 RTP/RTCP 传输视频流。

其流程如图 5-21 所示。

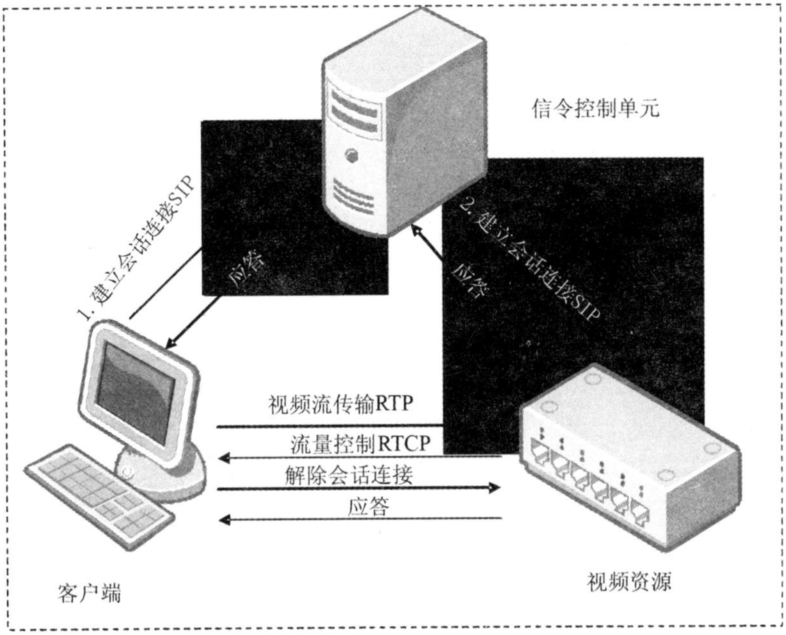


图 5-21　实时视频传输示意图

3. 录像视频的传输

录像视频的传输采用 SIP 协议控制会话，采用实时流传输协议 RTSP 控制流媒体，采用 RTP/RTCP 传输视频流。其流程如图 5-22 所示。

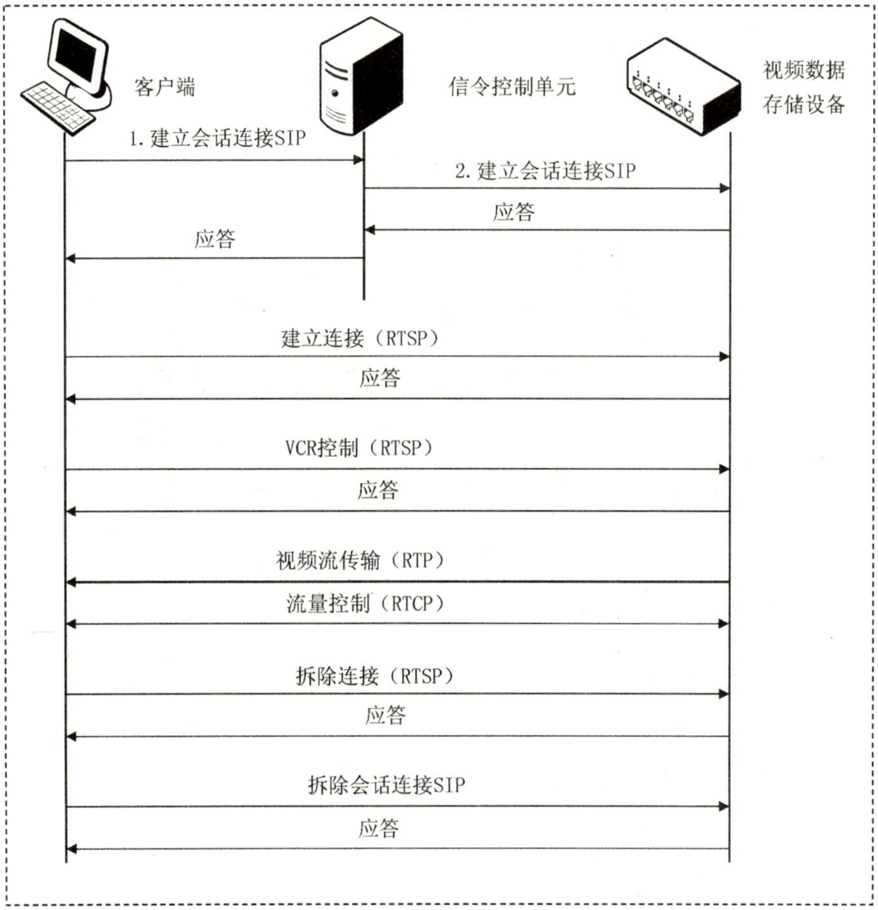


图 5-22　录像视频传输示意图

# 第 6 章 智能视频分析技术

智能视频分析技术融合了众多学科的知识，如计算机视觉、人工智能、图形图像分析、仿生学等，目前已经成为视频监控的重要组成部分。随着技术、影响力的提升和市场对智能技术的迫切需求，智能视频分析技术将会实现快速发展。

在监控领域，智能视频分析技术是监控技术发展到第三个阶段“机器眼＋机器脑”中的“机器脑”部分，在智能监控系统中起着关键性的作用。这项技术将“人脑”对于视频画面的理解和判断，进行数据分析并提炼特征，进而形成计算机识别算法，使“机器脑”能够对视频画面自动检测分析，并做出报警或其他动作。它借助计算机强大的数据处理能力，能够过滤掉大量视频画面中无用的或干扰的信息，自动分析、抽取视频源中的关键信息，使计算机成为监控系统的大脑。智能视频监控是分析技术最前沿的应用之一，是未来视频监控系统全面走向数字化、智能化、多元化的必然发展趋势。

## 6.1 智能视频分析的概念

传统的视频监控系统要求值班人员“死盯”监视器，才能够及时发现监控画面中的异常事件。但科学研究表明：一名普通成年人在注视监控画面约 20 分钟后，其注意力就会不集中，监控画面 95％的内容将被其忽略掉。假如监控画面在多个摄像机拍摄图像之间进行切换，切换频率越快，值班人员保持注意力集中的时间越短。因此，很多异常事件不能够被及时发现，传统视频监控系统仅仅成为记录事件发生过程，作为历史信息资料或证据的工具。随着计算机和人工智能技术的发展，人们越来越希望计算机系统能够独立“读懂”视频信息，从而在一定程度上代替容易疲劳的值班人员，实现对视频内容的及时判定和报警。智能视频分析技术的快速发展，实现了监控系统的自动化和智能化，是当前视频监控技术研究的热点领域，也是未来监控系统的主要发展趋势。

智能视频分析技术通过分离视频中的背景和目标，对视频图像内容进行分析，进而识别并判断场景的各种状况。它可以根据现实的实际场景，建立相应的不同场景模型，设定在场景中出现不同状况后联动相应报警事件的判断规则，通过这种规则来判断和分析视频，自动发出报警，输出联动信号，提示用户进行相应的操作或根据报警的场景来采取相关的措施。

智能视频分析技术应用于监控领域就形成了新一代的智能视频监控系统。相对于以采集和保存图像为主的传统监控系统，智能视频监控系统借助计算机强大的数据处理能力，能对视频画面中的海量数据进行高速分析，利用智能分析技术对画面内容进行分析和判断，能够过滤掉监控人员不关心的信息，仅仅为其提供有用的信息。因此，智能监控系统是目前监控领域发展的方向。

## 6.2 智能视频分析流程

智能视频分析技术的分析过程都有相同的处理流程：首先对视频图像进行实时分析，从而对动态场景中的目标进行定位和识别，然后对目标进行跟踪并分析和判断目标，从而在异常情况发生的时候及时做出响应。视频分析技术按照其分析流程，一般包括以下几种技术。

背景分离技术：将视频图像中运动变化的图像区域（通常为目标）从相对静态的图像背景中分离出来。背景分离技术的具体实现方法有很多，如帧差法、背景减除法、光流法等，各种方法的算法复杂度不同，对应用场景的适用能力也有较大差异，应根据需求和具体场景选用合适的方法。

目标检测技术：在视频序列中，通过检测目标的运动状态及运动规律，把运动目标从图像中完整地提取出来，用于进一步的目标跟踪和行为分析。目标检测的实现与背景分离技术密切相关，只有把背景与前景较好地分离出来，才能更精确地检测出目标。

目标跟踪技术：在视频序列开始部分连续多帧图像之间，建立目标位置、颜色、形状、速度等特征的匹配模板，或者预测目标位置及估计运动方向，以实现在后续的视频序列中定位目标在视频画面中的位置，并对其进行准确的跟踪。常用的目标跟踪方法包括模板匹配法、运动估计法、连接区域跟踪法等。跟踪技术属于智能分析过程中的中间环节，起到承上启下的重要作用。实时可靠的跟踪技术一直是人们所追求的，但只有根据不同的场景特征，采用相应的具体算法，才能获得最佳效果。

目标分类技术：根据目标的形状、尺寸、位置、速度等特征，从语义上选取典型物体的类别，如人、车辆、动物等，对目标所属类别进行判断和归类，自动识别目标类别。目标分类是视频分析过程中的一个重要过程，为了让系统更好地理解目标行为和事件，首先需要对目标进行分类，然后才能根据各类目标的行为特征对其行为或事件进行检测。

异常事件检测技术：根据目标的行为、动作、运动状态等信息，与系统预先设定的报警规则进行比对和判断，以实现对异常事件或异常行为的识别，并判断是否触发警报或启动其他预设行为。异常事件检测技术是智能化监控系统的最终体现，能够智能分析人、物的行为动作，对异常情况进行判断并及时发出警报，提醒值班人员及时处理。

视频检索技术：对大量视频进行智能分析，自动提取视频内容或场景的结构化描述信息，在视频时间轴上建立标记，以实现从大量的视频数据中迅速找出所需要的视频片段。视频检索技术一般分为两类。一类是对视频场景进行分析：根据场景的转换或内容的剧烈变化，在相应时间点上添加视频索引或摘要，以文字、图片或短视频的方式显示某一时间段内的视频内容，方便用户查找。其分析流程如图 6-1 所示。图 6-2 为视频索引在监控系统中的应用示例。另一类是基于内容的视频检索方法：由计算机对待检索图像、视频内容进行分析，然后根据内容和上下文关系提取特征，使用特征对大量视频内容进行比对分析，快速寻找到内容相似的视频段，并标识出来。基于内容的视频检索方法是指在没有人工参与的情况下，能够自动提取和描述视频的特征和内容，并符合人脑对视频内容的理解和描述。目前基于内容的视频检索技术的研究，除了简单地识别和描述图像纹理、颜色、空间和形状外，主要集中于关键帧提取、结构分析、镜头分割、特征提取及描述等方面。

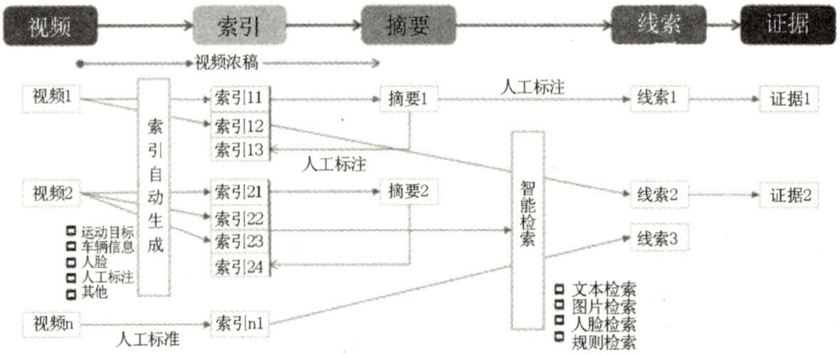


图 6-1　视频检索技术的分析流程

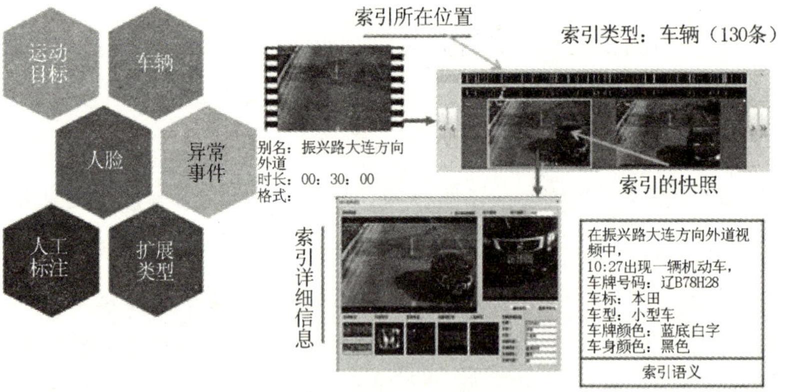


图 6-2　视频索引示例

视频分析的过程目前还没有形成统一的标准，不同的厂商有着不同的算法框架和实现方法，复杂程度和效果差异也较大。但是，按照基本流程，视频分析技术的实现一般分为四个部分：视频输入、视频处理、视频分析和功能应用，如

图 6-3 所示。

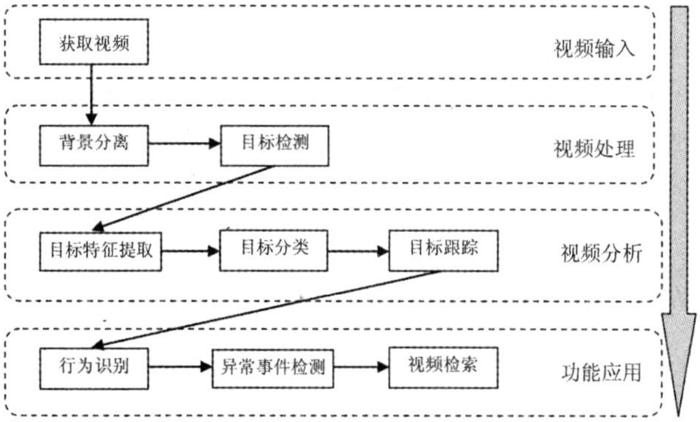


图 6-3　视频分析过程

## 6.3　目标识别

如何对运动目标进行检测和跟踪关系到智能视频监控系统的有效性。当然，对目标行为的理解是检测和跟踪目标的前提。整个过程可以分成两步进行：一是运动目标检测；二是运动目标分类与跟踪。在此我们主要介绍第一步。

运动目标检测需要将运动区域从图像序列中分割出来。运动区域分割的准确度是运动检测结果好坏的决定因素，直接影响到后续工作，并关系到系统的性能和实用性。在多数场合下，一般将采集图像数据的监控摄像机固定在某处不动，这样就形成了一个静止成像平台。针对该应用场景，目前主要有三类运动检测的方法：时间差分法（又称帧间差分）、背景建模法（又称背景相减）和光流场法。

帧间差分法：由于相邻帧的图像具有一定的连续性，采用基于像素的方法对图像序列中相邻的两个或三个帧间的图像计算时间差分，来分割出运动区域的一种方法。

背景相减法：通过将背景图像和当前帧做差分运算来检测运动目标。预先存储背景图像，根据场景的变化不断地对背景图像进行更新。背景图像直接影响背景相减法的有效性。

光流法：运动目标具有随着时间变化而变化的光流特征，利用该特征对光流进行相关计算来检测运动目标。

以上三类检测技术都各有优缺点：

帧间差分法具有较低的复杂度和较少的运算量，并且容易实现，但是该算法一般不能把所有相关的特征像素点全部提取出来，容易在运动实体内部产生空洞现象。这会对后续的跟踪以及行为分析等的有效性和正确性产生一定的影响。

背景相减法能够将大部分运动目标的区域信息提取出来，适合于室内的场景检测，但对于室外的场景，容易受一些因素影响，如天气变化、光照强度变化及场景中某些背景的干扰（摇曳的树、池塘表面的水波纹、飘扬的旗帜等）。要排除这些因素的影响将场景中的有效运动准确检测出来还是有一定难度的。背景差分运算中影响算法的关键因素是背景模型的建立和更新。

光流法能够将独立运动的对象检测出来，预先不需要知道任何关于场景的信息，并且在摄像机运动的条件下也可以将运动目标检测出来。但是大多数的光流法计算过程有一定的复杂度，抗噪性能不太好。该方法应用于实时处理时必须要有特别的硬件支持。

### 6.3.1 人体识别

与基于指纹、虹膜、DNA 等其他身份识别技术相比，人体动态识别技术具有不接触、不易隐藏和伪装、容易采集等优点，而且也是目前唯一可以远距离识别的生物特征。因此，该技术得到了广泛的应用。“9·11”事件后，人体动态识别技术更是受到美国、日本、欧洲各国的高度重视。国内的中科院自动化所模式识别国家重点实验室最早就“基于步态的身份识别”问题展开了研究。

其中，大范围的生物特征是步态，当摄影机与人体的距离较远时，摄影机能够获得步态信息；小范围的生物特征是人脸，当摄影机与人体的距离较近时，人脸信息是有效的。摄像机可以采集到步态和人脸，它们都是视觉的线索，不需要使用额外的传感器设备。步态和人脸也具有互补关系。步态特征容易受到外界因素的影响，如衣服、鞋子和身体状况等，但是这些因素对人脸没有影响；人脸特征容易受到口罩、帽子、眼镜、发型、光照等因素影响，而这些因素不会影响到步态特征。因此将人脸特征和步态特征结合起来进行识别，可以提高身份识别的准确度。

步态识别就是通过人的走路方式来识别人身份的一种方法。因为每个人在肌肉的力量、肌腱和骨骼长度、骨骼密度、视觉的灵敏程度、协调能力、体重、重心、肌肉或骨骼受损的程度、生理条件以及个人走路的“风格”上都是不同的。步态识别的输入是一段行走的视频图像序列，由于视频图像的数据量一般都比较大，因此计算量和复杂度都比较高，不容易处理。尽管生物力学中对步态进行了大量的研究工作，但是对其的研究工作还处于起步阶段。

步态识别的基本原理是：首先由监控摄像机采集人的步态，形成一系列视频图像，经过预处理分析提取出该人的步态特征；然后，再经过模式转换，将其变化为与已经存储在数据库的步态相同的模式；最后，将步态数据库的步态特征和新采集的步态特征进行模式匹配，如果有匹配的就进行预报警；若无匹配的，监控摄像机则继续对步态进行采集。

人体识别技术还包括行为识别技术。行为识别就是在包含一个或者多个行为的视频中，正确地分析出各种行为。对行为的分析可以依据人体本身的特征和所完成的动作的特征。行为识别的关键是从得到的视频图像中提取出有效的动作特征。相关算法有基于运动积累图的特征提取、基于 Hu 矩的行为特征提取、基于流体力学的特征提取等。动作特征提取出来后，再根据这些特征进行分析从而确定出该行为所属类别。具体的做法是将图像序列分为训练样本和测试样本，通过机器学习的方法进行样本识别，得出最后的识别结果。

随着人体识别研究的不断深入，已经出现了多个各有侧重点的公共数据库。这些公共数据库的出现，有利于对各种基于视频的人体行为识别进行分析，从而提高行为识别方法的性能。下面简单介绍这些经常使用的公共数据库。

以色列 Weizmanm 科学院的人体运动数据库是最常用的人体行为分析识别数据库之一。该人体行为数据库中包括 10 种行为，分别是：走、跑、弯腰、原地双手挥舞蹦跳、单脚前跳跃、原地双脚蹦跳、侧向跑、双脚并拢向前蹦跳、原地单手挥舞、原地双手挥舞。由 9 个人分别单独完成每个动作。

KTH 人体运动行为数据库也是较常用的人体行为分析识别的数据库之

一。该人体行为数据库中包括的 6 种行为分别是:走、慢跑、快跑、拳击、双手挥舞和鼓掌。每种行为由 25 人在 4 种场景下分别单独完成,其中 4 种场景分别为室外场景、室外距离摄像头有远近位置的变化的场景、室外衣着不同的场景和室内光照较暗的场景。

### 6.3.2 人脸识别

1.人脸识别概述

作为人工智能领域计算机视觉中的一个分支,人脸识别是最贴近生活的一门技术。因为人脸和人体的其他生物特征(如指纹、虹膜等)一样与生俱来,具有唯一性和难以被复制的特性,因此通过人脸识别可以进行身份鉴别。人脸识别具体指对摄像机或摄像头采集到的含有人脸的图像视频,进行检测和跟踪,进而进行脸部识别的相关技术,通常也叫作人像识别、面部识别。

基于可见光图像的人脸识别是传统的人脸识别技术,也是人们熟悉的识别方式,它经过了 30 多年的发展过程。但这种方式有着自身的不足之处,主要是当光照强度发生变化时,其识别效果会受到影响,直接影响到识别准确率。解决光照问题的方案有热成像人脸识别与三维图像人脸识别。可是这两种技术的发展还不够成熟,达不到理想的识别效果。基于主动近红外图像的多光源人脸识别技术是近些年迅速发展起来的一种解决光照问题的方案。它不会受到光线变化的影响,可以取得理想的识别效果,在精度、稳定性和速度方面都优于三维图像人脸识别。这项技术的出现使人脸识别技术的应用更加广泛。

2.人脸识别的特点

与其他类型的生物识别技术相比较,人脸识别具有以下特点:

非强制性:摄像机几乎是在用户无意识的情况下采集图像,不需要配合专门的人脸采集设备,这样的采集方式没有“强制性”。

非接触性:设备不需要和用户直接接触,就能获取人脸图像。

并发性:在实际应用场景下可以同时对多个人脸进行分拣、判断及识别。

除此之外,其还符合视觉特性——“以貌识人”的特性,以及使用简便、结果直观、隐蔽性好等特点。

3.人脸识别系统的构成

人脸识别系统主要由四个部分组成，分别为：人脸图像采集及检测、人脸图像预处理、人脸图像特征提取以及匹配与识别。

(1)人脸图像采集及检测

当用户处于图像采集设备的拍摄范围之内，采集设备就会进行自动搜索并成功将用户的人脸图像采集。

人脸检测其实就是在图像中准确标定出人脸的位置和大小，对人脸图像进行预处理。包含在人脸图像中的模式特征种类很多，有直方图特征、颜色特征、模板特征、结构特征及 Haar 特征等。人脸检测就是将有用的信息从里面挑选出来，并通过这些特征识别实现人脸检测。基于以上特征的主要人脸检测方法为 Adaboost 学习算法。Adaboost 学习算法的基本原理就是将一些比较弱的分类方法组合起来构成一种很强的分类方法。

人脸检测过程中使用 Adaboost 学习算法将一些最能代表人脸的矩形特征(弱分类器)挑选出来，采用加权投票的方式把弱分类器组合成为一个强分类器，接着把训练得到的若干强分类器串联成一个级联结构的层叠分类器。该方法使分类器的检测速度得到了提高。

(2)人脸图像预处理

人脸图像预处理是基于前面得到的人脸检测结果，对图像进行相关处理并便于后续进行特征提取的过程。系统采集的原始图像由于受到噪声和干扰的影响及各种条件的限制，通常不能被直接使用，必须对图像进行相关处理，如灰度校正、噪声过滤等图像预处理。对人脸图像进行预处理的方法有人脸图像的光线补偿、灰度变换、直方图均衡化、几何校正、滤波以及锐化等。

(3)人脸图像特征提取

人脸识别系统可提取的特征有视觉特征、像素统计特征、人脸图像变换系数特征、人脸图像代数特征等。人脸图像特征提取，是对人脸进行特征建模的过程。人脸图像特征提取的方法主要有两大类：一类是基于知识的表征方法，另一类是基于代数特征或统计学习的表征方法。

基于知识的表征方法主要是通过人脸器官的形状描述以及它们之间的距离特性来得到特征数据，进而对人脸进行分类，其特征分量通常指特征点间的欧氏距离、曲率和角度等。眼睛、鼻子、嘴、下巴等局部组成了人脸。识别人脸的重要特征就是眼睛、鼻子、嘴、下巴等这些局部和它们之间结构关系的几何描述。通常将这些识别人脸的特征称为几何特征。基于知识的人脸表征方法主要包括两种方法:基于几何特征的方法和模板匹配法。基于代数特征或统计学习的表征方法是采用代数方法进行特征提取,由于其采用的代数方法很多,此处不再一一阐述。

(4)人脸图像匹配与识别

人脸图像匹配指将提取的人脸图像的特征数据与数据库中存储的特征数据进行模式匹配的过程。具体方法是设定一个阈值,当相似度超过这一阈值时,则匹配成功。人脸图像识别就是将待识别的人脸特征与已得到的人脸特征模板进行比较,根据得到的相似度进而对人脸的身份信息进行识别。这一过程又分为两种类型:一种是一对一进行图像比较的过程,简称确认;另一种是一对多进行图像匹配对比的过程,简称辨认。

从以上可以看出,人脸识别系统简单来说包括以下这些过程:图像采集、人脸定位、图像预处理、特征提取以及人脸识别(身份确认或者身份查找)。一般将一张或者一系列含有未确定身份的人脸图像输入到系统中,同时将人脸数据库中的若干已知身份的人脸图像或者相应的编码也输入到系统中,通过特征提取与匹配,最后输出一系列相似度得分,进而对人脸的身份进行识别。

4.人脸识别算法的分类

人脸识别算法有很多种类,目前主要采用的算法有:基于人脸特征点的识别算法、基于整幅人脸图像的识别算法、基于模板的识别算法、利用神经网络进行识别的算法、基于 Gamma 灰度矫正的光照预处理算法等。

### 6.3.3 物体识别

物体识别就是人们通过视觉系统对各类物体进行分类和辨别。物体识别的基本原理就是通过模拟人类视觉系统,实现获取和处理视觉信息的功能,使计算机具有人类识别物体的能力。物体识别是当前国内外计算机视觉与模式识别领域的一个主要的研究方向,在许多领域取得了很大的进步。这些进步使得物体识别越来越受到人们的重视。

任何一个对图像或视频进行处理的实际应用系统的关键技术都是物体识别。这类应用系统的性能取决于物体的知识表示和分类识别所能达到的水平。由此可见，物体识别技术，无论在军事方面还是在民用方面都有非常重要的意义。

物体识别的基本原理：首先建立待识别物体图像的一种知识表示模型，在一定量的训练样本中学习得到一组满足预定要求的模型参数；同时根据物体图像的知识表示模型，建立一套从实际图像中进行推理的识别算法，并通过实际图像测试获得系统的泛化能力，利用这种泛化能力对系统进行性能评估。

物体识别分为一般物体识别和特定物体识别。所谓一般物体识别，简单来说是通过计算机模拟人类的视觉系统，使计算机能够对在任意环境下观察到的任意物体进行检测、分割和识别的能力。对一般物体识别进行研究，在理论实践方面都有极其重大的意义。计算机视觉的核心问题是识别，而识别中最为复杂的核心问题是一般物体识别。对于神经科学而言，破解了一般物体识别就相当于打开了神秘莫测的人脑工作机制。特定物体识别指将某种物体或某类物体的高度特化的特征提取出来，采用机器学习方法，使用海量的训练样本进行训练。典型例子如汽车检测及人脸检测。

与特定物体识别不同，一般物体识别必须使用物体类间通用的一般特征，而不是特定特征，并且一般物体识别必须能处理多类分类及增量学习。

由于目前大多数物体的表示与识别方法是针对特定的物体实例和表现形式的，如字符、人脸、车和车牌等，其针对性很强，所以其通用性和可扩充性就降低了。因此，要识别几百类常见物体时，会遇到很多不可避免的问题。第一，不同姿态和视角问题。由于物体在图像中出现的姿态和视角不是固定的，系统无法预先知道物体的具体姿态和视角，针对不同姿态和视角对识别能起到作用的特征是不一样的。第二，光照强度问题。因为硬件的成像与光照强度的关系不是线性变化的。当光照强度较强时成像会出现饱和；当光照强度太弱时，阴影部分的信噪比就会降低。所以，光照强度的影响是物体识别中不可避免的问题。第三，遮挡问题。这是物体识别中必须要解决的问题之一。在真实图像中，其他物体可能将被识别物体部分遮挡，这样机器对待识别的物体提取的特征会不全面，从而增加了识别目标物体的难度。准确识别因部分遮挡和部分缺失的目标物体图像的方法包括：最小特征集的确定和选择、特征信息缺失时的识别方法等，进而分析得出遮挡率与识别有效性之间的关系。第四，尺度变化问题。不同的物体即使属于同一类，大小也不一样。而图像的各种结构具有一定的尺度范围。如何降低尺度变化的影响也是物体识别所要解决的问题之一。这就难于对同一类物体进行识别。由于图像的描述是依赖于图像的尺度，那么在早期的图像处理和表示中就很难实现。第五，形状变化问题。同一类物体的形状不同，会增加物体识别的难度。例如椅子、桌子等物体具有各种各样的形状，这样就无法对这类物体采用一种统一的表示方法来表示，增加了识别的难度。因此，提出一种能有效地针对同一类物体形状发生变化而对物体进行识别的方法，将是物体识别发展的方向。

### 6.3.4 夜间/雾天目标识别

所有的智能视频监控系统都是建立在良好的目标检测和跟踪基础上的。如果视频图像的能见度不高，比如恶劣的天气条件或光线较暗的夜晚，就需要对图像进行增强处理，先将场景的清晰度提高，然后再进行后期的背景建模。

近年来，关于夜间/雾天目标识别的相关算法取得了一些进展，解决了一些智能视频监控中的实际问题，但是还有很多具有挑战性的问题没有得到解决。传统的解决方案，一般采用搭建多台摄像机构成监控系统的方法，但是摄像机数量的增多导致系统的成本提升，使智能视频监控技术不易得到推广和普及。

运动阴影也会给运动检测造成影响。运动物体的投射阴影对检测目标在场景中的几何特征提取影响比较大，而当前的目标识别算法大都是基于目标的几何特征的，因此尤其是在雨天，可能因为阴影或倒影问题导致检测和分类不准确；同时阴影会造成目标区域的扩展，进而使几个目标物体黏结在一起，让后续的目标跟踪很难实现。目前阴影检测方法有两种，分别为非参数的方法和基于建模分析的方法。非参数方法采用边缘检测等算法，利用阴影自身的特性来进行检测，对场景要求比较严格，适用于室内监控；建模分析方法假定路面被阴影覆盖时的像素值和原来的路面像素值之间保持一个比例常数，利用二者之间的这种关系来检测阴影，但是这一假设往往需要更多的数据进行支持，有时与实际情况不能严格相符。

在雾天情况下，由于场景的能见度不高，导致图像中的目标对比度和颜色等特征被衰减，视频监控系统无法正常工作，因此需要在视频图像中将雾气对场景图像的影响降到最低。雾天图像复原也称为去雾。现在形成了多种去雾算法，具体的可以分为两类：非模型的方法和基于物理模型的方法。早期的去雾算法是通过简单的图像处理方法改变对比度，如直方图均衡化和对比度拉升等。由于能见度具有指数衰减特性，因此这些方法的去雾效果并不理想。典型的非模型方法还包括基于小波和基于大气调制传递方程的方法。由于要事先知道场景深度和雾气浓度，所以非模型的方法在实际应用中不容易实现。相比之下，基于物理模型的方法却能够取得比较理想的去雾效果。一些学者利用大气散射模型，从雾天的图像中粗略估计场景的深度，并绘制完整的场景深度图，通过对雾天场景建模解决雾天目标识别问题（Narasimhan et al，2003；Oakley，1998；Cozman et al，1997）。如 Narasimhan 和 Nayar 先从 RGB 色彩空间出发推导出二值散射模型，然后利用多幅雾天图像计算场景的三维结构来实现场景图像去雾。但是，由于他们假设大气散射系数并不随着光的波长而变化，在雾天情况下这个假设只是近似成立，因此，二值散射模型不能将那些颜色与雾气相差不多的物体恢复，去雾效果并不理想，而且其所做的实验并不针对动态场景。

### 6.3.5 目标跟踪

在智能视频监控系统中，往往要同时跟踪多个运动物体，因此实际上运动跟踪的问题就是一个多目标跟踪问题。多目标跟踪首先要对数据进行关联，针对视频图像序列，在相邻帧间对目标进行匹配。然而，基于区域匹配的多目标运动跟踪方法，核心问题就是区域的合并与分离，在智能视频监控场景中，要解决的就是运动物体间互相遮挡的问题。

Wax（1955）首先提出了多目标跟踪的基本概念。随后，Sittler（1964）将包容数据关联（data association）等内容引入到多目标跟踪领域中，并取得了一定进展。然而直到 20 世纪 70 年代初期，多目标跟踪理论由于在军事领域和民用领域都展现出了广阔的应用前景，才逐渐引起各方面的关注和重视。Singer（1970）和 Barshalom et al（1975）的工作促进了现代跟踪技术的进一步发展，其主要的贡献是将滤波理论引入到数据关联技术。90 年代以后，随着视频图像技术的普及和发展，基于视频图像的多目标跟踪的相关研究逐渐增多。目前主要的运动跟踪方法有四种，分别是：动态轮廓跟踪法（FaIl et al，2002；Park et al，2001）、基于特征点的跟踪方法（McLauchlall et al，1997；Smim et al，1995）、基于模型的跟踪方法（Blake et al，1995；Koller et al，1993，Worral et al，1991），以及区域跟踪法（Badenas et al，1998；Badenas et al，1997；Koller et al，1994）。

1.动态轮廓跟踪法

动态轮廓跟踪法的思想是在初始检测时勾画出目标的曲线轮廓，然后在后面的视频帧中自动连续更新轮廓参数，从而实现目标的跟踪。该方法不受光照等因素的影响，而且计算的复杂度并不高。动态轮廓跟踪法的不足之处是对目标的初始值比较敏感，如果初始的目标轮廓参数检测得不正确，将直接影响后续的跟踪过程。

2.基于特征的跟踪方法

基于特征的跟踪方法是提取运动目标的部分特征，如对关键的点和线等进行跟踪。基于特征的跟踪方法的优势是算法本身相对比较简单，但这种方法的缺点也很明显：如果选择的部分特征不具有明显的代表性，或是在后续帧中很难再检测到相同的点或线，那么会对实现全程目标跟踪产生不良影响。

3.基于模型的跟踪方法

基于模型的跟踪方法的核心是建立已知目标对象的三维模型与待检测图像的模型，再对两个模型进行匹配操作。这种方法可靠性很高，适合应用于 3D 跟踪等方面，但是必须事先建立待检测运动目标的模型，如果目标模型建立得不确定会对后续跟踪产生影响，而且计算量相比较并不简单。

4.区域跟踪法

区域跟踪方法就是利用视频图像帧中的运动区域或小区域来表示整个目标或目标的各个部分，定位这些区域，利用运动区域的形状、大小及前后检测区域的匹配程度建立对应关系，从而进行目标跟踪。由于运动目标主要做平移运动，基于区域的跟踪方法比其他方法更适合应用于智能视频监控场景中。

## 6.4　事件检测

智能视频分析系统就是通过视频进行周界监测与异常行为分析，包括事件检测与行为分析两部分。可应用于各种公共场所，如高速、机场、车站、港口、建筑物周围、街道、小区及其他场所，用于检测、分类、跟踪和记录各类人员、车辆及其他可疑物体，能够对人员或车辆在禁区内发生长时间徘徊、停留、逆行等行为进行判断，还能对人员追逐、打斗等异常行为进行检测。

事件检测与行为分析系统一般能同时对同一场景里多个目标的不同行为进行监测，可以根据防范目标的特点设置功能选项（包括运动物体的种类和大小）；系统能够在不同的环境下工作，并能够很好地抗摄像头抖动。

### 6.4.1　周界防范

视频周界防范是建立在传统周界防护概念基础上的，它加入智能视频分析技术，监测入侵者，并进行报警，适用于对住宅小区、大型工厂、边海防、武警军区等领域的周界防范。视频周界防范技术和传统微波、红外、电子围栏等周界防范技术不同，是一种智能化防范技术，具备了更加强大的防范扩展能力，便于全方位对系统进行部署，应用起来更加直观、形象化。

1.周界防范的功能

第一，入侵报警云台摄像机通过联网实现远程用户实时查看。

第二，将备份存储在前端和中心，以备应急调看。

第三，在固定时间段预警和跟踪，并且在出现预警或报警的情况，屏幕会自动弹出画面并且联动抓拍录像存储数据，以备将来查询时使用。

第四，如果出现危机事件，系统能及时判定目标，发出声光示警，同时通过短信和 e-mail 方式向工作人员告警。

第五，系统可支持其他外设报警、巡更和门禁等防范子系统。建筑的外围边界围墙区域防范或内部建筑物外墙区域防范一般采用视频周界防范系统。该系统既具备入侵报警功能，又能通过前端的视频监控设备对监控区域的情况进行实时了解，一旦发生入侵行为，系统能及时发出警示，并第一时间告知安保人员赶往案发地点进行处理,从而使入侵者在真正实施不法行为之前就终止犯罪。

视频周界防范系统可以从宏观到细节的动态监视监控区域,形成事前预警、事中示警、事后取证的全过程安防系统,将安防监控的预防功能进一步提高,打破原有安防监控不及时的模式,使安防从被动监控提升为主动监管,为社会安全防护贡献力量。

2.视频周界防范系统的特点

视频周界防范系统总体来说具有智能化、数字化、网络化的特点。

凭借自身突出的特点和优势,该系统能够满足不同场合的监控需求,如监狱、看守所、石油管线、武警部队、机场、港口、政府机关、工厂、生活小区等。

### 6.4.2 物体出现/消失

物体运动检测过程中经常遇到的问题是物体的出现/消失。对感兴趣的物体准确跟踪的前提是在复杂的背景中判别物体的出现/消失。在物体发生遮挡、行人丢包、车辆非法停留等场景中,传统的帧间差分法区分当前区域中的物体是出现还是消失的效果并不理想,因此,根据背景灰度的变化,有学者提出了一种自适应背景学习的方法。在实时的情况下,该方法能够很好地判别出物体的出现/消失。

物体出现/消失的判别方法主要有三种:光流法、帧间差分法、背景差分法。即使事先不知道场景信息的具体情况,气流法依然可以通过对当前帧的光流变化的运算,检测出独立运动的物体,但多数的光流法计算量大,不能满足实时性的要求。帧间差分法有比较好的适应性,不足之处是对帧间的变化速度有一定的要求,速度过快或者过慢都会影响到运动物体的分割提取,应用时有一定的局限性。背景差分法则克服了以上两种方法的缺点,可以很好地将运动的物体分割出,并进一步对物体是出现还是消失进行判断。背景差分法运算量小,可以实时进行,但需要解决两个主要问题。第一个问题是稳定的背景提取。在复杂的背景中,周围物体以及变化背景会对单个物体出现/消失的判断产生影响。因此背景差分法就需要先将一个短时间内不会发生大的变化的背景提取出来,并在一定的条件下对其进行更新。第二个问题是物体的出现/消失。一般的跟踪算法都是通过帧间灰度的变化来判别的。一般物体的运动都是连续变化的，对于出现或者消失这种非线性的变化，如果只采用帧间的灰度变化的方法并不能将物体出现还是消失区别出来。问题就在于不知道物体是否已经融入背景当中。所以要依据能否计算出不变的背景帧来判别物体是出现还是消失。

对于遗留物的检测研究，Singh 等人提出了一种遗弃物检测系统并且使用基准数据集对其进行测量。该系统预处理部分包括能动态更新两组背景的双时间背景模型消除算法，即这两组背景中的一组在短时间内更新(少于 0.5 秒)，另一组在较长时间内更新。此外，他们提出了基于近似中值模型的算法框架。Xuli Li 使用了两个不同更新频率高斯背景模型，并提出了一种使用双光照不变性前景的遗弃物检测方法。YL Tian 使用背景消除法和前景分析法获取静止对象，并使用区域生长的方法来判别遗留物和搬移物。

### 6.4.3　异常检测

异常检测的假设是入侵者活动不同于正常主体的活动。基本原理是首先建立主体正常活动的“活动库”，将当前主体的活动状况与“活动库”相比较，当违反其统计规律时，认为该活动可能是“入侵”行为。异常检测的难题在于如何建立“活动库”以及如何使统计算法的设计既不忽略真正的“入侵”行为也不把正常的操作视为“入侵”。异常检测的模型有：统计模型、预测模型、基于机器学习的异常检测模型等。

针对徘徊异常行为检测，Thi 等人采用了二维马尔科夫随机游走模型，得到了基于轨迹内容的时空信息跃迁矩阵，并用平稳分布和边界穿越可能概率来判断是否是徘徊异常行为。Chung 等人利用贝叶斯推理的检测方法，根据行人的外貌特征进行建模，得到一个候选行人数据库，然后用保存的时间戳来作为行人行为是否属于徘徊行为的依据。该方法需要建立每个行人的外貌库，该库的建立过程复杂。

在有关人体异常行为检测研究方面，Sudo 等人主要监控过往行人，通过分割所有帧的前景，进行主成分分析，提取出该段视频的运动特征，然后利用 SVM 对每一个视频段进行异常检测。由于上述方法涉及了图像分割或大量的帧序列 PCA，所以计算量都不小。陈宜稳等人采用目标的最小外接矩形的长宽比作为特征，来度量行人动作、行为是否异常，但是异常与否的度量不准确，有时异常判断模糊，异常判断不能自适应进行。

### 6.4.4 视频故障诊断

视频故障诊断中，需要进行的检测项有：清晰度检测、视频干扰检测、亮度异常检测、偏色检测、云台控制功能诊断、视频冻结检测和视频缺失检测。

1.清晰度检测

采集监控视频时由于聚焦不当、镜头损坏或异物遮蔽，会引起视野主体部分的图像产生模糊现象，有时也会使自动检测镜头对准无意义物体。清晰度检测功能通过评价实时视频的画面清晰程度和信息含量（如偶然异物遮挡、被人为地蒙蔽等），从而及时发现故障。“骤变”作为此功能在周界防范技术领域的应用延伸，目前已得到人们的普遍认可。

2.视频干扰检测

视频干扰检测指对视频图像中模糊、扭曲、雪花、抖动或滚屏等现象进行自动检测。其主要的监测对象是指由于线路老化、传输故障、接触不良或受到电磁干扰而在视频画面上出现的点状、刺状、带状、网状干扰。由于造成摄像头故障的干扰形式很多，“噪声”检测功能主要诊断画面中呈带状、网状，并具有周期性的干扰；“雪花”检测功能主要诊断画面中呈点状、刺状的随机干扰。

3.亮度异常检测

亮度异常检测指自动检测视频中由于摄像头故障、增益控制紊乱、照明条件异常或人为恶意遮挡等原因引起的画面过暗、过亮或黑屏现象。该检测功能将诊断视频的明暗程度。由于不同时段都可以改变诊断计划和监测阈值，亮度异常检测不管在白天还是黑夜都能发挥作用。

4.偏色检测

偏色检测指自动检测由于线路接触不良、外部干扰或摄像头故障等原因造成的画面偏色现象（主要包括全屏单一偏色或多种颜色混杂的带状偏色）。该功能可以分析视频的颜色信息。它的特点是当视频中出现丰富色彩时，能够区分它们是由于摄像头自身故障产生的，还是由自然场景带来的，从而完善摄像头偏色检测的功能。

5.云台控制功能诊断

云台控制功能诊断指自动检测前端云台和镜头是否能够根据用户指令正确运动,例如左转失灵、上下倒序等。该功能能够自动测试云台的各指令,使管理人员准确及时地掌握系统内云台的运行情况。不过,此功能需要系统拥有对前端云台进行控制的权限。

6.视频冻结检测

视频冻结检测指自动检测由于视频传输调度系统故障引起的视频画面冻结现象,可避免将真实的现场视频图像遗漏。

7.视频缺失检测

视频缺失检测指自动检测因前端云台或摄像机工作异常、人为恶意破坏或视频传输环节故障而引起的间发性或持续性的视频缺失现象。

## 6.5　数据分析

数据分析是指用适当的统计分析方法对收集来的大量数据进行分析,将它们汇总、理解并消化,以求最大化地发掘数据的功能、发挥数据的作用。数据分析是为了提取有用信息并形成结论,从而对数据加以详细研究和概括总结的过程。数据是实验、测量、观察、调查等的结果,常以数值的形式出现。而监控系统中采集的信息主要是视频图像,这就需要智能监控系统检测、识别目标的运动,把视频内容转换成观测数值,再使用数据分析技术对其进行分析,获得有用的信息和结论。

### 6.5.1　客流统计

客流统计技术是目前模式识别技术的典型应用方向之一。对于商场、车站、机场等公共场所,客流量是极其重要的信息。利用统计的客流量数据,管理人员可以合理调度人力、物力,从而获得最佳的运营效果,也能够及时发现人流过于密集的情况,做好人流控制和疏导,预防重大安全事故的发生。

早期的客流计数系统主要使用光电传感器采集人流数据。如南非 Headcount 公司的客流量统计系统,其开发的全内置检测器采用多个红外传感器及多个高速、智能的微处理器来连续监测客流模式，且可以连续监测双向客流量，但在人流密集时精度会受到一定的影响。这种系统的实现过程简单，但只适用于狭窄通道内或闸道的人流统计，无法用于空间较大的公共场所。同这种方式相比，使用智能视频分析技术进行客流统计的方式具有较大优势。该方式具有很高的统计精确度、适用环境广泛，其检测能力高于传统的计数系统。

目前，应用智能视频分析技术的客流统计系统可以分为多摄像头立体视觉式和单摄像头式两类。多摄像头立体视觉人数统计系统，利用两个以上标定好的摄像机或双目摄像机，计算出场景的深度图像(深度图像包含物体与摄像机间的距离值)，从而能够精确分割出场景内的行人，对客流进行计数统计。其系统应用如图 6-4 所示。虽然这类系统检测准确度较高，但是需要对多个摄像机或双目摄像机准确标定，系统造价也较高，所以目前应用并不广泛。单摄像头人数统计系统采用人体形状识别、小像素移动目标识别、人脸检测等方法，对经过划定区域或直线的人数及通行方向进行统计。这类系统安装方便、造价较低，在遮挡较少的情况下统计精度较高，应用较为广泛，但是在人群密集等相互遮挡较多的情况下会出现计数误差，而且它对摄像机的安装位置和角度也有一定要求。

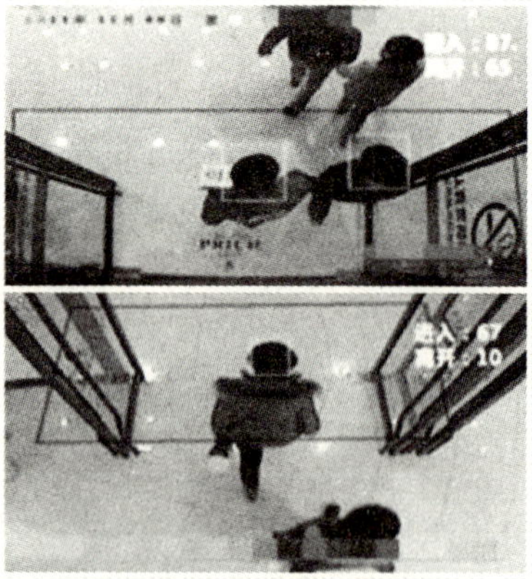

图 6-4　客流统计示例

### 6.5.2 车流量统计

车流量统计作为智能城市、智能交通系统的关键技术之一，逐渐成为研究的重要领域。车流量统计可以对交通路段通行车辆的数据进行实时分析，通过比对车辆流量与平均速度、道路占用率，对交通路段的拥堵情况做出判断，从而实现道路智能化调度管理，以减少道路拥塞，提高路面资源的利用率。

传统进行车流量统计的方法，如电磁感应装置法和超声波检测法，由于车辆在行驶过程中方向、速度存在变化，所以普遍具有反射信号不稳定、测量误差大的问题。与传统方法相比，基于视频分析的车流量统计算法适应性强、容易维护、造价较低，且具有能兼做道路监控等其他功能，目前已经被广泛地应用于智能交通监控系统中。从 20 世纪 90 年代开始，基于视频分析的车流量统计产品就已开始进入商业化应用，美国 ISS 公司生产的 AutoScope 系统和日本 Sumitomo 公司的 IDET 系统是其中具有代表性的产品。我国对这一领域的研究起步较晚，但随着我国汽车保有量的增长迅速和城市交通拥堵问题的加重，近些年在车流量统计方面的研究也取得较大发展。如清华紫光和清华大学联合开发了 VS3001 车流量统计系统，厦门恒深智能有限公司开发了 HeadSunSmartViewer-II 车流量统计系统。车流量统计的具体实现算法较多，下面介绍一些主要算法。

1.基于虚拟线圈的车流量统计算法

智能交通系统中的车流量统计对实时性要求很高。因此，在大多数的车流量统计算法中很少对整个监控图像进行检测和分析，通常都对感兴趣区域进行局部检测，即基于虚拟线圈检测。虚拟线圈的概念与传统的物理线圈类似，是指在图像中设置一块矩形区域作为感兴趣区域，只对区域内的图像进行分析处理。感兴趣区域的选取一般是根据道路的环境和结构特征而定的。在图像中设置虚拟线圈，通过检测虚拟线圈中像素或运动目标的变化情况，便可检测出车辆的行驶情况，从而进行车流量统计。如图 6-5 所示，车辆沿箭头方向行驶，虚拟线圈设置于车道中央，大小与车体基本相同。

图 6-5　基于虚拟线圈的车流量统计算法效果图

2.基于目标跟踪的车流量统计算法

基于目标跟踪的车流量统计算法是对连续的图像帧序列进行分析，识别出图像中的车辆，并在相邻帧之间根据车辆的特有属性（如大小、形状、位置等）进行追踪，从而判断车辆运动方向、速度，实现车流量统计。图 6-6 是基于目标跟踪的车流量统计算法效果图。

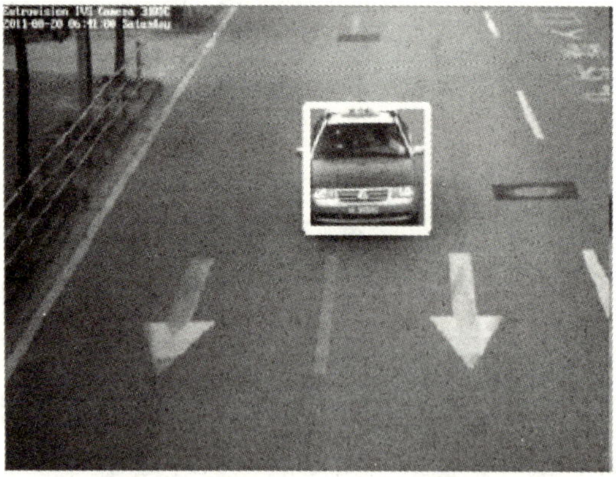

图 6-6　基于目标跟踪的车流量统计算法效果图

基于目标跟踪的车流量统计算法，关键是在检测区域中对运动目标进行检测、匹配和跟踪，以确定车辆的运动轨迹，根据车辆运动轨迹的持续性完成车辆目标计数。因此，在进行图像的预处理后，算法首先要进行目标检测，将车辆从图像中提取出来;提取出车辆后,画出连通区域的最小外接矩形,标记车辆在图像中的位置,进而根据车辆的有效特征,通过匹配算法,在之后的序列图像上找出与车辆特征匹配的位置,定位车辆运动轨迹,实现对车辆的跟踪,从而获得其运动状态信息,并进行流量统计。

### 6.5.3 车速检测

车速信息也是智能交通系统需要采集的重要信息之一。通过分析车速信息可以了解甚至预测道路的交通状况,及时疏导车流,并侦测违章超速车辆,维护交通秩序。目前的车速检测系统大都使用测速仪检测车速,并结合监控摄像机采集路况信息和违章车辆牌照。测速仪检测车速的方法主要有磁性检测和电磁波检测。然而,随着视频分析技术的发展,摄像机也能够实现精确的车辆测速功能,从而降低系统建设成本,并具有一定的隐蔽性。基于视频分析技术的车速检测方法主要有以下两种:

1.虚拟线圈测速方法

虚拟线圈测速方法是视频分析测速的一个基本方法,能够代替物理磁性检测线圈的功能。虚拟线圈技术主要包括两种方法:第一种是将检测区域分成许多个虚拟线圈,结合基于方向的运动矢量检测方法对区域中的物体进行检测,对车辆运动轨迹进行跟踪,从而计算车速;第二种较为常用的方法是把图像按照车道分为不同的检测区域,在检测区域中设置检测线,只对区域中若干检测线部分的图像进行分析处理,根据车辆通过多条检测线的时间,结合已测定的检测线间的距离,计算获得车速信息。

第二种方法的基本原理如下:在待测车道上垂直车辆运动方向画两条直线作为检测线(即虚拟线圈),预先对两条检测线的距离进行测量和标定,如图 6-7 所示,在两条检测线的位置检测车辆是否压线,以得到同一辆车通过两个线圈的时间间隔,根据标定的距离即可计算得出车辆的速度。

在检测区域的设置方面应注意:虚拟线圈应水平设置于图像的中下部,以避免前车遮挡后车。检测区域大小要适当,过大会增加需要处理的像素个数,造成检测速度降低,过小会因信息量不足影响车辆的识别。通常检测区域设置的长度为普通车长,宽度为车道的宽度。这种检测方法比较适用于摄像头架设位置较高、车辆在画面中较小的情况。

图 6-7　虚拟线圈设置

2.基于图像匹配的测速算法

基于图像匹配的算法首先定位车身上特征比较明显的特征块或者特征面，在后一帧按照某种准则进行对比匹配，找到此特征块在下一帧的位置，然后依次跟踪连续几帧图像进行匹配，判断特征块的运动轨迹，从而得出车辆的像素位移。算法的流程图如图 6-8 所示。

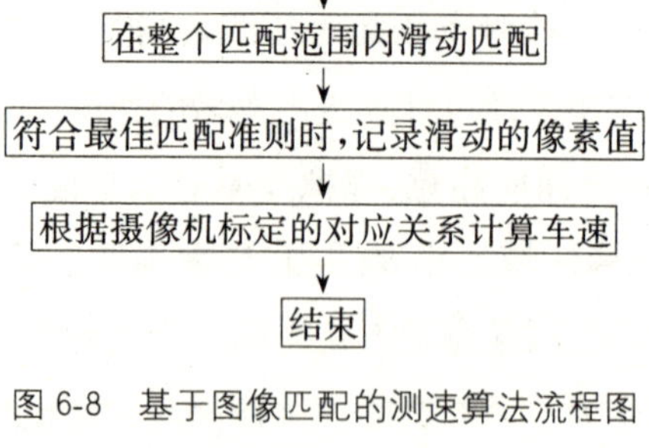


图 6-8　基于图像匹配的测速算法流程图

# 第 7 章　智能视频检索技术

## 7.1　智能视频检索的概念

智能视频检索可以简单地理解为用人工智能的方法从视频中搜索有用的资料。随着平安城市等工程的推进，监控摄像头已经进入人们的生活。但是，有了相关视频不等于就找到了目标信息，查找、分析视频的工作常常会占用大量的人力和物力。现在，随着安防智能化的发展，视频检索技术也得以迅速发展。

## 7.2　智能视频检索系统的现状与发展

视频检索技术起源于互联网。基于文本索引是互联网的主流检索方式，其已发展成为当今最成熟的信息检索技术。各大搜索引擎都以此技术为基础，如 Google、Baidu、Yahoo、Bing 等。随着互联网的不断发展，互联网上的内容已经从以前的纯文本发展到现在多式多样的多媒体展现形式，如图片、音频以及视频。如今如此丰富的多媒体形式对检索方式提出了新的挑战，传统的纯文本已经不再能满足人们检索的需求。在此诉求之下，产生了基于图像的检索方式。区别于文字信息检索，基于图像的检索方式是建立在对图像视频内容分析的基础之上的。1992 年,该技术被首次提出,到现在已经 20 多年。如今这项技术已经取得了比较成熟的应用。

目前,国内外已经研究开发了多个基于内容的视频检索原型系统,其中较为著名的有 IBM 公司的 QBIC 系统、美国哥伦比亚大学电子工程系与电信研究中心图像和高级电视实验室共同研究的 VisualSeek 系统、卡耐基梅隆大学研究的 IDVL 项目、美国哥伦比亚大学研究开发的 VideoQ 系统、清华大学开发的 TV-FI(Tsinghua Video Find It)视频节目管理系统、浙江大学开发的 Webscope-CBVR 等。尽管它们在性能方面还不完善,不能完全满足商业需求,但已经取得了比较高的理论参考价值。

IBM 公司的 QBIC 系统允许使用例子图像、用户构建的草图和图画及其选择的颜色和纹理模式以及镜头和目标运动等图形信息,通过大型图像和视频数据库对其进行查询。哥伦比亚大学研究的 VisualSeek 是一种基于互联网的检索系统,它通过一个网络自动引擎来将网络中的图像和视频收集起来,能够对图像和视频进行自动分析和建立索引,并且对图像和视频进行归类。卡耐基梅隆大学研究的 IDVL 具体内容包括多个方面,如视频分段、视频文字识别、语音分析与识别、自然语言处理、人脸检测等。哥伦比亚大学研究的另一个系统 VideoQ 对传统的基于关键字和主题浏览的查询方法进行扩充,允许用户使用视觉特征和时空关系来检索视频。清华大学的 TV-FI 系统可提供多种功能,如视频数据入库、基于内容的浏览检索等,提供包括基于关键字的查询、基于示例的查询、按视频结构进行浏览以及按用户定义类别进行浏览等多种模式访问视频数据。浙江大学开发的 Webscope-CBVR 主要由三个部分组成:视频获取、视频处理和视频检索。视频获取系统主要对网页中的视频和文本进行搜索和下载;视频处理系统进一步处理收集到的原始数据;查询系统提供包括基于关键字和基于示例的两种查询方式。

另外,还有许多类似的检索系统,例如:意大利 Palermo 大学开发的 JACOB 系统、UIUC(University of Illinois at Urbana-Champaign)的多媒体分析和检索系统 MARS(Multimedia Analysis and Retrieval System)、索尼欧洲总部牵头并资助的 ASSAVID(Automatic Segmentation and Semantic Annotation of Sports Videos EU Project)、瑞士国家科学基金资助由瑞士 IDIAP 研究

所进行的 VOCR(Text Segmentation and Recognition for Video Retrieval)等。除此之外，国内的中科院自动化所国家模式识别实验室、上海交通大学、复旦大学、武汉大学、南京大学、微软亚洲研究院等单位也对视频检索系统进行研究，并开发了一些视频检索原型系统。

## 7.3　智能视频检索的关键技术

### 7.3.1　视频镜头切割

视频的最小组成单位是帧，成千上万个图像帧组成视频流，如果对每一帧都进行单独处理，索引和检索的效率会很低。幸运的是，视频是由大量的逻辑单位或分块组成的，我们把这些分块称为视频镜头。一个镜头是相邻帧的短序列，它描绘同一场景，表示一个摄像机动作、一个事件或连续的动作。任何视频都是由镜头衔接起来的，视频检索的基本单元是镜头。索引和处理视频数据，首先要对视频镜头进行切割。

### 7.3.2　关键帧的提取

关键帧是概括镜头内容的代表帧，是从视频数据中抽取出来的静态图像。因此，建立视频数据索引的关键是关键帧的抽取，它不仅能从镜头的帧序列中抽取出能代表镜头内容的关键帧，还能分析出关键帧中所含内容与所属类别。

### 7.3.3　特征提取

视频分割成镜头、关键帧被抽取后，下一步就要对各个镜头进行特征提取，得到一个尽可能充分反映镜头内容的特征空间。这个特征空间是视频聚类和检索的依据。特征提取可分为两种方法：提取关键帧中的视觉特征和提取镜头的运动特征。

### 7.3.4　视频索引

提取了关键帧的视觉特征和镜头的运动特征之后，即可建立视频索引。视频索引从不同的角度分为不同的类型，以选取的索引内容的角度为例，可以分为基于特征的索引、基于注释的索引和基于特定领域的索引三类。

## 7.4 基于内容的视频检索技术

基于内容的视频检索指在大规模视频数据库中根据视频的内容和上下文关系，对视频数据进行检索。它在没有人工参与的情况下，将视频的特征和内容自动提取并描述出来。它基于图像处理、模式识别、计算机视觉、图像理解等领域知识，涉及认知科学、人工智能、数据库管理系统及人机交互、信息检索等领域，采用新的媒体数据表示和数据模型，从而将可靠、有效的检索算法、系统结构以及友好的人机界面设计出来。目前，基于内容的视频检索研究，除了可以对图像的颜色、纹理、形状和空间关系进行识别和描述，研究的重点主要集中在视频分割、特征提取和描述（包括视觉特征、颜色、纹理和形状及运动信息和对象信息等）、关键帧提取和结构分析等方面。本节将在后面的内容中分析阐述基于内容视频检索的基本原理及其一些关键技术。

### 7.4.1 基本流程和框架

首先，作为一种表达信息的媒体，视频有着自己独立的结构。一般来说，一些连续的帧组成一个镜头，一些语义相关的镜头构成一个场景，一些描述独立故事单元的场景组成一段视频。一段视频的典型结构如图 7-1 所示。

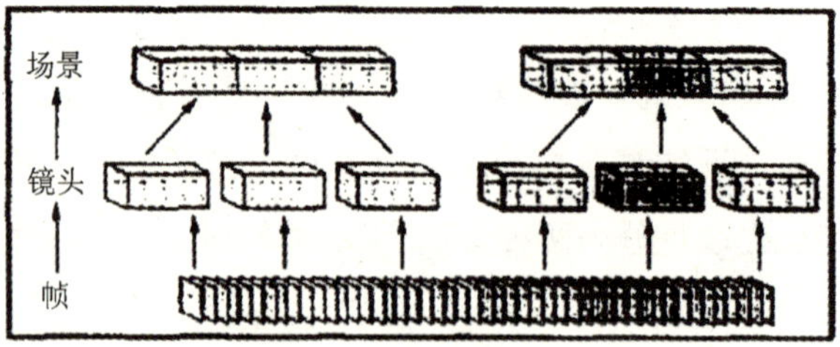


图 7-1 典型视频结构图

基于内容的视频检索，首先要实现的是分析和处理视频数据，然后将主要内容从所有的帧中提取出来，并从下至上结构化描述视频内容。为了实现这个目标，我们需对视频进行如下处理：切割视频、提取关键帧、提取特征和搜索视频等。

图 7-2 描述了基于内容的视频处理的主要过程。首先将视频流分割成各个镜头，并对各个镜头进行特征提取，得到一个尽可能充分反映镜头内容的特征空间，这个特征空间是视频聚类和检索的依据。其中，特征提取就是提取关键帧中的视觉特征和镜头的运动特征。关键帧是概括镜头内容的代表帧，是从视频数据中抽取出来的静态图像。可以通过一定算法对这些静态图像进行视觉特征提取（主要包括颜色、纹理、形状等几个角度）。镜头运动特性可以通过分析镜头的运动情况（主要包括镜头运动的变化、运动目标的大小变化、视频目标的运动轨迹等）来提取。基本方法包括：基于光流方程的方法、基于块的方法、像素递归方法和贝叶斯方法等。提取了关键帧的视觉特征和镜头的运动特征之后，即可建立视频索引。最终，用户可以使用一种简单方便的方法浏览和检索视频。其整体模块如图 7-3 所示。

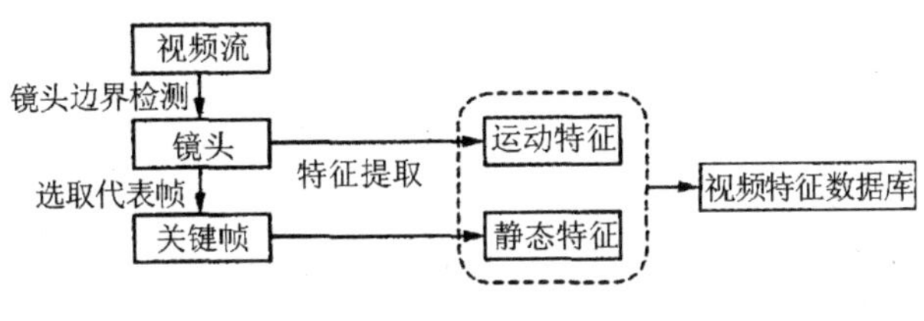


图 7-2　视频结构化处理过程

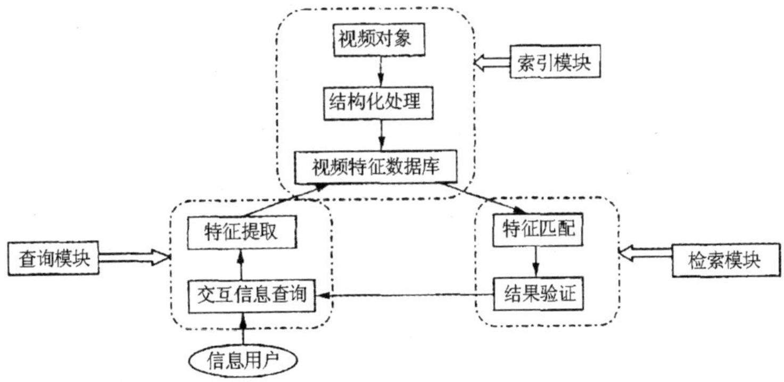


图 7-3　基于内容视频检索系统的模块描述图

由图7-3可以看出，基于内容的视频信息检索系统大致由三个模块组成：索引、查询、检索。索引模块中，系统对视频镜头进行切割，抽取出关键帧，采用特征提取等技术对视频信息进行预处理，并建立视频特征索引；查询模块是实现人机交互的重要接口，通过该模块用户可以较容易地查询到相关信息，即用户可以较容易地把自己的各项特征要求（包括视频示例特征提取）提交给系统，进一步提取出检索结果的特征并实现较精确检索；检索模块首先建立视频特征索引，计算并对用户提交的各项特征的相似度进行特征匹配，并根据相关度对结果进行排序，然后提交给系统。接下来将详细介绍一些关键技术。

### 7.4.2 场景分类

视频场景分类算法是一种既基本又重要的智能视频分析算法。视频场景分类的作用是通过分析视频，将视频源里存在的不同场景类型找出。例如在交通路口的视频场景下，车流开往不同的方向形成的场景类型也不同；人行车停和车停人行也是很典型的两种场景类型；在广场或者车站的视频里，人流行走的方向不同对应不同的场景类型，人流聚拢和走散也是不同的场景类型。通过分析视频数据，视频场景分类算法可以将不同场景下的特征提取出来并进行对比，从而将不同场景类型从同一视频源里找出，并分别标定。这种算法能够将非常重要的参考信息提供给视频监控系统，从而极大地减少人工的工作量，使监控结果的准确率得到提高。

目前，视频场景分类算法主要可以应用于以下几个方面：

第一，协助人工监控。将监控视频划分为不同的场景类型并标号，极大地减少了人工的工作量。通过对不同的视频场景类型截图（或者典型的视频场景片段）进行观察，监控人员可以很清楚地了解哪些场景类型容易发生事故，从而将关注力集中到这个特定的场景类型。这样既能降低工作量，也可以使监控的准确率得到提高。例如，在车站或广场这类人流多且复杂的场景里，人流的突然聚拢或者分散是两个不同的场景类型，它们比正常的单向人流行进场景发生异常事件的概率要高。这样，在对视频场景进行分类后，监控人员可以多关注此类场景。

第二，视频数据管理。通过视频场景分类，可以有效地组织一段独立的视频源数据。一方面，通过将标签加到视频源内不同的场景片段，可以在搜索和回顾视频源数据时更加方便快捷，易于查找视频序列中的固定事件。另一方面，通过将同一摄像头拍下的不同视频进行场景分类，可以区分不同的视频文件。例如某一个特定的视频场景在不同的视频文件中所占的比例可能有一定差距，通过进一步对这个特定的视频场景的含义进行分析，就能区分出这些不同的视频文件。

第三，支持更深层次的视频分析。智能视频分析算法中比较基础和简单的一步就是视频的场景分类。为了对视频场景进行分类，往往需要对视频中的不同特征进行提取并分析，这些特征有利于分析后续的视频。另外，场景分类的结果也有助于后续的视频分析。例如，对于两个视频文件，它们视频场景类型大致相同，对其分别进行视频场景分类，如果得到的类型总数不一致，就可以确定类型总数多的视频文件有新的场景类型，也可以确定有异常事件存在于这种新的场景类型中，从而可以对其进行异常检测。

除了上面提到的这些应用外，视频场景分类得到了越来越多的关注和应用。通过进一步研究视频场景分类，人们对视频智能分析有更深的认识，而这正是视频分析算法研究的目的所在。

目前的视频场景分类算法主要有两类。第一类是传统的视频场景分类算法，也就是基于跟踪的视频场景分类算法。这类算法的主要思路是跟踪视频里的移动物体，获取物体的跟踪轨迹，进而对视频场景进行分类。当视频场景中存在较多运动目标时，需要跟踪的目标数量太大，且遮挡存在于运动目标之间，这种情况下就不适合用基于跟踪的算法。为了解决这个问题，一些研究者开始提出了一种新的视频场景分类算法——基于特征提取的算法。这类算法首先会对视频中的底层特征进行提取并量化，随后将量化后的特征量输入到概率统计模型中，从而实现对视频场景的分类。其中，最常使用的是概率统计模型。在这种模型里，主题的单词就是经常同时出现的单词，而模型的最终目的就是将这些隐含的主题找出来。基于特征提取的视频场景分类算法就是将量化后的底层特征与模型的单词相对应，从而将与模型的主题所对应的场景类型求出。基于特征提取的视频场景分类算法关注的是整个画面里的运动趋势，不是单一的运动物体。因此，基于特征提取的视频场景分类算法适合用于一些运动目标多的场合，如交通路口、车站和广场等。

整个视频分析流程的最高层就是视频场景分类，它是视频理解的一个特殊的方面。只有将整个视频的事件和运动特性都深入理解才能对视频场景进行分类。一般来说，视频场景分类的目标就是按照视频中事件和场景的不同将输入的一段视频进行分割。要达到最终的视频场景分类，往往需要分几个层次对输入视频做处理。第一个重要的步骤是输入视频进行分析，将有意义的信息提取出，也叫特征提取。第二个重要的步骤是进一步分析已经提取出来的底层特征，使之与视频场景关联起来。图 7-4 为视频场景分类算法的基本流程示意图。对于任何一个输入视频，如若需要实现最终的场景分类，必须先完成底层特征提取然后进行场景建模。第二步场景建模的输入信息是提取到的底层特征。在实际应用的过程中，在将提取到的底层特征输入到场景建模之前，需要进一步加工数据，即量化提取到的底层特征。同样，在完成场景建模后，我们需要对视频进行后续的一系列处理，这一过程称为“后处理”。

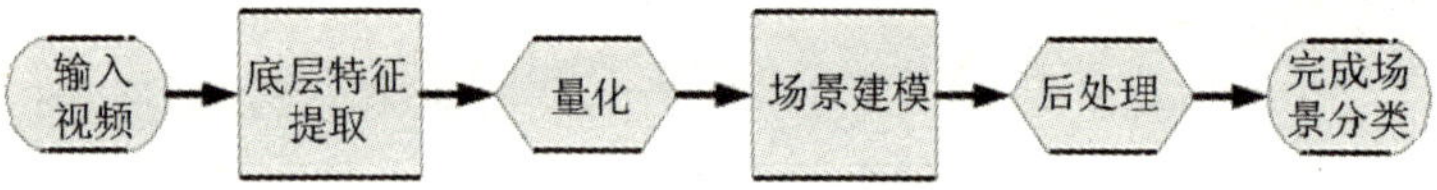


图 7-4 视频场景分类算法的基本流程示意图

目前对于视频场景分类算法的研究集中在两个关键步骤上，分别是特征提取和场景建模。

### 7.4.3 预处理

这里我们主要讨论的处理模块包括色彩插值、色彩校正、自动聚焦、自动曝光、自动白平衡、图像增强、闪烁减弱等。

1.色彩插值

为了简化工艺和降低成本，不管是 CCD 还是 CMOS 图像传感器，一个像素点不能同时给出 RGB 三组数据，只能表示单色的色调值。因而，需要借助于 CFA (Color Filter Array，色彩滤镜阵列)获取彩色图像值，即将一个多色的滤镜阵列覆盖在图像传感器的像素表面。应用色彩滤镜阵列不同，获得的图像输出阵列就不同。其中，一种最常见的由图像传感器获得的一幅图像阵列即

Bayer 模型，如图 7-5 所示。其中图 7-5(a)为主模式，R 代表红色，G 代表绿色，B 代表蓝色。图 7-5(b)为次模式，Ye 代表黄色，是 B 的补色；Cy 代表青色，是 R 的补色；Gr 代表绿色；Mg 代表洋红色，是 G 的补色。

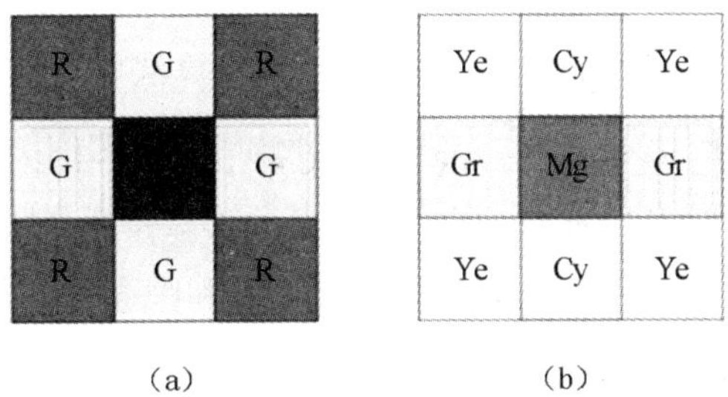


图 7-5　彩色滤镜阵列

可以看出，在这种图像阵列中，每个像素表示一个颜色的值，另外两个颜色的值根据相邻像素之间的相关性，通过计算数据获得，这种方法通常被称为色彩插值。常用的色彩插值方法有像素复制法、双线性插值算法以及双三次多项式插值等。显然，色彩的插值与 RGB 三色的处理有关。

2.色彩校正

RGB 三原色齐全的图像通过色彩插值已经得到，但传感器响应的这个图像与真实场景之间仍有不同之处。这其中存在多方面的原因，涉及图像传感器中光学器件(棱镜)的光谱特性、场景的光源光照条件(诸如白光、荧光或者钨光)及色彩滤镜的光谱特性等。为了符合人眼的视觉效果，尤其需要进行色彩校正的是白传感器形成的图像。

3.自动聚焦

自动聚焦分为两种方式：主动方式聚焦和被动方式聚焦。主动方式聚焦主要指通过测量距离，并根据一定的数学模型将实际应取的焦距计算出来；被动方式聚焦是指利用所获取图像的自有信息对聚焦方向进行分析，经过反复调节焦距获取最清晰的图像。主动方式聚焦需要额外的设备，不适合在某些场合下使用。被动方式聚焦，问题主要集中在两个方面：一是获取判断图像清晰度的依据，二是获取该判据后如何实现自动聚焦。这要求判据对图像的变化敏感，并且计算不能太复杂，以便于系统能尽快确定聚焦的下一步方向。由于在数学上镜头系统等效于一个低通系统，一般认为图像模糊是由于图像的高频分量受到了损失，所以大多数研究都是基于这个假设来进行的。分析和计算图像高频分量可以从空域和频域两方面来进行。根据图像相邻像素的差值的绝对值之和作为判据被认为是最简单的方法。

4.自动曝光

自动曝光是依据硬件电路逻辑设计或软件算法将所采集图像序列的亮度进行调节，使其均值维持在一个主观感觉舒适的范围之内的过程。

对于一般的摄像环境而言，难免会出现光线太亮或太暗的情况。在这种情况下，就要求摄像机能进行自动曝光，通过光圈和曝光时间的配合，获得适中的光度，产生比较柔和的图像。

在光域，自动曝光主要通过分别控制光圈和曝光时间或联合控制二者来实现。利用光圈进行自动曝光，主要是通过所拍摄的场景来实现对光圈的大小的控制，把进光量维持在一定范围之内。使用光圈进行曝光控制的产品成本都不低。目前通过调整曝光时间来实现自动曝光是低端摄像头采用的主流技术。曝光时间的调整又可分为两个步骤：快门时间调整和增益调整。当拍摄场景的光照强度过亮或过暗时，可以大步长调整快门时间；在小范围内调整则使用调整增益。

总之，在自动曝光处理前首先要确定三个问题：是否需要自动曝光；当确定需要自动曝光时，如何对光电转换后的模拟信号增益进行调整或者怎样对光电转换后的数字信号进行处理，并找出自动曝光能力补偿函数；如何将自动曝光调整到合适的程度。自动曝光模块研究的关键技术是如何解决这三个问题。

5.自动白平衡

所谓白平衡就是指还原白色物体的颜色。当我们用肉眼观看这个大千世界时，在不同的光线下，面对相同的颜色，感觉是基本相同的，比如在早晨旭日初升，我们看一个白色的物体时，感到它是白色的；而我们在夜晚昏暗的灯光下，看到一个白色物体时，仍然感觉它是白色的。这是由于在成长过程中，人的大脑已经能够适应不同光线下的物体的彩色还原。但是，图像传感器没有这种适应性，在不同的光线下，图像传感器输出的不平衡性，造成其输出的图像彩色失真，或者偏蓝，或者偏红。去除不同光谱的光源对图像的影响的方法就是自动白平衡。该方法使在不同色温环境下采集的图像更接近人眼的主观效果，从而提高将输出图像的质量。

6.图像增强

在实际应用中，图像传感器输出的图像经过上述处理可能并不尽如人意，加之噪声、光照等原因，我们需要进一步处理图像。图像增强是一种重要的图像处理技术，其目的无非就是两个：第一使图像更适合于人眼的感觉效果；第二为后续的分析处理提供便利条件。

图像增强主要包括以下几个内容：直方图均衡、平衡滤波、中值滤波、锐化等。一般情况下，图像增强可以在空间域和频域内实现。既简单又重要的一种图像处理技术就是在空间域内对图像进行增强点运算，它能让用户改变图像上像素点的灰度值，通过处理点运算后生成一幅新图像。总之，采用图像增强技术，有利于提高视觉的效果和进行后续处理。

7.闪烁减弱

在视频采集过程中，闪烁（flicker）是由于照明电源的频率漂移在固定频率附近，不能与传感器的采集频率匹配。由于频率漂移，采集设备每次采集的开始点不同，感光器件获得的光通量也不同，因此造成图像的明暗变化。我们通过分别观察 CMIOS 和 CCD 两种传感器后发现，由于 CMIOS 传感器曝光时间比较长，闪烁现象不明显，而 CCD 传感器灵敏度高，曝光时间短，对频率漂移敏感，所以该模块只需考虑在 CCD 摄像机中使用。

### 7.4.4　事件识别

事件识别主要实现对特定目标（如人、动物、车辆）或者事件（如越界、聚集、打架等）的识别，需要运用人工智能、模式识别、神经网络等多种智能技术。视频事件识别由于其在智能视频监控、基于内容的视频检索以及人机交互等方面有着广泛的应用前景，已成为计算机视觉研究领域的热点之一。国内外学者针对视频事件识别的相关问题进行了研究，并取得了一定的成果：Natarajan 提出了用于表示和识别人的行为的耦合半隐马尔可夫模型 C-HSMM；Ivanov and Bobick 提出了基于统计上下文无关文法 SCFG 的行为分析方法；Pei 提出了基于与或图的事件表示与识别方法，可识别交替发生的事件并进行意图的推断和行为的预测；Zhang 实现了基于 SCFG 的事件规则自动学习，主要应用于多目标的轨迹分析；Hakeem 通过训练数据，让系统自动学习子事件间的依存关系；

Si利用运动目标与场景信息的相互关系，采用基于最小描述准则，系统可自动学习基于与或图的日常事件规则。

在应用方面，许多厂商根据客户需求和自己的技术能力，研发出了具有不同事件识别功能的智能监控系统，用于实现对多种目标及事件的识别，如异常事件识别（如徘徊、打架、聚集、逆行、抛物、遗留物品、火焰烟雾等的识别）、人体/车辆运动识别、人脸识别、车辆识别、步态识别等。而且，随着智能视频分析技术的发展，事件识别的功能也会越来越丰富，越来越智能。

### 7.4.5 视频标记

视频标记能够实现对可识别的对象和事件添加标签。通过对视频事件或目标的识别，视频检索系统提取出了用于描述目标或事件的所有关键帧以及若干的描述性信息（即目标的特征，如颜色、纹理、形状和运动特性，以及声音的音调、语气、节奏等），然后需要利用这些信息，以统一的设定格式对视频进行标记，生成结构化的XML标记文件并与关键帧的集合一起导入数据库。这一过程实现了对非结构化视频数据到结构化数据的转换。结构化的数据便于对比分析，是实现视频检索的必要步骤。

视频标记是视频检索系统的重要组成部分，有许多高校、科研机构、标准化组织致力于视频标记方法的研究。例如，MPEG-7标准对多媒体信息进行了描述，从而极大地推动了智能视频检索技术的发展。MPEG-7规范了一组“描述子”，用于描述各种多媒体信息，也对定义其他描述子以及结构（称为“描述模式”）的方法进行标准化。这些“描述”（包括描述子和描述模式）与其内容关联，允许快速有效地搜索用户感兴趣的资料。MPEG-7制定了一种标准化语言来说明描述模式，即“描述定义语言”。带有MPEG-7数据的视频资料可以包含静止图像、图形、3D模型、音频、语音、视频等元素，以及这些元素如何在多媒体表现中组合的信息。另外，还有一些能够实现视频标记的软件系统。IBM的标注工具VideoAnnex可用来分析视频内容，并产生符合MPEG-7标准的描述，也可用来给场景人工分配语义标签，标注关键字和主要物体。VideoQ是一套全自动的面向对象的基于内容的视频查询系统，是由哥伦比亚大学的图像与高级电视实验室研制的一个原型系统。它拓展了基于关键词或主题浏览的传统检索方式，提出了全新的基于丰富视觉特征和时空关系的查询技术，可以帮助用户查询视频中的对象。

### 7.4.6　视频搜索

经过以上几个步骤后，视频检索系统已经从非结构化的视频数据中提取出了结构化的标记文件和关键帧，这样视频搜索就可以对结构化的数据进行搜寻，实现快速查找用户所需视频的功能，如图 7-6 所示。视频搜索的方法一般可以分为两种：一种是基于语义查询方法，一种是基于样例查询方法。

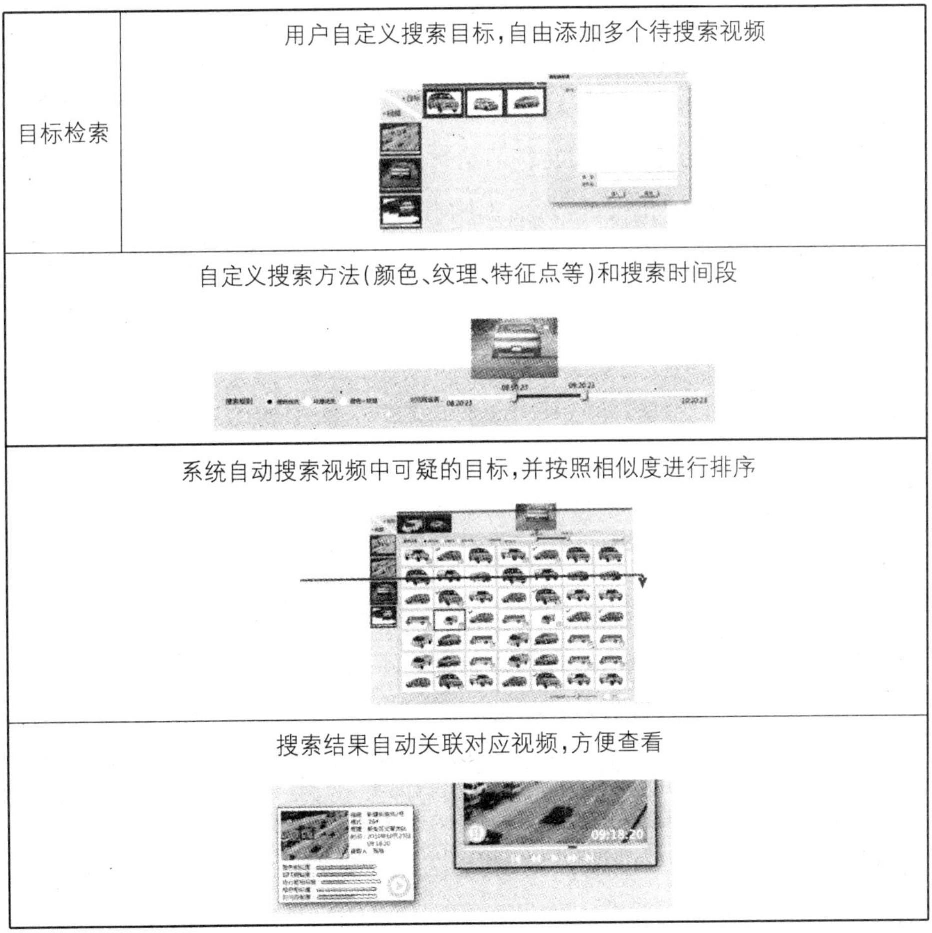


图 7-6　视频搜索示例

1.基于语义查询方法

基于语义查询方法的查询方式较为传统，用户在系统中输入需要查找目标的语言描述，系统对视频的语义信息库进行搜索，以查找相应的目标。传统语义信息库的建立主要靠人工输入，工作量巨大且效率低下。目前，智能化的视频检索系统能够使用人工智能算法自动地对数据库图像或视频进行分析，提取描述视频的语言描述(文字)，建立语义信息数据库，用于快速检索。

2.基于样例查询方法

这种方法以用户输入的图片或标记的目标轮廓为样例，视频检索系统提取样例的特征，并在视频标记形成的目标特征信息库中进行对比，找到与样例相似的目标。目前可以用于查询的特征一般包括目标颜色、类别、形状、纹理等。

随着人工智能技术的发展，视频检索技术将会越来越智能化，其发展趋势主要包括以下几方面：

第一，视频高层语义和低层特征的结合。由于目前很难将视频的高层语义(人的理解)和低层特征相结合，从而不能直接基于人的理解进行检索，所以基于内容的视频检索难以走向实用化。因此，如何将低层视频特征和高层语义进行有机结合，是一个亟待解决的问题。

第二，基于对象的检索。在视频检索系统的实际应用中，用户有时要求能够直接查询视频中的对象，如对某个运动员历次参赛录像的查询等，这是从语义出发的检索方式。因此，基于内容的视频检索技术一定要从基于帧的查询发展到基于对象的查询，才能满足未来的要求。

第三，综合多种特征的检索。声音和文字是伴随视频的高层次内容，包含着许多有用信息，它们还可以间接地用于视频分类、场景分割、对象识别等方面。因此，在视频检索中加入声音和文字信息，使其用于辅助检索，能大大简化视频处理的复杂度，提高视频检索的效率。

第四，检索中的交互反馈。在基于内容的视频检索中，反馈是一种调整技术，是适应用户需求和提高检索精度的常用手段。在借助语义概念进行检索时，反馈是实现人机交互，进而将用户知识融入检索系统中，提高检索准确度的重要方法。因此，如何更好地实现人机交互也是检索系统的关键技术之一。

第五，辅助数据的使用。在视频数据库的内容管理方面，使用辅助的数据用以标注和搜寻档案是当前的一个发展趋势。辅助数据含有许多重要信息,在可用的情况下应尽量利用。例如,利用结构化视频的可视分量进行运动分析,可帮助恢复视频中的运动语义。有些视频资料无音频数据,如监控视频,运动分析对这类数据密集型视频的检索很重要。

### 7.4.7 反馈

由于目前很难把视频的可视特征直接转换为视觉信息的语义特征,检索结果常常不能满足用户要求,因此需要引入用户的反馈。反馈的思想就是通过用户介入,根据是否符合用户的要求对系统自动生成的特征进行判断,即根据系统和人对内容理解的相关性进行判断,进而对系统的人工智能算法进行有监督的学习训练,模拟人类视觉对视觉信息的感知,以实现自动生成更加符合人类理解特点的视频特征。这种思想起源于文本信息检索,又称为相关反馈。Rui等人首次将相关反馈思想引入基于内容的图像检索领域,研究结果表明,相关反馈技术能显著提高检索性能。

目前,相关反馈的方法较多,并且由于相关反馈学习机制的样本、学习任务及学习方法的不同,各种方法也可能基于不同的假设或问题而设置,因此方法间基本没有可比性。当前主要的相关反馈方法一般可分为基于距离度量的方法、基于机器学习的方法以及基于概率统计的方法。

1.基于距离度量的方法

这类方法一般分为查询点移动和再加权两种。它们都是从矢量模型发展而来,而矢量模型是信息检索中最流行的模型。再加权方法的基本思想是提高那些有助于检索相关图像特征尺度的权重,同时降低有碍于检索相关图像特征尺度的权重。Rui等用所有正例样本在各特征分量上取值标准差的倒数作为该分量的权值。Saha等给出了利用Mann-Whitney test方法从相关和非相关图像集中发现突出特征的方法,然后通过加强这些突出特征的作用来提高检索性能。Kherfi等从正例和反例中根据概率公式选择特征,对重要的特征加权,然后利用获得的结果重新定义相似性度量。Wu等基于fisher准则给出一个因子分布来解决特征重新标定的局部优化问题。Doulamis等利用模糊分类器构建了一个关于颜色、运动和纹理的多维特征向量,并在特征向量之间使用一个带参数的距离度量，通过相关反馈，根据用户需求来更新距离参数。Liu 等给出一种在音频检索中更新权重的方法。沈兰荪等给出一种自适应提取最优特征维的相关反馈方法，依据用户反馈信息自适应选取用户感兴趣的特征维用于用户图像检索，并结合正负反馈图像集的预处理，使图像检索精确度得到较大提高。

2.基于机器学习的方法

在 Minka 等的工作中，系统先离线地把图像区域按尽可能多的方式进行层次聚类，在检索过程中，采用一个学习机制动态地确定哪一个特征模型或特征模型的组合最适合当前查询。PicSOM 中采用了一种树结构的自组织影射图（TS.SOM 在相关反馈中进行动态数据聚类）。JKwark 等提出了基于特征空间区域增长的模型，使特征空间区域划分朝着有利于搜索到更多相关图像的方向发展。基于聚类的方法当维数较多时，计算量很大；当训练样本较少时，准确性又会下降。系统对不同的视觉特征做相同处理，不符合人类的视觉特征。

在张磊等人的检索过程中，系统根据用户标记的相关与不相关图像构造出前向神经网络并再次进行检索，并给出平移算法、反例标记学习算法和球半径系数自适应算法等，从而使基于神经网络自学习的相关反馈算法更加完善。Munesawang 等利用时序模型（Template-Frequency Model）得到视频内容一种新的自适应索引：神经网络各个节点用不同的时序模型模板组成，通过自训练，神经网络信号前向过程进行自动自适应检索。Mac Arthur 等首先用一个决策树顺序地裁剪特征空间，直到所有在同一个划分中的点属于同一类，然后用得到的决策树把数据库中所有图像分类，再把落到相关叶子节点的图像按查询的距离排序返回。Wu 等提出一个使用随机森林（random forests）的自适应分类方法，通过随机森林，把相关反馈看作一个两类（相关和不相关）分类问题。但是由于相关反馈是在一个高层特征空间里从很少的训练样例中进行学习，使得决策树学习和人工神经网络等不适用于基于内容的图像/视频检索。

3.基于概率框架的方法

基于概率框架的方法采用统计模式识别算法解决相关反馈问题，并把其化为对两类的分类问题，对其求解以搜索目标。在 Cox 等的工作中，首先定义了在给定用户目标图像情况下用户在交互中的行为模型，然后通过对当前用户行为的观察，根据贝叶斯规则来预测目标图像，并用熵估计来最小化反馈迭代次数来进行目标搜寻。Vasconcelos 等采用 DCT 系数上的混合高斯模型作为特征表示，在图像局部特征上采用贝叶斯推断来进行相关反馈学习。这种方法在不需要图像分割的情况下支持对区域的查询，其潜在问题是计算效率问题和参数过多问题，需要用极其有限的样例对复杂数据模型进行估计。苏中等假设一个检索图像的所有反馈图像构成一个拥有共同语义含义的图像集合，通过对该图片集的高斯拟合构造出该检索样本图像在特征空间中的贝叶斯分类器，综合利用正负反馈来提高检索效果。

概率统计算法是一种理论上理想的算法，在性能上比利用欧氏距离等几何划分图像类的方法要优越，但贝叶斯估计分类方法是建立在假设特征向量分布为混合高斯分布的基础上的，这种假设对小概率事件会造成判断错误，影响结果的精确度，当有反馈图像存在时，这种假设分布存在不周之处。

## 7.5　视频摘要技术

在对视频内容的查询与浏览过程中，用户面临的一个主要的问题是如何能够快速地浏览视频内容并迅速查找到需要的视频段。假如用户需要依次逐段地观看所有视频之后，才能从中找到自己想要的内容，那将会花费大量的时间和精力。因此，对于视频内容的查询和浏览，尤其是在网络带宽有限的条件下，用较少的数据量来表示视频内容，使用户能够快速浏览视频并找到所需内容就显得尤为重要。使用视频摘要技术则能够解决这一问题。

视频摘要就是以自动或半自动的方式，通过对视频结构和内容的分析，从视频中提取出有意义的部分，将它以某种方式组合，生成紧凑的、能充分表现原视频语义内容的视频概要形式。视频摘要技术就是由计算机自动或半自动生成的视频缩略形式，且能够完全表现视频语义内容的技术。视频摘要技术中，视频摘要可以用多种媒体形式和表现形式表示，它可以是一段文字、一幅图像或图像的组合，也可以是短视频片段或者由多种媒体形式组合成的多媒体文档。

按照表现形式，视频摘要技术可以划分为静态的视频摘要和动态的视频摘要两类。静态的视频摘要又称为视频概要（Video Summary），是从视频序列中提取或生成能够代表视频内容的图像或文字。它主要是通过提取视频中一系列关键帧组成相应的语义单元，以概括表示视频的内容，支持对视频的快速导航。视频概要适合用于概括影视剧、广告、新闻等这些按规则生成和编辑的视频。目前许多影视剧的在线播放就采用这种方式在进度条处生成概要，方便用户找到需要的播放时间点。动态的视频摘要又称为缩略视频（Video Skimming），是一段浓缩了原视频内容的短视频。缩略视频在提取关键帧的基础上，还从原视频中提取了含有声音和具有代表性的片段，合成短视频作为视频摘要。它保留了视频内容随时间动态变化的视频固有特征，一般是智能选择能够刻画原视频内容的小片段加以编辑合成，如图 7-7 所示，因而更加符合人的感知特性。

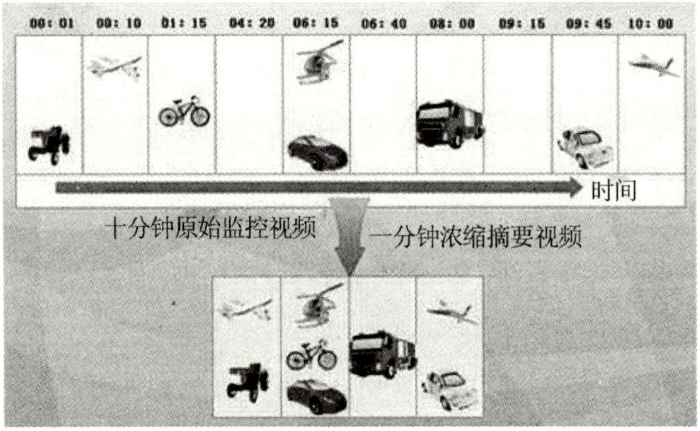


图 7-7　缩略视频示例

# 第 8 章　监狱智能监控技术的应用

监狱是国家的刑罚执行机关，是对被判处死刑缓期二年执行、无期徒刑、有期徒刑的罪犯，执行刑罚、实施惩罚和改造的场所，是重要的国家机器之一。监狱的重要职能之一是防卫功能，即对罪犯执行刑罚防止其再犯罪，同时警戒、威慑、教育社会上其他可能犯罪的人。因此，监狱的安全防范工作是日常监狱管理工作中的首要任务，关系着社会的稳定、国家的安宁。

随着计算机技术的广泛应用和数字图像、人工智能技术的发展，视频监控及安防技术也逐渐应用于监狱的安全管理工作中，并越来越受到重视。2007年，司法部在南京召开全国监狱信息化建设工作会议，提出要加快推进监狱信息化建设，提高监狱刑罚执行的技术保障能力，提高信息技术在监狱工作中的应用水平，并提出监狱信息化建设的主要任务是建设“一个平台、一个标准体系、三个信息资源库、十个应用系统”。而“监狱安全防范和应急指挥系统”的建设是其中的一项重要内容。目前，全国大部分省（区、市）建立了覆盖全省监狱的专用网及省级指挥中心，绝大多数监狱建成了视频监控系统，极大地减少了狱内各类违法违纪事件及重大安全事故的发生，提高了监狱的安全及监管能力，有效维护了监狱的安全稳定。

视频监控技术是整个监狱安防系统的基础，它延伸了干警的视线范围，能够监视在押人员的所有活动情况，同时又保证了出现事故后有视频录像文件可供事后查询和取证。因此，监狱视频监控系统是提高监狱安防、技防水平的重要工具，它对于监督犯人的改造、防范监狱内突发事件的发生都起到了不可替代的作用。传统的监控系统需要干警实时关注监控画面，才能及时发现问题。随着监狱视频监控系统的日益发展、监控覆盖范围的增大、监控摄像机及监视画面的增多，传统视频监控系统的弊端也逐步突显出来。

第一，需监视画面过多，无法兼顾。在监管区域内，为了实现监控无死角，布控了大量的监控摄像机，随之产生了大量的需监视画面。值班干警一般采用画面轮询的视频监控方式，但无法实时监视所有的监控图像，无法及时发现突发恶性事件，难以实现对事件的快速反应和处理。

第二，人的注意力难以长时间集中。研究表明，成人能够保持注意力集中的时间为 60 分钟左右，而在盯着视频画面仅仅 22 分钟之后，人眼将对视频画面里 95%以上的活动信息视而不见。因此，值班人员无法实现对监控画面的长时间监视，发生事故时往往不能及时发现。

第三，视频记录查询困难。传统视频监控系统的视频记录只有时间标签和位置标签。当视频监控系统中的摄像机路数较多时，假如需要查询已发生事件的视频录像，且不知道具体的时间或地点（如查找狱内脱管押犯），则需要工作人员对大量存储监控录像进行人工播放查找，且查询效率极低。

智能监控系统利用计算机视觉、图像处理、模式识别、人工智能等多种视频智能分析技术，对场景中的图像信息进行分析，进而定位、识别感兴趣的目标或事件，实现人体特征识别、运动检测、目标跟踪、行为识别和理解等功能。它能够快速准确地定位事故现场，判断异常事件，并以最快和最佳的方式发出警报及触发其他动作，从而有效地实现事前预警、事中处理、事后及时取证的全自动、全天候、实时监控的功能。因此，智能监控技术是目前解决以上问题的一种有效的技术手段。在监狱监管工作中应用智能监控技术，能够在一定程度上代替监控值班人员，其根据检测功能全天候实时分析监控视频，一旦发现异常就会产生报警信号，提示值班人员及时处理。另外，事件发生后，值班人员也能够根据报警时的记录和视频中的标签，结合视频检索功能，快速找到事发时的录像。监狱智能监控的实施，能够实现“向科技要警力”和“科技强警”的目标。

# 8.1　监狱主要区域划分

监狱是看押罪犯及对罪犯实施教育和劳动改造的场所。当前，监狱内部，按照其功能一般可以分为六类区域：干警行政办公区、罪犯生活区、罪犯劳动改造区、狱门及狱墙周界区、禁闭关押区、狱内道路。下面针对各区域具体功能分别介绍。

## 8.1.1　干警行政办公区

干警行政办公区是监狱内干警办公、处理行政事务的建筑及场所，为没有直接监管押犯的监狱各处(科)室工作人员、行政人员及存放档案材料和警用器械服务，一般包括监狱领导及职能部门办公室、会议室等行政办公用房，也包括特殊业务用房，即警械装备库、总监控室、电化教育室、罪犯档案室、计算机室、暗室、器材存放室、检察院驻狱办公室等。

办公区根据所处地理位置，还可分为狱内办公区和狱外办公区。狱内办公区与罪犯生活区及罪犯生产区同处于监狱围墙内，对安全防范的要求较高。狱外办公区在监狱围墙之外，与在押犯隔离，对安全防范的要求相对较低。

## 8.1.2　罪犯生活区

罪犯生活区主要包括在押犯居住的监舍区，以及附属的狱内医院、食堂、澡堂、接见室、学习室、活动室、户外放风活动区等，是罪犯日常生活和休息的区域。由于罪犯的起居、住宿、活动和教育都位于生活区，因此生活区发生违禁、违法等突发事件的概率较大，是监狱视频监控系统的重点布防区域。

## 8.1.3　罪犯劳动改造区

罪犯劳动改造区也叫厂区，一般为罪犯进行劳动改造、从事劳动生产的厂房等。《中华人民共和国刑法》第四十六条规定，被判处有期徒刑、无期徒刑的犯罪分子，在监狱或者其他执行场所执行，凡有劳动能力的，都应当参加劳动，接受教育和改造。《监狱、劳改队管教工作细则》规定：“监狱的犯人，不准脱离武装看押，从事监外劳动，工业劳改队的犯人，原则上也不能脱离武装看押，到监外进行分散劳动。遇有特殊情况，需要使用少量犯人到监外劳动时，必须由干部带领。”因此，目前罪犯多在室内从事劳动改造的生产活动。罪犯劳动改造区也是在押犯驻留时间较长的区域，需重点防范厂区内发生突发违规事件及脱管、脱逃事件。

### 8.1.4 狱门及狱墙周界区

监狱狱门是监狱人员及物资出入的重要通道，也是将监狱与外界隔离开，防止犯人越狱逃跑的一道重要屏障。狱门承载狱内干警出入、车辆出入及探视家属出入的功能。《监狱建设标准》中指出狱门建设“应分设车辆通道、警察专用通道和家属会见专用通道，均应设二道门，且电动 AB 开闭，并应设带封顶的护栏”，“警察专用通道和家属会见专用通道应设门禁、安检系统；车辆通道两端应设防冲撞装置，通道顶部和地面应设监控、探测等安检装置”。狱门由驻狱武警和监狱干警共同值守。

监狱狱墙是隔离监狱内外的主要设施，具有防攀爬、防冲撞的功能。狱墙区域主要由钢筋混凝土结构墙体、岗楼、围墙上部高压电网、照明装置及围墙内侧警戒隔离带、防攀爬金属隔离网等组成。狱墙区域主要由驻狱武警负责警戒。驻狱武警除了需要在岗楼进行全天候的执勤警戒，还需要负责警戒隔离带的巡检任务。

### 8.1.5 禁闭关押区

禁闭关押区主要由禁闭室构成，是惩罚狱内罪犯破坏监管秩序的关押场所。禁闭关押区设置于监狱围墙内，自成一区，与其他建筑物有一定距离，内设禁闭监室、值班室、预审室、监控室及警察巡视专用通道。禁闭监室室内净高不低于 3m，单间使用面积不小于 $6m^2$，不设电器开关及插座，只提供简单的休息及卫生设施，采用低压照明并设置安全防护罩。部分监狱禁闭室还安装了防撞软包材料、吸音材料和钢化玻璃天花板，以防止罪犯自杀、自残等情况的发生。禁闭关押区要求值班干警随时观察监室内的情况，杜绝管理事故的发生。

### 8.1.6　狱内道路

狱内道路连接监狱内的各个区域，是车辆、干警和在押罪犯通行的道路，属于室外区域。《监狱、劳改队工作细则》中规定犯人的一切活动必须置于干警的直接控制之下，如果有犯人出工收工等活动，干部要亲自清点人数、整理队形、带去带回。在日常劳动和改造工作中，当需要少量罪犯在道路上活动时也需要干警带领看管，防止脱管脱逃事件的发生。

由于监狱内各个区域的功能不同，造成在各区域内，干警的监管任务和重点也有区别。智能监控技术作为监管工作的有效辅助手段，在不同区域也要根据需求应用不同的智能技术。

## 8.2　监狱生活区中智能监控技术的应用

监狱生活区是罪犯生活、休息、学习和运动娱乐的主要活动区域。在生活区的管理上，需要对罪犯在生活区的活动进行监管，保证正常的生活和学习秩序。一般每个监区的监舍都设有干警值班室，在罪犯集中回监舍休息期间，要求有干警在值班室值勤，防止罪犯脱管、打架斗殴、自杀等恶性事件的发生。但是，在传统的值班监管方式下，干警的监管范围有限，在值班室内很难及时发现本监区的突发警情，更不能及时处理警情。虽然很多监狱在监舍内安装了监控系统，实现了摄像机的全覆盖，但面对大量的监控画面，值班干警也无法长时间集中注意力观察监控画面并及时发现警情。应用智能监控技术，可以解决以上问题。

### 8.2.1　预防罪犯脱管、脱逃

1. 监舍外围防脱逃功能

使用智能监控系统中的周界检测(绊线)功能，在监舍区建筑外围安装覆盖监舍周界区域的多个监控摄像机，并在监控画面中划定周界线，当有罪犯跨越周界线时，会触发监控系统报警。如图 8-1 所示。

图 8-1　周界检测功能

2. 监舍区内防脱管功能

在监舍区出入口和监舍楼出入口运用智能监控中的人脸识别技术及人流量统计功能，能够对出入监舍人员的身份、数量进行识别和记录，如发现非法出入人员，能够及时报警。这些功能结合门禁系统，能够有效防止罪犯串监、脱管等情况的发生。图 8-2 为人脸识别技术在 2008 年奥运会入场时验证观众身份的应用。

图 8-2　人脸识别在奥运会入场中的应用

### 8.2.2　预防监舍区违规、违法行为的发生

针对监舍区内易发生的打架斗殴事件，智能监控中的人体异常行为识别技术和人员聚集检测技术，可以及时发现打架事件和人员的非正常聚集情况，并

触发警报。针对突发疾病、干警遇袭、罪犯自杀导致身体倒地的情况，人体行为识别技术可以检测人体摔倒的情况，并及时发出警报。

### 8.2.3　预防室外火灾

监舍区属于人员高度集中区，需要防止火灾的发生。在监舍内安装烟感探测器，可以及时发现并扑灭火源。但是，烟感探测器不能安装于室外，所以有时室外火源难以被及时发现，从而导致火势蔓延，造成巨大的人员和财产损失。采用智能监控中的烟火检测技术，能够及时发现室外监控区域内的火源、烟雾，预防火灾的发生，避免造成巨大的损失。

## 8.3　罪犯劳动改造区中智能监控技术的应用

罪犯劳动改造区主要是罪犯进行劳动改造的工作场所。劳动场所大多为厂区、厂房的室内环境，部分厂区有室外院落。厂区内一般设有干警办公室、值班室（岗亭），在工作时间有多名干警执勤。在休息时间，要求厂区封闭，不允许人员尤其是罪犯出入。根据监狱内生产加工产品的不同，厂区的布局和生产设备也不相同，这很可能会造成视觉上的死角区，给监管工作带来不便。使用智能视频监控系统可以消除死角区，辅助值班干警及时发现警情，提高监管安全。在劳动改造区，除了需要预防罪犯脱管、脱逃外，还需要预防可能出现的多种违规行为，并要防止具有一定危险性劳动工具的丢失等问题的出现。

### 8.3.1　厂区内预防脱管

在监区厂房内，可以使用区域入侵检测功能，在摄像机的视场范围内，对容易脱逃厂房的窗户、排风口等薄弱区域，按照其形状划定警戒区域，当罪犯要通过这些区域脱逃时，由于闯入了警戒区域，会触发警报。如图 8-3 所示，当有人员闯入左图中的警戒区域时，就会触发警报，并且监控系统会在监控画面中标出入侵人员。在监区室外院落，也可以使用周界检测功能防止罪犯攀越围墙。

图 8-3　区域入侵检测功能

### 8.3.2　辅助点名及身份识别

罪犯在厂区劳动时，需要干警定时集合点名。在厂区大门处安装监控摄像机，系统利用人流量统计和人脸识别技术，能够记录经过大门的人数和身份，从而实现辅助干警点名的功能。

### 8.3.3　预防厂区内各种突发事件

针对厂区内可能发生的打架斗殴、袭警等暴力行为，可以应用人体行为识别技术及时发现警情并发出警报。针对罪犯非正常聚集、在干警办公室外徘徊等行为，利用人员聚集检测和徘徊检测技术，可以预防一些恶性事件的发生，如图 8-4 所示。利用人员摔倒检测技术，可以防止由于遇袭、疾病倒地而无人发现的情况的发生。在劳动改造区室外，也可以利用烟火检测技术预防火灾的发生。

图 8-4　人员聚集和徘徊检测

### 8.3.4　预防危险工具丢失

根据劳动改造中生产加工的产品类型和工作类型的不同，罪犯不可避免地会接触到一些具有一定危害性的劳动工具。这些工具，在劳动使用时需要干警着重监管，防止非法使用和丢失，在收工时值班干警要对工具进行清点，防止丢失。使用智能监控中的物品丢失侦测技术，可以对视场内放置的危险劳动工具进行监控，当发现工具被移动时提示值班干警注意。图 8-5 为物品丢失侦测示例。

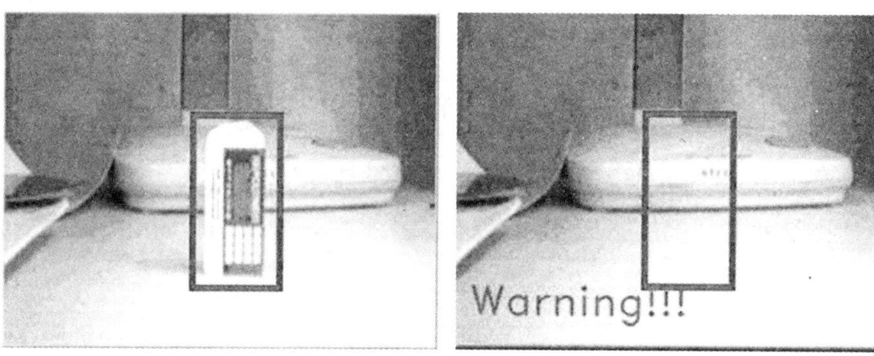


图 8-5　物品丢失侦测

## 8.4　狱门及狱墙周界区中智能监控技术的应用

监狱的狱门和狱墙是监狱实现隔离关押罪犯、防止罪犯脱逃的一道重要屏障，具有最为严密的安全措施。监狱的狱门由驻狱武警和监狱干警共同值守，而狱墙主要由武警守卫。由于狱门承载人员和车辆出入的功能，因此需要对出入人员和车辆进行严格的检查，防止违禁品夹带进入监狱，罪犯伪装、隐藏混出监狱等情况的发生。虽然狱墙部分有高大、光滑的墙体和电网等防脱逃设施，但也需要对狱墙内外的隔离警戒区进行监视，阻止无关人员进入狱墙警戒区内，防止意图攀越、破坏狱墙情况的发生。智能监控技术能够辅助执勤武警和干警完成值守和检查任务。

### 8.4.1 狱门区安全防范及检查

监狱大门区一般由车辆通道、干警出入通道和探视人员通道构成，设有二道至三道门，以门禁中的 AB 门方式控制狱门的开闭，即人员、车辆通过时，首先打开 A 门，把人员车辆放行进入检查区，然后关闭 A 门，进行检查后再开启 B 门进入监狱内部。目前，多数监狱在狱门处安装有视频监控系统，辅助监视和记录狱门内外情况和人员车辆出入情况；在高点和地面安装监控摄像机，辅助检查车辆顶部和底部有无藏匿人员等。运用智能监控技术能够实现以下更多的功能。

1. 出入车辆自动识别及测速

接近狱门的车辆必须及时减速，值班干警及武警也要预防车辆高速闯门情况的发生，但有时值班人员并不能及时发现高速驶近车辆。智能监控中的测速功能，根据监控画面中的车辆运动情况，能够准确地测定驶近车辆车速，如出现超过规定速度的情况能够及时发出警报。另外，对于出入的车辆信息和通行时间也需要进行记录，目前多为干警在记录表中进行登记。运用智能监控中的车辆识别技术，可以对车辆颜色、牌照进行自动识别和存储，并记录下车辆出入时间。如图 8-6 为汽车牌照识别技术示例(车牌前两位经刻意模糊处理)。

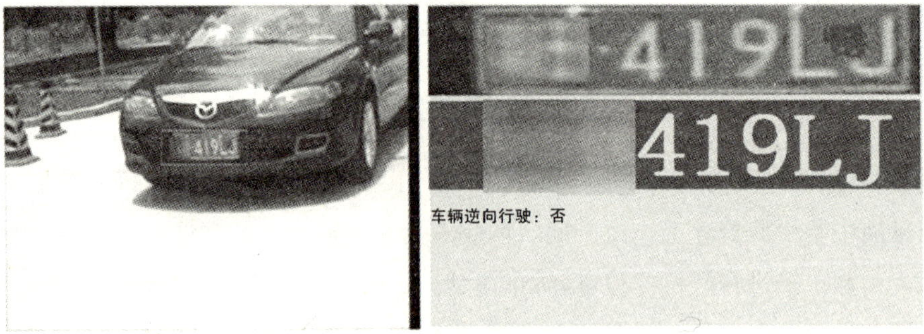


图 8-6　车辆牌照识别技术

2. 通道内人员逆行检测

AB 门间人员出入通道一般分开，并且进出通道相互隔离，人员只能单一方向通行，不能逆行。使用逆行检测功能，可以利用监控摄像机及时发现通道内逆行人员，并发出警报提醒值班人员注意。图 8-7 为人员逆行检测示例。

图 8-7　人员逆行检测

3. 出入人员身份识别及记录

在狱门区干警出入通道，需要对出入干警身份进行识别并记录出入时间。结合门禁系统对干警身份进行识别可以应用多种识别技术，如指纹识别、人眼虹膜识别、RFID 身份卡识别等，但是智能监控技术中的人脸识别技术具有识别率高、非接触、防伪造等优势，能够准确地识别干警身份并记录出入时间。另外，在家属探视出入通道，使用人脸识别技术，在家属进入时采集人脸图像，当家属探视结束离开时，对人脸识别以确认身份，并记录探视时间。

4. 狱门区遗留物品检测

在高戒备等级监狱，还要防止犯罪分子对狱门进行破坏。运用智能监控中遗留物品检测功能，能够及时发现遗留在狱门内外及探视通道内的物品，并发出警报，防止可能出现的爆炸物对狱门的破坏。

## 8.4.2　狱墙区的安全防范

狱墙区域的日常安全防范主要是防止人员闯入警戒区及攀爬狱墙。在狱墙内外以 50～100 米的间距安装监控摄像机，并使用区域入侵检测功能，把狱墙警戒区设定为禁入区域，当有人员进入警戒区时触发警报；使用人体行为检测功能，当有人攀爬狱墙时，也会触发警报。

除使用视频监控系统外，狱墙区域也可以使用其他安防技术，如感应电缆、红外对射电子围栏等。感应电缆铺设于狱墙周界的地面下，当有人员跨过电缆上方时，电缆感应到人体，触发报警；但值班人员可能无法及时观察到报警处的现场情况。红外对射电子围栏立于围墙及地面上，当有人员阻断红外射线时触发报警，但容易受雨、雾天气及动物的影响，产生误报。为了保障监管安全，可以结合使用多种技术，以提高报警的正确率。

此外，为了防止狱外人员投掷违禁品到狱内，也可以使用遗留物检测技术，及时发现投掷进来的违禁品并发出警报。

## 8.5 禁闭关押区中智能监控技术的应用

禁闭关押区是以关禁闭的方式惩罚狱内违反规定罪犯的独立区域，其区域周界也设有警戒区，其他罪犯不得进入警戒区范围内。禁闭关押区内设有干警值班室，是看管罪犯的干警执勤的场所。禁闭室空间较为狭小，一般室内都安装有监控摄像机，用于随时监看室内罪犯情况。禁闭室天花板一般为透明、防爆的钢化玻璃，干警可以在上面进行巡逻，随时查看室内情况。对禁闭室内罪犯的监管，主要是保证其健康并防止自杀等事件的发生。

针对禁闭关押区周界和入口处的安全防范，可以采用周界检测功能防止无关人员进入周界警戒区，采用人脸识别功能对入口出入人员信息进行记录。针对禁闭室内的安全防范，可以使用行为识别中的摔倒检测技术，对禁闭室内罪犯的非正常倒地行为进行识别和报警。

## 8.6 狱内道路中智能监控技术的应用

狱内道路空间广阔，难于安排警力对道路进行监管和巡视，是监狱中较难监管的区域。因此，一些发生于道路上的违规、违法事件也一般较难及时发现。目前，部分监狱在狱内道路安装了监控摄像机和高速球摄像机，用以实时监测道路情况，但是当监狱面积较大、道路较长时，由于摄像机数量较多，值班干警在众多监控画面中就难以及时发现警情。并且，当狱内出现脱管事件（罪犯脱离干警监管，在狱内活动伺机越狱）时，需要人工查找道路监控录像以获得其活动轨迹，耗费时间长，容易错过最佳搜捕时间，导致罪犯越狱、劫持等恶性事件的发生。应用智能监控技术能够检测和识别多种警情，以便提示干警及时发现和处理警情。

### 8.6.1　道路重点目标追踪

针对狱内道路中出现的重点监管对象和可疑人员，可以使用智能监控中的目标追踪功能。其能够联合系统中的所有不同类型摄像机，对目标进行连续追踪，并可以结合电子地图形成其活动路径图。

### 8.6.2　偏移路径报警

在狱内活动的罪犯要求必须由干警带队监管，但是人数较多时，难免有监管不到位的情况发生。这时可以应用智能监控中的绊线功能：在监控画面中的道路两侧设置报警绊线，并对跨线方向进行设定，当有罪犯偏离道路范围，穿越绊线到道路之外时，监控系统会发出警报，提醒值班干警注意。

### 8.6.3　车辆追踪及测速

当有业务车辆需要进入监狱时，要求对车辆进行全面检查，在监狱内行驶时由相关监区干警带进带出。应用智能监控技术中的目标追踪技术，可以对狱内行驶的汽车进行识别和追踪，绘制汽车行驶路径，并检测其行驶的速度。当汽车速度过快或者偏离规定路径时，系统会发出警报。

### 8.6.4　运动目标的监控视频检索

在狱内发生罪犯脱管、脱逃事件时，需要尽快确定罪犯的活动路线。在狱内安防建设达到监控系统全覆盖的情况下，监控视频记录是获得罪犯活动路径的可靠方式。但是，如果采用传统人工浏览录像的方法，查找时间长、效率低，也容易贻误最佳搜捕时间。应用智能监控技术中的运动目标视频检索功能，可以根据脱逃罪犯的一幅图像或一小段视频作为检索目标，输入智能监控系统后，系统自动对其存储的多路摄像机、大量视频进行快速的分析和对比，从而在视频中标示出罪犯是否出现及出现的时间，甚至能够结合电子地图自动生成罪犯逃脱路径。

## 8.7 监狱办公区中智能监控技术的应用

目前监狱办公区一般分为两种类型：狱外办公区和狱内办公区，区别在于办公区是位于监狱狱墙外部还是内部。根据所处位置不同，监狱办公区需要的安全防卫级别不同。本节主要对应用于狱内办公区的职能监控技术进行介绍。狱内办公区由于与罪犯活动的监舍区、厂区同处于监狱围墙内，因此发生危险情况的可能性较大，需要对办公区周界、人员出入情况进行警戒和记录。因此可以采用门禁与智能监控系统相结合的方式进行安全防卫。

### 8.7.1 办公区周界的安全防范

在办公区周界隔离围墙上安装监控摄像机，使用入侵检测功能在围墙周界设置警戒区域，当有人翻越围墙闯入警戒区域时，触发警报。针对可能有人投掷易燃、易爆物品进入办公区外围的情况，可以使用投掷物品检测和烟火检测功能。

### 8.7.2 办公区出入人员安全防范

结合门禁系统和身份识别技术，可以对出入人员的身份进行限制和检查。具体可以使用指纹识别、虹膜识别、RFID 识别卡和人脸识别等技术，结合门禁控制系统，对出入人员身份进行检查和记录。在办公区域门口可以使用人群聚集检测和徘徊检测技术，及时发现可疑人员及行为。在门禁通道区域可以采用逆行检测，防止违规出入情况的发生。

### 8.7.3 办公区域内的安全防范

在办公区域内，主要是确保干警的人身安全，防止罪犯袭警事件的发生。应用职能监控中的激烈动作行为检测和摔倒检测，可以及时发现攻击行为和人员倒地行为，以保障干警的人身安全。此外，还可以采用设置有线或无线报警按钮的方式，使干警发现异常情况时能够及时发出警报。

# 第 9 章 监狱智能监控系统典型案例

监狱安装监控系统的主要目的是保障监管安全。它能够及时发现警情、留存视频证据、辅助管理,以节约警力,促进管理信息化,使监管工作更加透明,既保证在押人员有一定的自由空间,又能提高监狱的管理安全。本章根据当前监狱监管工作对监控系统的实际需求,结合智能监控系统的构建方法,列出了监狱智能监控系统设计、实施的典型案例,以供相关领域工作人员参考。

## 9.1 监狱智能监控系统需求分析

本节根据监狱管理的实际情况以及管理中存在的一些问题,通过在监狱中的实际考查和分析研究,总结了监狱监管工作对智能监控系统及相关功能的需求。一般监狱智能监控系统可以分为以下几个方面的需求:视频记录需求、智能报警需求、智能管理需求、兼容联网需求。

### 9.1.1 视频记录需求

监狱内监舍、工作区、围墙、禁闭室等重点监管区域,一般需要安装监控系统,辅助干警扩大监管视角并保留录像资料,以备遇有各类事件时调取视频资料查看及取证。因此,在设计、安装视频监控系统时要做到以下几点:

第一，监控摄像头安装位置合理，对重点监管区域要做到监控范围全覆盖、无死角、无盲点。

第二，保证视频实时传输及显示，延迟时间要小于 500ms，画面无拖尾、马赛克等现象。

第三，视频画面清晰，分辨率达到高清标准，回放连贯，以满足视频查询、举证及进一步做画面分析的需要。

第四，视频资料存储时间合理。要求达到 7×24 小时无间断存储，视频录像保存时间达到 7 天以上。

### 9.1.2 智能报警需求

报警信息的智能识别和处理对于监狱智能监控系统来讲有其特有的必要性。为了达到预防警情、发现及时、快速处理的目的，智能监控系统应具备智能报警及联动功能。智能监控系统通过图像处理和人工智能技术，能够对人员、车辆等的行为进行分析，检测识别出警情后及时报警，报警信息经过网络传输到指挥中心及相关分中心。经确认警情后，系统能够启动应急预案功能，使相关警务人员通过手机、视频画面显示墙、监控终端等及时收到事件信息和指派任务，并提供后期检索事件相关的录像资料。具体需求包括以下几点：

第一，警戒区、绊线等简单报警功能。能够在监控画面内设置警戒区域、单/双绊线等，并设定报警规则，当有人员违规跨越时触发报警信息。

第二，人员/车辆行为分析等高级智能报警功能。智能监控系统能够对人员/车辆进行识别并对其行为进行分析，实现人员打架、聚集、徘徊、跌倒等行为的识别报警，并且能够辅助干警进行管理，实现辅助考勤、计数、点名和巡逻等功能。

第三，系统存储针对多种突发事件的应急预案。一旦发生警情并经过确认后，系统能够自动调取相应的应急预案，发布报警信息，根据预案及时通知相关人员采取行动，提高应对突发事件的反应速度。

第四，录像资料智能检索功能。系统可以根据人员身份信息、车辆牌照或人员车辆的图像对录像资料进行检索，快速获得活动路径。在存储录像时，系统为智能识别功能检测出的异常事件添加标签，以备需要时快速检索事发现场录像资料。

### 9.1.3 智能管理需求

监狱智能视频监控系统要充分体现智能化的后台管理，通过后端的智能化管理可实现对系统整体的管理与配置，从而轻松实现视频信息的浏览、录制、查询，以及各种资源的有效应用和最佳参数配置。同时，系统需提供二次开发功能以及升级接口，满足增加监控点、系统升级、扩展智能功能等需求。

监狱智能视频监控系统虽然在基本功能方面与传统的行业安防监控基本一致，但其复杂、智能、功能多的特点，使其明显区别于传统的安防行业视频监控系统。

第一，监控分中心、终端较多，需要根据不同的职责和等级划分监控范围、重点及控制权限，使资源按需、合理地分配和共享。

第二，具有一定的兼容性，能够兼容旧有系统和设备，新旧系统间可实现互联互控。

第三，系统平台应是一个高可用平台，单点故障不影响系统整体功能，并能够通过自检功能发现故障。

第四，系统必须是一个开放的平台，能够持续集成先进的技术和应用。

第五，系统需要接入和管理几千台、上万台甚至更多数量的摄像机，要能够对其参数设定进行优化控制及管理。

### 9.1.4 兼容联网需求

目前，各省基本实现了司法系统的网络互联互通，司法厅、监狱管理局及省内各监狱之间能够通过专网进行信息传输和资源共享。因此，监狱智能视频监控系统平台也需要实现部门（不仅包括上下级管理部门，也应扩展至管理工作的相关部门）间的联网和信息交流。有条件的情况下，建设省级监控指挥中心，实现省内各监狱子系统的整合以及设备、用户的统一管理，实时调看各监狱情况，并与司法部相关部门相连通，加速各种信息、情况的上通下达速度。以监狱为主体，具体表现为以下三点：

第一，系统能够与省级甚至部级平台互联互通，能够接收省级中心的控制命令，共享本地存储资料。

第二，系统应能够与狱内其他系统交换信息，实现与GIS系统、物联网押犯管理系统、门禁系统、狱政管理系统、办公系统等的整合，能够及时获取各类相关信息，进行综合分析，扩展系统功能。

第三，系统能够与其他相关部门进行联网，如与驻狱武警指挥系统、110报警系统、法院检察院办公系统等联网，实现相关数据的交换和传输。

## 9.2 监狱智能监控系统的特点

监狱智能监控系统具有以下四个特点：

第一，功能实用。

系统应能分类管理各类报警事件，按照优先级别进行处理，并设置处置预案。同时系统可以选择不同的报警输出方式，可与其他管理子系统相连接，实现设备联动控制。系统应能实现各类报警事件的多级智能联网搜索功能和重大事件的自动多级报警功能。

系统支持Client/Server，Brower/Server开放式架构，适应各种网络环境。可以从客户端远程设置规则、任务，并实现报警信息上传；具备Web Server功能，授权用户可通过浏览器访问智能分析仪，查看、浏览、回放录像文件。

第二，信息处理及时，安全可靠。

报警文件能及时通过网络快速发送到各级监控中心，方便进行联网智能搜索。系统可以提供定时分段、全时段录像和报警录像，能进行手动抓图、定时报警抓图。

系统对相关事件的图片以及对应的录像文件存储周期不少于6个月，并且可通过浏览器登录智能管理服务器后进行访问。系统能通过后台管理软件和报警信息数据库，对报警事件进行分类汇总，并将同类、同地区报警事件分别形成日、周、月、季、年报表，用于统计分析，并形成相关决策。系统支持将检测到的事件数据导出，将相关数据进行备份。系统记录管理后台中用户的操作，如用户对事件的查看时间、用户对事件属性的修改时间，以便日后查询。

报警响应时间取决于实际网络情况，在标准环境下（网络通畅、无丢包、

ping 连续正常返回并且延时不超过 30ms)，假如发生符合功能定义的事件，发送到客户端报警提示信息的时间不超过 3s。

第三，技术先进。

系统包括对各项智能视频行为的分析和报警功能。该功能易于启动和停止，支持批量布防、撤防，并能够根据时间灵活设定布防和撤防操作。系统可以对触发报警的目标物体的轨迹进行连续跟踪和记录，从而大大减少事件发生后查找硬盘录像中录像的时间。

第四，具有可扩展性。

系统可以提供各种开放接口和标准协议规程，实现与第三方(包括各类信息管理系统)的数据交换和融合。系统硬件能够在支持本项目需要的智能分析功能外，还可以满足后续用户提出的其他智能分析模块的运行需求，而不需要额外增加硬件投入，后续用户只需要升级软件模块即可。

## 9.3　监狱智能监控系统的架构

随着监控技术的发展，监狱监控系统的构架主要经历了模拟监控系统、数模混合监控系统、数字监控系统三个阶段。

### 9.3.1　模拟监控系统

模拟监控系统主要由模拟摄像机、专用的标准同轴电缆、视频切换矩阵、分割器、模拟监视器、模拟录像设备和盒式录像带等构成。模拟监控系统在监控网络中主要传递的是模拟视频信号。虽然随着技术的发展采用了硬盘录像机(DVR)存储视频，但是监控系统中传输的仍然是模拟信号。模拟监控系统的构架如图 9-1 所示。

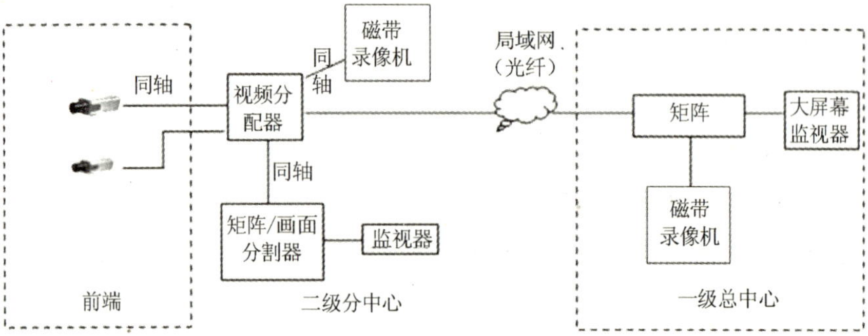


图 9-1　模拟监控系统构架图

模拟监控系统在 20 世纪 90 年代末及 21 世纪初在监狱监控中的应用较为广泛。当时模拟技术较为成熟，设备价格也较低，而刚刚出现和发展的数字设备价格较高，技术也待进一步完善，许多实施监控系统的安防公司也缺乏安装数字设备的技术力量，因此模拟监控系统占据市场的主导地位。当时，我国监狱监控系统的建设处于初始阶段，许多监狱需要根据本监狱的安防需求和经济情况决定是否安装监控系统，建设经费也完全靠监狱自筹。

模拟监控系统能够辅助干警监管押犯，对押犯也有一定的威慑作用，增强了监狱的监管安全。但是，模拟监控系统还存在一些缺点：同轴电缆传输视频信号产生损耗和失真；视频未经压缩，传输和存储成本高；录像质量随时间下降，检索难度大；不易远程连接，灵活性差，不易扩展，缺乏智能检测功能。

### 9.3.2　数模混合监控系统

数模混合监控系统是以硬盘录像机（DVR）为关键传输及存储设备的监控系统。系统中使用的摄像机为模拟摄像机，视频信号通过同轴电缆接入 DVR，通过 DVR 的视频采集卡转换为数字视频信号，存储于 DVR 中，并在流媒体服务器管理的数字网络中传输。其特点为：监控系统中传输的视频信号既有模拟信号也有数字信号。这种监控系统在 2000 年以后逐渐发展，属于模拟技术向数字技术转变过渡时期的一种主流方案，在当时能够弥补模拟监控系统的不足，系统造价也较为经济，是监狱监控系统的主要设计构架。数模混合监控系统构架如图 9-2 所示。

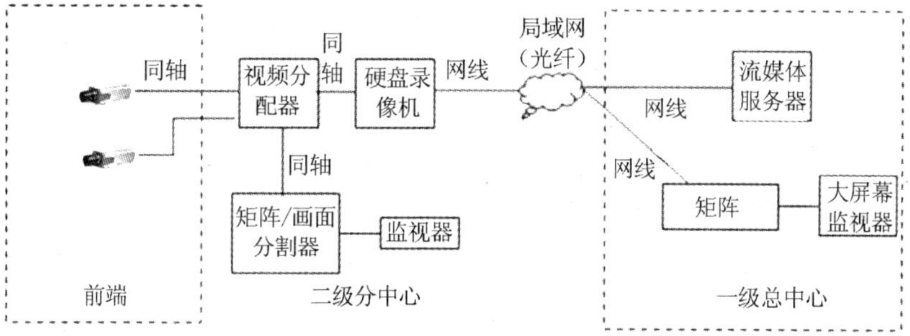


图 9-2　数模混合监控系统构架

监狱数模混合监控系统的应用弥补了模拟系统在视频存储、系统扩容等方面的不足，也能够实现周界报警、警戒区域报警等简单的智能报警功能，但是仍存在一些缺点：

- 矩阵＋DVR 是两套系统的组合，不能互相控制。
- 各厂商标准不统一，不兼容。
- 不支持热插拔，可靠性低。
- 工程实施和运行维护难度大，布线复杂，管理平台性能不强。
- 扩容成本高，需要增加矩阵、线路和 DVR。

## 9.3.3　数字监控系统

数字监控系统是指通过软硬件将监控头采集到的图像处理成数字信号，并在网络中进行传输和存储的监控系统。随着数字技术和设备的不断完善和发展，数字监控设备的价格也逐渐降低，而且数字监控系统相对传统监控系统具有更多的优点，因此其成为当前监狱监控系统主流的设计和建设构架。数字监控系统的构架如图 9-3 所示。

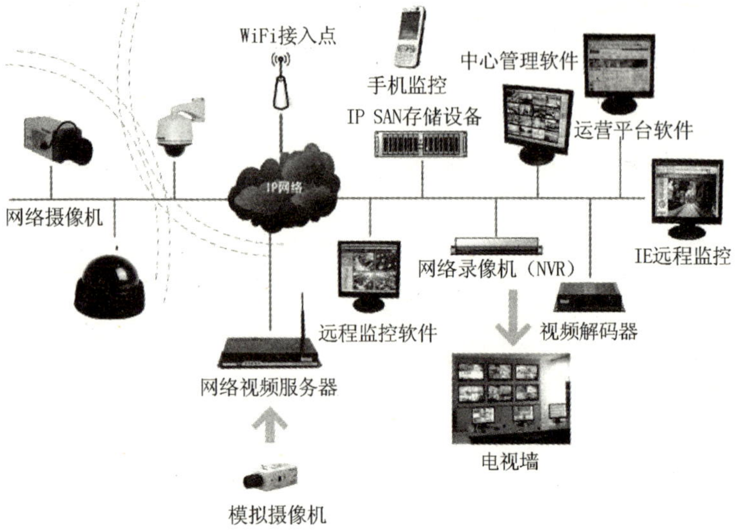


图 9-3　数字监控系统构架

相对于传统视频监控系统，数字监控系统具有如下一些优势：

· 基于 TCP/IP 构架，网络带宽可复用，传输多路音视频信号。

· 无须重复布线，扩展灵活，可实现前端设备即插即用。

· 可远程传输图像，数字信号不易受干扰。

· 兼容性强，可以实现全行业大范围内的监控报警联网。

· 扩展性强，可以灵活地扩展系统功能，便于对系统设备进行升级和更新。

· 易实现智能化。通过软件对各种监控及报警信息、检测数据等进行智能化的分类处理，能构建真正的智能监控系统。

· 视频传输、存储和查询方便，能够实现远程传输和调取视频信息。

可见，数字监控系统正因为具有以上优势，因此成为当前监控系统建设的主流设计方案，也符合视频监控领域的发展趋势和潮流，能够成为发展下一阶段云计算及大数据视频监控平台的构建基础。此外，数字监控系统也是实现监控系统智能化的基础，各种高级智能监控报警功能的实现都需要建立在数字监控系统平台之上。因此，本章介绍的监狱智能监控系统各部分内容都是以数字监控系统构架为基础的。

# 9.4　监狱智能监控系统的关键因素

监狱智能监控系统是一个较为复杂的系统，由于需要保证监狱监管的工作安全和系统安全，监狱安防系统的需求比其他行业更加多元化，需要涵盖和集成监控、门禁、巡更、广播、应急指挥等十多个系统，并且具有前端摄像机数量较多、系统智能功能种类多、多系统兼容性强等特点和需求，在设计和实施工程中容易抓不住工作重点。因此，本节总结了监狱智能监控系统在设计实施中的关键因素，为相关技术人员的重点工作方向提供参考，以达到提纲挈领、明确目标的作用。

## 9.4.1　监控图像分辨率和质量

影响监狱智能监控系统的关键因素主要是监控图像的分辨率和图像质量。其关系到整个监狱智能监控系统的正常运行和智能功能的检测效果。一般来说，视频图像越清晰、分辨率越高，智能功能的分析和检测效果越好。

1.图像分辨率

业界把“线”和“像素”作为图像分辨率的衡量标准。一般模拟摄像机分辨率用“线”衡量，数字摄像机分辨率用“像素”衡量。模拟摄像机以每一帧视频（一幅图像）的水平扫描线多少来表示摄像机视频图像的清晰度，即“线”。目前的普通摄像机（特别是监控用摄像机）的扫描线在 540 线左右。

数字式摄像机和高清晰（1080P）显示设备，因为只用水平扫描线而无法比较其清晰度，所以就以每一帧视频的一条水平线上的像素点和一条垂直线上的像素点的乘积来表示摄像机视频图像的清晰度。一般 720P 及以上分辨率的视频信号被认为是高清的。

2.图像质量

图像质量与分辨率不同，主要是对图像干净程度（有没有干扰、噪点等）的衡量。其直接影响人的感官及智能算法的效果。图像质量的衡量标准包括主观方法和客观方法两类。这是因为有时客观方法的评价结果与人通过眼睛观察的评价结果存在一定的差异，因此发展出主客观两类评价标准。

主观质量评分法通过观察者的评价判断图像质量，具体又可以分为绝对评价和相对评价两种类型。国际上已有成熟的主观评价技术和国际标准，例如ITU-T Rec.P.910规定了多媒体应用的主观评价方法，ITU-R BT.500-11规定了电视图像的主观评价方法，并就视频质量主观评价过程中的测试序列、人员、距离以及环境做了详细规定。视频监控图像质量按主观评价方法中的五级损伤制评定，图像质量不应低于四级。

图像质量的客观评价方法是根据人眼的主观视觉系统建立数学模型，并通过具体的公式计算图像的质量。均方误差和峰值信噪比是公认的常用的客观评价指标。由于客观衡量指标便于计算和量化衡量，因此视频设备性能参数中一般都包含客观评价指标，且成为选择设备时的一项重要参考因素。监狱监控系统中图像采集和传输设备的信噪比应达到：摄像机＞48dB，传输部分＞42dB，监视部分＞38dB。

### 9.4.2 智能化的监控系统

近些年来，监狱规模不断扩大，虽然狱警数量有所增加，但是也赶不上在押犯人数量增加的速度，单个狱警所要管辖的犯人数量增多，形成了一个狱警管理多个犯人的一对多的局面。这使狱警有了更大的看管工作的压力，因此监狱监控智能化成为不可避免的趋势。在推动监狱监控智能化的建设过程中，监狱通过应用较先进的科学技术及设备，强化监狱智能监控系统，以提高狱警的工作效率，加强对在押犯罪人员的管理。目前，系统应用的热门技术主要有红外热成像技术、无线射频识别（RFID）定位技术、人脸识别技术、光纤传感周界围栏技术、红外微波探测器技术等。

智能分析技术目前已应用于部分地方监狱。该系统主要是通过引进图像智能分析技术和无线射频定位技术等，实现单目标主从跟踪、夜间监舍起身检测等智能功能。系统可以及时检测出在押犯人做出的各种异常行为，从而有效弥补监狱狱警人数不足而造成的空间和时间上的脱管，实现对监狱安全的管理。同时，智能分析技术在监狱中的应用，改变了之前值班人员监视海量屏幕的局面，将广大基层值班狱警从繁重的监控值班任务中解放出来，使其可以及时有效地发现、阻止和处理监狱内可能发生的突发事件。

根据监狱的特殊环境需求，监狱智能分析技术的应用主要分为规则化智能和非规则化智能两类。规则化智能的应用包括禁区、绊线，这类智能分析的应用已经逐步成熟，完全可以考虑在监狱中使用。非规则化智能的应用包括犯人上吊、打架斗殴、人员聚集等检测，由于无法量化判断的标准，从而带来一些误报。虽然监狱的实际应用环境较为复杂，但只要采用合适而精确的智能分析算法，并辅以不同环境的软件模块，最终会满足用户需求的。未来系统可以对罪犯谈话或性格分析、干警、办公自动化等数据库进行综合管理，并进行适当、合理的分析和应用，这对监狱安全管理和罪犯信息管理都将更加有意义。

高清、智能化管理、联网、集成等，都是当前监狱监控建设的重点，也是监狱监控未来的发展趋势。因此，这些需求在监狱智能监控系统建设过程中必须特别注意，从而使监狱监控设计更加合理、功能更加完善，进一步推动监狱智能监控建设的全面发展。

### 9.4.3　传输及存储网络的设计

目前，智能监控系统在监狱的应用仍然处于初级阶段。由于智能监控系统一般采用数字监控网络设计方案，重点区域视频信号需达到 720P 及以上，因此对设备处理速度、网络带宽、系统构架设计、存储方式和容量等的要求较高，在设计传输网络和存储网络构架时需要考虑多方面因素。在设计监控系统时，需主要考虑的是网络传输带宽和存储容量问题。

在网络传输带宽方面，需要根据网络架构、摄像机分辨率和数量来计算所需网络带宽。采用集中存储方式的监控网络，虽然便于管理视频数据，但是所有视频图像都要传输到数据存储中心，因此对主干网络的带宽要求较高。而采用分布式存储架构的监控网络，视频图像分散存储于各个分数据中心，对主干网络带宽要求相对较低。主干网络的带宽可以根据日常传输视频路数和分辨率进行估算。例如：视频采用 MPEG-4 或 H.264 的方式压缩，那么 D1 分辨率的图像传输的速度就要达到 2Mbps，720P 分辨率的图像传输的速度要达到 4Mbps，若达不到要求，图像就会不流畅或者出现马赛克。一台 24 口 10M/100M接入 1000M 上传的交换机，理论上端口的传输最大速度就是 1000Mbps，但受制于传输的线路的质量、摄像机和计算机网卡的质量等的影响,实际的有效带宽只有30%~50%,按30%有效带宽来算,在保障画质不变的情况下,1000Mbps的端口只能传输150路D1摄像机的图像或者75路720P摄像机的图像。可以据此估算构建主干网络,以满足传输带宽的需要。

视频存储容量方面也需要根据存储的视频路数、压缩方式、分辨率和存储时间来计算。例如:一路720P以上分辨率的视频,采用主流的MPEG-4或H.264的方式压缩,码率为4M~20M,需要存储的磁盘空间大小为2GB/小时~9GB/小时,以3GB/小时×24小时×30天×1路计算,则所需存储空间为2.16TB。通过以上计算可以估算出监控系统视频存储所需总容量。此外,存储网络架构设计也比较重要,关系到存储、读取速度和稳定性等方面。如果系统内摄像机数量较多、监控网络规模较大,推荐采用集中式管理存储模式,它更适合于大中型平台的部署。市场上已有具有网络存储架构的NAS和SAN软硬件设备。NAS能够配备很大的存储容量,而SAN配合监控管理平台能提供更大的存储空间,并且具有利用率高、易于扩展、寻址灵活、远距离传输等特点,适合大型集中式网络监控系统,是目前视频监控存储市场的主流技术。基于IP-SAN的数字网络视频监控系统具有强大的稳定性,当系统中某一处出现故障时,不会影响到整个系统的运作,且兼具共享存储和良好的可扩展性,因此IP-SAN的应用也得到业内的青睐。

### 9.4.4 系统集成化和兼容性

当前监狱智能监控系统的热点应用除了满足监狱安全需求外,还可以提升监狱管理效率,即将监狱各个子系统集成在一个综合平台上,并在这个综合安防集成平台上实现统一调度、统一管理及布/撤防设置。

就监狱监控系统现状而言,各地原有监控系统建设只要是以监狱为单位单点建设的,各个子系统间的整合应用就相对较差。实际上,应以省级为单位进行联网,实现整合应用,并在省级联网中心部署大型综合平台管理软件,接入各个子系统,再实现相互间的联动应用。

据了解,监狱在后端集成方面要求以3D电子地图形式,与其他系统如办公自动化、罪犯定位系统等进行整合,并与报警、视频、门禁、广播等系统集成到一起。这样不仅可以实现对监狱安全的管理,同时还可以辅助教化服刑人员。此外，监狱在智能监控系统整合的同时，还要保证各个子系统的独立运行。这样，既便于系统集成管理，又能保证子系统独立工作。一般来说，监狱要求监控设备具备为集成化提供二次开发接口的能力，以利于综合管理平台实现对各种监控设备的融合和管理，提升监狱综合安全防范水平。

目前，系统集成将作为明确要求进行分布和实施。对集成商和工程商而言，建设这样一个大综合管理平台，初始一定要保证整体设计的完备性和可行性。在整个系统和技术方案的理解上也需要下一番功夫，否则等系统开始建设时才发现问题，甚至需要更换设备，此时影响的就不仅仅是子系统本身，还会影响综合管理平台的建设。此外，在建设过程中有些问题需要加以注意，如整个综合管理平台涉及的子系统之间是否有联调、系统整合后的功能与监狱业务应用之间的偏差等。

### 9.4.5　网络安全性

由于应用于监狱监控系统的信息的特殊性和敏感性，因此要注重监控网络的安全性，防止系统入侵和信息泄露等危害信息保密性情况的发生，还要保证系统的稳定性和数据的安全性，防止系统宕机和数据损坏、丢失等情况的发生。在保证网络信息安全、预防黑客攻击和入侵方面，按照国家保密局 2000 年 1 月 1 日起实施的《计算机信息系统国际联网保密管理规定》第二章第六条要求："涉及国家机密的计算机信息系统，不得直接或间接地与国际互联网或其他公共信息网络相连接，必须实行物理隔离。"因此，监狱监控系统除可以与司法或政法专用网进行连接外，也应该与 Internet 网保持物理隔离。在监控系统内应采取设置软硬件防火墙、对系统定期进行安全检测、防止系统内外的入侵并及时修复漏洞、管理好用户权限及密码等措施。

监控系统中的视频资料要保存一周以上，以备查询。对各种事件的视频资料要及时单独备份，建立管理档案，并定期检查整理，防止数据的丢失和损坏。

## 9.5　智能监控技术的应用

视频监控技术网络化、智能化的基础是数字化。智能化是其中的最高境界。监控系统由人工目视解释识别转变为机器自动解释识别是视频监控技术的飞跃，是安防技术发展的必然，也是一种更高端的视频监控应用。智能视频监控系统能够对不同的物体进行识别，发现监控画面中的异常情况，并能够以最快、最佳的方式发出警报和提供有用信息，从而能够更有效地协助安全人员处理危机。下面按照智能监控的功能对智能监控技术在监狱的应用加以介绍。

### 9.5.1 警戒区/警戒线出入检测报警

监狱智能监控系统自动检测进入（或逃离）重要敏感区域内的人和车辆，如果有异常情况发生（如人员跨越警戒线或进入了预先设定的禁区等），监狱智能监控系统将使用锁定框，标识目标在画面中的具体位置，并开始进行物体追踪，同时启动预先设定的报警机制自动调用声光报警装置，发出警告，及时提醒警员前去处理。它能实现无间断的自动值守，避免人工值守因疲劳或疏忽而错失及时发现并制止突发事件的时机。监狱智能监控还可以对监狱围墙设定警戒线，一旦有可疑人员靠近或攀越围墙时，监狱智能监控系统将标识和锁定目标，并及时提醒警员前去制止。

警戒区/警戒线的出入检测报警功能较为普及，一般的数字监控系统平台或前端设备都具有此类功能，可以应用于监狱围墙、厂区周界及监舍区周界等位置，实现对警戒区域及周界的自动值守，但要注意摄像机安装位置，防止较大遮蔽物干扰产生误报。

### 9.5.2 自动目标分类

智能分析系统采用最新视频图像分析识别技术，对画面中的各种物体，包括人、车辆及箱包等各种物体进行识别。智能化分析的前提在于，必须准确无误地识别画面中的各个目标，才能进行高准确度的智能化分析。此项功能可以用于监狱出入口的目标分类监管。

### 9.5.3 可疑物体滞留检测报警

监狱智能监控系统针对可能出现易燃、易爆物等违禁物品的重要场所，设定防止物品遗留的监测区域。在监控画面内，设定区域内出现的目标大小及其逗留时间等参数，如果在设定的区域内出现了预设的目标类型并超过了设定的逗留时间，系统就会发出报警信息，并用锁定框提示物品停放的位置，以提醒巡逻警员加以盘查，防止监狱内外跨狱墙或厂区围墙投递物品。

### 9.5.4　摄像机异状自动报警

1. 镜头转动自动报警功能

在正常情况下摄像机不会无故自行转动，除非是遇到极其恶劣的天气状况。不法分子为了逃避摄像机的监控往往会对摄像机进行破坏。监狱智能监控系统在遇到这些问题的时候会自动发出报警信息，有效抑制蓄意破坏行为事件的发生。

2. 遮挡自动报警功能

犯罪分子在实施犯罪的过程中为了不被摄像机监控，经常采取遮挡的方式。如果监狱智能监控系统中的镜头被遮挡，系统就会自动发出声光报警，并在视频中显示被遮挡摄像机的位置，提醒警员迅速出警，到现场察看，以防犯罪分子进一步进行犯罪行为。

3. 摄像机无图像自动报警功能

有些犯罪人员通过破坏传输线路或设备来使监控指挥中心无图像。监狱智能监控系统具有应对此类状况的自动报警功能，可以有效地防止通过蓄意破坏设备进行犯罪行为的事件的发生。

### 9.5.5　物品丢失识别

在监狱一些重要生产生活场所，当监控视频画面中的某个物体如危险的劳动工具被取走时，即可产生取走识别事件。在智能监控系统的监控画面中，首先用锁定框标示出目标物（即防丢失的重要物品），假如目标物被窃取，系统就会发出报警通知值班狱警。这尤其有利于识别监狱服刑犯人私藏、偷盗一些工具进行危害活动。

### 9.5.6　人体行为智能识别

人体行为识别能够对人员的特定动作和行为进行检测和识别，从而发现一些反常的行为，实现针对警情的预防和快速反应。这种智能功能涉及的人工智能算法较为复杂，一般需要额外购买功能模块。对人体行为的智能识别包括以下几个方面：

1. 滞留徘徊识别

对监狱内部一些重要区域和监狱外办公区等地方，检测是否有可疑人、物体或车辆在指定的区域内长时间停留，当滞留或者徘徊时间超过预设值时，智能监控系统则会对该类行为进行分析，并发生警报，防止有人勘察监狱的建筑结构、蓄谋越狱、袭警等事件的发生。

2. 打架识别

在监狱生产生活场所出现打架情况，智能监控系统则会对打架的行为进行分析。当发现异常的打架斗殴行为时，智能视频分析系统就发出警报通知值班狱警及时处理问题，防止事态进一步扩大化。

3. 人员聚集识别

在监狱生产生活场所出现一定数量的人员聚集的时候，智能监控系统能够对聚集情况进行分析，产生一个人员聚集的警报来通知值班狱警；监控中心可以及时联系现场人员进行甄别处置，将可能出现的异常情况消灭在萌芽状态，确保监狱安全、犯人安全。

4. 摔倒识别

在监狱生产生活场所出现人员突然摔倒现象时，智能监控系统会发出人员摔倒的报警信息，并通知值班狱警；监控中心通过现场视频判断发生的事件，及时联系现场人员进行甄别处置。

### 9.5.7 智能跟踪

在监狱生产生活场所，当智能监控系统检测到有可疑情况发生的时候（如监狱服刑犯人跨越警戒线、进入/离开警戒区域、徘徊等），系统发送指令控制摄像机进行云台旋转和镜头缩放，锁定触发报警的目标并对其进行自动跟踪，使目标持续放大以显示在画面中央。这样监狱监控中心可以看到更清晰的目标特征，以利于实时的判断和事后的对照取证。

### 9.5.8 人数统计

监狱监舍、厂区出入口是犯人进出的必经通道。狱警须随时掌握其管理的押犯人数。系统在重要通道门口做进出人数统计，对进入及离开出入通道的犯人计数，可以有效辅助狱警的日常管理工作。

### 9.5.9 值班室脱岗报警

为防止警员玩忽职守、擅离岗位，监狱智能监控系统应该具备反向报警功能。在系统设定时间内，当监狱值班室无人值守，或者值班警员睡着，长时间处于不活动状态时，监狱智能监控系统即会自动发出报警信号，并在监控指挥中心大屏幕上弹出报警画面，提示值班室无人或警员长时间不活动。这样可有效避免因无人值守所造成的恶劣影响和损失。

### 9.5.10 电子地图功能

监狱智能监控系统结合 GIS 系统，在监控指挥中心电视墙上用电子地图显示各个监控布防点，当系统发现某监控点发出警报，监狱智能监控系统在启动声光报警的同时，将报警发生的位置显示在监控指挥中心的电子地图上，并自动跳出此处监控画面，以实现快速查看现场情况和地形，高效地指挥出警，真正实现快速反应、有的放矢。

## 9.6 前端设备的选择

监控系统的前端设备主要包括摄像机和网络视频服务器，用以采集视频信号和实时传输，并且能够实现部分智能监控功能。前端设备相当于监控系统的眼睛，是监控系统建设的根基。监狱监控系统由于其特殊性，在重点监控区域需要使用高清及特殊的摄像机，以保证监控图像内容的清晰。下面分别对监狱监控系统中不同前端设备的应用加以介绍。

### 9.6.1 摄像机的选择

摄像机是监控系统中获取视频图像信号的设备，其性能决定了监控系统中视频信号的质量和清晰度，因此摄像机的选择极为重要。监狱监控系统根据所监控区域的重要性、安装位置和环境，需要选用不同的摄像机，以使视频图像达到最佳效果。以下根据摄像机的类型介绍其在监狱中的应用环境。

1.高清摄像机

高清摄像机是指图像分辨率达到720P以上的摄像机。虽然高清摄像机采集的视频清晰度较高，但由于其价格、传输带宽和存储容量需求较高，在监控系统建设经费有限的情况下，一般根据需要可用于监狱内重点区域的监控，如监狱大门及狱内各出入口、环境复杂的厂区、禁闭室和接见室等地点。此外，使用人脸识别功能的摄像机也需要使用高清摄像机，以获得清晰的人脸图像。

2.广角摄像机

一般普通的摄像机的观察角度都在70度左右，可视角度在120度以上的摄像机可称之为广角摄像机。广角摄像机镜头焦距较短，比普通摄像机具有更大的视角，覆盖更大的监控范围，但是传感器采集的图像会出现桶形畸变，也就是常说的鱼眼图像效果。随着目前监控市场对广角监控摄像机的需求越来越多，随之也出现了鱼眼修正技术，用来修正广角镜头产生的桶形畸变现象。广角摄像机可以用于空间较小的监舍或禁闭室内。

3.高速球、云台摄像机

高速球摄像机全名叫智能高速球形摄像机，简称高速球。高速球是一种集成度相当高的产品，集成了云台系统、通信系统和摄像机系统。云台系统是指电机带动的旋转部分，云台摄像机也可以受控旋转，调整监控角度和焦距，但一般不如高速球灵活。高速球和云台摄像机在监狱监控系统中可用于室外关键道口、狱门等重点监控区域，选择视野开阔、高度较高的位置安装，用于对固定摄像机监控范围的补充和对移动物体的跟踪。

4.红外摄像机

红外摄像机利用摄像机CCD感光芯片能够感应人眼看不到的红外光线的特性，能够清晰地采集黑暗环境下的图像。监控领域内使用的红外摄像机一般为主动式红外摄像机，需要配备红外光源进行辅助照明。红外摄像机用于监狱中需要在夜晚或光线较暗的有限空间区域的监控地方，如监舍区、厂区、狱门等。

5.低照度摄像机

低照度摄像机是指在较低光照度的条件下仍然可以摄取清晰图像的监控摄像机，一般彩色摄像机从 0.0004～1Lx、黑白摄像机从 0.0003～0.1Lx 都被认为是低照度摄像机，并且根据最低照度分为暗光级(0.1Lx)、月光级(0.01Lx)和星光级(0.001Lx 及以下)三个等级。低照度摄像机价格较贵，在监狱监控系统中，可根据需要应用于室外夜晚广阔环境下的监控，如主干道、关键路口、出入门口周边环境的监控。

6.宽动态摄像机

宽动态摄像机技术是为了在非常强烈的光照对比下让摄像机能够看到影像而运用的一种技术，主要用在一些明暗反差过大的场合。在监狱监控系统中，其用于某些容易被强光照射的监控位置，如处于较暗的楼道内面向室外光照强区域的情况、摄像头角度较小容易被朝阳或夕阳照射的情况。具体设计安装摄像机时，可以考虑在大门干警通道、厂房门口内、监舍楼口内等面向室外的位置安装宽动态摄像机，使得摄像机在光照反差较大的环境下仍能获得清晰的图像。

### 9.6.2　网络视频服务器的选择

网络视频服务器是一种压缩、处理音视频数据的专业网络传输设备，是用于在以太网中实时传输数字音视频的多媒体服务器。视频服务器可以在保留现有模拟视频监控设备的同时，将视频监控系统平滑升级到基于网络的视频监控系统，它非常适用于与现存的模拟 CCTV(闭路电视监控)系统相集成，以节约系统升级成本。如果使用数字摄像机，则可以不使用 DVS。选择 DVS 要注意其传输速度、压缩码率(视频编码协议)、压缩视频分辨率、接入视频路数等参数。

此外，目前市场上还有具备一定智能视频分析功能的智能视频服务器，其能够利用嵌入式图像处理芯片和人工智能算法对采集的视频图像进行实时分析，判断警情并报警。对智能视频服务器的选择还要注重其软硬件处理速度和误报率等参数。

## 9.7 存储系统的设计

在监狱智能监控系统的应用中，历史信息在取证、追溯时有着极其重要的作用，因此历史视频监控信息需要被可靠地记录、存储和备份。随着视频压缩技术和计算机网络技术的发展，传统的数字视频服务器功能单一，无法满足现代安防业对信息存储的需求。新一代的视频监控存储系统应该是一个综合、完备的系统。下面分别介绍几种基于数字监控的视频存储系统。

### 9.7.1 集中式存储系统

集中式存储就是把所有视频传输存储于监控中心机房的存储系统内。集中式存储系统适用于监控系统覆盖区域分布不广、监控点位集中的情况。在监狱监控中，其可以应用于地域不广、建筑分布集中的中小型监狱，不太适用于分布区域较广、各监区分散、具有农场和矿山等的大型监狱。

集中式存储系统的构架主要分为DAS、NAS、SAN和iSCSI四种技术。其中，前三种技术是目前主流的存储架构，而iSCSI是基于SAN构架之上的存储技术。DAS是直连式存储，存储设备（磁盘阵列）直接与服务器主机连接，连接接口为FC或者SCSI。NAS为网络附加存储，存储系统通过网络连接到监控系统，连接接口为TCP/IP。SAN为存储区网络，采用光纤通道将存储系统网络化，接口为FC（光纤通道）；后来又发展出了IP-SAN，以IP网络构建存储网络，较FC-SAN，具有更经济、自由扩展等特点。iSCSI技术是一种新储存技术，该技术将现有的SCSI接口与以太网络（Ethernet）技术结合，使服务器可与使用IP网络的储存装置互相交换资料，连接接口为Internet小型计算机系统接口（iSCSI）。iSCSI技术可以用来组建IP-SAN，具有易于安装、成本低廉、管理方便、易于扩展的优点，但是支持的平台和软硬件较少，流量控制和负载均衡方面表现得也并不很好。DAS、NAS和SAN存储结构示意图如9-4所示。

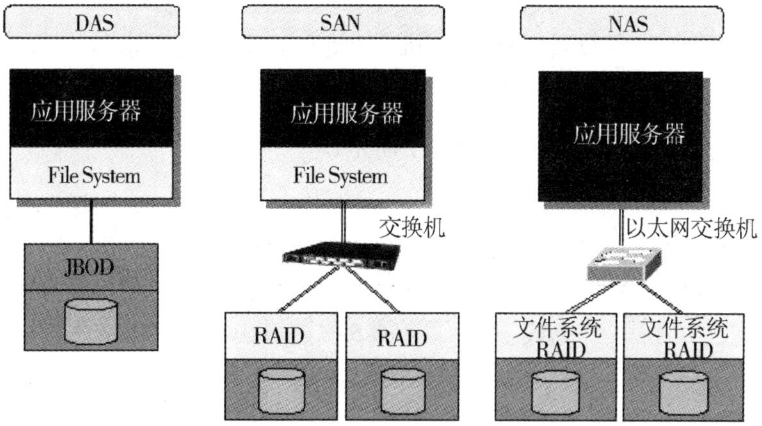


图 9-4　DAS、NAS 和 SAN 存储结构示意图

在监狱监控系统中需要根据具体情况和需求选择合适的存储构架。下面对 DAS、SAN 和 NAS 进行对比和说明：

第一，DAS 技术是最早被采用的存储技术，如同 PC 机的结构，把外部的数据存储设备都直接挂在服务器内部的总线上，数据存储设备是服务器结构的一部分，但由于这种存储技术是把设备直接挂在服务器上，随着需求的不断增大，越来越多的设备添加到网络环境中，导致服务器和存储独立数量较多，资源利用率低下，从而使数据共享受到严重限制。因此其适用于一些小型网络，不适用于当前监狱监控系统较大容量视频信息的存储。

第二，NAS 技术改进了 DAS 技术，通过标准的拓扑机构连接，无须服务器直接与企业网络连接，不依赖于通用的操作系统，所以易于扩展存储容量，而对原来的网络服务器的性能没有任何影响，能够用于中小规模集中式视频存储，也是目前监狱监控系统较常采用的一种方式。

第三，SAN 的支撑技术就是光纤通道——FC 技术。与前面介绍的 NAS 技术完全不同，它不是把所有的存储设备集中安装在一个服务器中，而是将这些设备通过光纤交换机连接起来，形成一个光纤通道存储在网络中，然后在企业的局域网内进行连接。这种技术的最大特性就是将网络和设备的通信协议与传输介质隔离开，可以在同一个物理连接上传输多种信息。其高性能的存储系统和宽带网络的使用，使得系统在构建成本和复杂程度上大大降低。这种技术适合于具有较多数量监控摄像机、存储和读取速度要求较高的监狱监控系统。

以上三种技术的优缺点如表 9-1 所示。

表 9-1 DAS、FC-SAN、IP-SAN 和 NAS 的区别

| 技术<br>对比项 | DAS | FC-SAN | iSCSI/IP-SAN | NAS |
|---|---|---|---|---|
| 连接方式 | SCSI、1394 卡 | 以太网络 | 以太网络 | FC 卡、光交换 |
| 成本 | 低 | 较低 | 高 | 较高 |
| 数据传输速度 | 快 | 慢 | 极快 | 较快 |
| 扩展性 | 无扩展性 | 较低 | 易于扩展 | 最易扩展 |
| 服务器访问存储方式 | 直接访问存储数据块 | 以文件方式访问 | 直接访问存储数据块 | 直接访问存储数据块 |
| 服务器系统性能开销 | 低 | 较低 | 低 | 较高 |
| 安全性 | 高 | 低 | 高 | 低 |
| 是否集中管理存储 | 否 | 是 | 是 | 是 |
| 备份效率 | 低 | 较低 | 高 | 较高 |
| 网络传输协议 | 无 | TCP/IP | Fibre Channel | TCP/IP |

### 9.7.2 分布式存储系统

分布式存储系统适用于多网点分布、集中管理的监控场所，各网点具有网络存储设备，能够把摄像机采集的视频图像直接存储于本地的存储设备中，监控中心通过管理平台管理前端摄像机和网络存储设备。分布式存储适用于分布地域较广、占地面积很大的大型监狱的监控系统。

传统的分布式存储系统主要是利用带有硬盘的 DVR、NVR 存储其连接摄

像机采集的视频，即把视频资料存储于前端设备中。单个 DVR 或 NVR 通常所连接的监控摄像机路数并不多，但对存储容量的要求较高。当需要查看视频资料时，系统会通过网络调取前端存储设备中的录像。

1. 分布式存储方式的优点

(1)通过分布式的存储方式，可以减轻集中存储方式带来的存储容量压力。

(2)由于不必把所有摄像机的视频传输到中心，分布式存储可以有效缓解集中存储带来的网络传输流量压力。

(3)可以避免网络出现故障时丢失视频信息的情况的发生。

2. 分布式存储方式的缺点

(1)存储较为分散，不易于管理和维护。

(2)前端环境一般较为恶劣，存储设备容易受损，很难保证存储系统的可靠性。

(3)DVR、NVR 本身的一些软硬件弱点，容易给存储带来网络功能差、流媒体转发限制、存储效率不高等问题。

综上所述，监狱监控系统对系统可靠性要求较高，需要对重要部位的视频资料进行及时备份，也要尽量避免因存储设备损坏导致的信息丢失。因此一般不建议使用传统的集中存储系统，避免在前端存储大量的视频资料。

然而，对于覆盖面积较大、分布较为分散的大型监狱，可以采用集中存储和分布存储相结合的方式设计存储系统。

### 9.7.3　云存储

作为监狱智能监控系统中最有价值的报警信息，云存储包括报警位置、通道、时间、智能分析图像的结果和报警处理结果等信息。云存储是在“云计算”基础上发展和延伸过来的。云存储是一个以数据存储和管理为核心的云计算系统。所以云存储也可以理解成将存储封装为服务的系统，它包括一整套软件硬件方案。云存储显然不是指一个具体的设备、软件或系统，而是一种服务。

云存储系统的结构包括存储层、基础管理层、应用接口层和访问层。存储层是基于存储虚拟化并配合各种存储设备来实现的一体化解决方案。基础管理层通过集群、分布式文件系统和网格计算等技术，提供强大的数据访问性能，同时兼具数据管理功能。应用接口层提供不同的应用接口、应用服务。访问层指任何一个授权用户都可以通过标准的公共接口来登录云存储系统。

云监控存储的出现，将突破传统存储方式的性能和容量瓶颈，使云存储提供商能够连接网络中大量各种不同类型的存储设备，形成异常强大的存储能力，实现性能与容量的线性扩展，让海量数据的存储成为可能。

建设一个云存储系统，需在这个云存储系统中内嵌视频监控平台管理软件，通过视频监控平台管理软件实现图像的管理和调用。

1. 前端设备接入

前端图像采集系统主要由高清摄像头、视频编码器等组成。系统为每一个编码器、IP 摄像头分配一个带宽足够的接入网链路，通过接入网与云存储系统连接，这样实时的视频流数据就可以相应地保存到云存储中。多个存储设备之间可互相连接，实现资源共享。

2. 终端设备接入

终端设备包括大屏幕显示终端、电脑工作站及无线终端。终端设备主要进行实时视频浏览、设备配置、设备操控、录像回放等操作。

3. 云存储部分

云存储可以灵活分配存储资源的网络存储平台，通过安装在其上的统一的存储设备管理系统来实现分布存储、逻辑虚拟化、集中管理等功能。

4. 存储资源层

存储层是云存储的硬件基础部分，分布在不同区域的存储设备通过广域网、互联网或者 FC 光纤通道网络连接在一起。存储层的构成包括云存储控制服务器和后端存储设备两大部分。云存储管理系统负责整个系统元数据和实际数据的管理和索引，提供超大容量管理，实现后端存储设备的高性能并发访问和数据冗余等功能。

## 9.8 监控指挥中心的设计

监控指挥中心是整个监狱智能监控系统的中枢指挥机构，承担着对所有监区和其他值班室的视频图像、门禁控制、周界报警、对讲等功能模块的统一管理，以及在突发事件的事前预防、事发应对、事中处置和善后管理过程中，采取必要的应对机制和措施，用于汇总情报、协调指挥的相关设施。应急指挥系统的建设是一个复杂的系统工程，涉及公共安全、监控管理、报警联动、计算机、通讯等多个专业领域，是各个系统的集成和共享。

### 9.8.1　监控指挥中心的硬件设计

监控指挥中心的设施主要由指挥场所、中心机房及视频会议室组成。指挥场所主要由显示系统、操作设备和通信设备等硬件构成。中心机房主要放置服务器及存储设备。视频会议室主要用于利用远程视频通信技术召开小型视频会议。

监控指挥中心的显示系统主要是由视频服务器和监视器墙组成。监视器墙可以由一台或多台大屏幕显示器组成，如 DLP 大屏幕、背投电视、等离子显示器等，也可以由多台监控专用监视器组成，或者两者混合排布。电视墙用于显示监控画面、电子地图及报警信息。视频服务器用于管理电视墙的显示内容，配有操作键盘，方便值班人员调看监控画面。

监控指挥中心机房根据不同的网络架构配备相应的硬件设施。例如，采用集中式存储的网络监控系统，机房配备千兆核心交换机、监控管理服务器及磁盘阵列等硬件设备，形成主干网络、存储系统及管理整个监控网络。千兆骨干交换机与各分控中心的交换机构建光纤传输链路，监控管理服务器通过网络采集前端的视频数据，处理并存储视频图像，并以双机服务热备份的方式确保系统和数据的安全。监控指挥中心还需要配置对讲系统、通信设备、GIS 系统等，本书不再一一介绍。

视频会议室也需配备视频服务器、显示器、摄像机和话筒等设备，主要用于与上级单位及监狱内部召开视频会议等业务。应采用高性能服务器，并通过 IP 网络和调度服务器以及其他语音网关、终端进行通信。

### 9.8.2　监控指挥中心的软件设计

监狱智能监控系统指挥中心应使用功能强、管理能力强、兼容性强和可扩展的系统管理软件。监控系统将从各个监区传输来的视频信号输送给屏幕墙显示以便进行监视，电视墙可以设置所有视频信号的群组切换。监狱系统监控指挥中心警员，可以通过中心管理软件实时查询各个监区值班干警的值班记录和交接班情况，同时可以实时查询在押人员数目等数据信息。

监狱智能监控系统指挥中心安装监管中心管理主机，对前端各个监区的数字监管主机进行统一管理。监狱智能监控系统可以结合 GIS 系统，采用多级电子地图管理。整个监狱系统可以用一个整体的地图显示，在地图上点击各个子图层的图标，就可以直接进入各个子图层。所有设备的运行情况在电子地图上一目了然，便于监控和管理。而监控摄像机在电子地图相应位置标注为热点，点击热点即可查看此摄像机监控的画面，方便结合地理位置进行查询。

当前端有报警信号上传时，系统自动弹出报警点所在的电子地图图层，同时报警点图标闪烁，标示出报警点位置，提醒值班警员。报警信号可以触发本地录像，使其在本地记录异常视频。同时监管中心管理主机可以和前端各个监控点之间实现“双向对讲”功能，无论出现任何情况，中心可以很方便地和前端进行通信，便于指挥和处理事故。

监狱智能监控系统指挥中心设置监管中心服务器。该服务器负责整个系统的权限管理、系统设置和流媒体转发。另外，要根据情况设置安全防火墙和杀毒软件等网络安全软硬件，以保证监控系统的信息安全。

## 9.9 其他注意事项

在监狱智能监控系统的设计和实施过程中，往往还有些细节问题需要注意。本部分的内容按照智能监控系统设计、实施、验收的过程，对每个步骤需要注意的问题进行了介绍。

### 9.9.1 设计阶段注意事项

监狱监控系统的设计阶段主要是监狱内部相关技术人员根据本监狱的具体情况进行需求分析，形成监狱监控系统招标书。在撰写标书时，可以参考一些监控公司的方案，但是要注意其中方案、设备的通用性，切勿写入某些监控公司特有的设备称谓或技术名称。

在评标时除对各个公司的标书内容进行评价外，建议对初评成绩较好的公司进行实地考察，即选取公司已实施完成的类似监控项目，到项目实施单位进行实地走访、观摩，以考察监控公司的技术水平。笔者在工作中曾经历过，某监控公司的标书撰写得非常好，通过初评并获得了较高的评价，但是在考察阶段，我们访问了由其建设监控系统的某单位，当我们与监控公司人员进入监控中心后，该单位技术人员就像见到了救星，提出一堆亟待解决的监控系统设备损坏维修、系统故障等问题。经现场对其实施的监控系统考察发现，监控系统也确实存在较大技术问题。可见，在评标时也需要对监控公司的技术力量进行实地考察。

在招标结束后，要与中标的监控公司技术人员实地考察、测量监控实施地点，并形成具体的设计方案。其中，在智能监控的设计中，要充分了解所要实施的智能功能对环境的要求，并结合实际环境和需要，设计出具体的安装位置。设计时要考虑光照变化、环境变化、恶劣天气等可能对智能功能产生的影响，以防止安装后出现较高的误报率，影响智能系统的有效使用。

### 9.9.2　实施阶段注意事项

在监控系统项目实施阶段，要严格按照设计方案执行，除非必要，尽量避免项目实施过程中更换设备、变更设备品牌等情况的发生，以免对监控系统造成各种影响。

此外，还要注意对项目工程中使用的线材、接头等进行记录和检查。要记录线缆的使用量，以便于项目结束后进行具体的结算。还需要对线缆、接头等各种辅材的质量进行检查。使用质量差的辅材会导致网络速度慢、视频信号易被干扰、室外环境下易被腐蚀等问题，从而影响监控系统的整体性能。

### 9.9.3　验收阶段注意事项

监控系统建设完成后要试运行一段时间，对系统性能和稳定性进行调整和检验，然后进入系统验收阶段。智能监控系统的验收最好邀请具有一定资质和技术的第三方一起进行；需要使用专业的软硬件技术对监控系统的稳定性、网络带宽、视频分辨率、信噪比等进行测试。此外，对于智能监控功能也要进行测试，测试其触发相应报警条件的敏感度（是否能检测相应的事件并触发报警），以及在各种极端天气和人为干扰下的误报情况。验收过程中发现的问题要及时解决，并再次检测，直到达到验收标准为止。

监控系统的设计、实施和验收都有规范的流程，按照标准流程实施项目能够达到事半功倍的效果，读者在需要时可以参考国标及实施规范，此处不再累述。

# 参考文献

[1]潘国辉. 安防天下 2——智能高清视频监控原理精解与最佳实践[M]. 北京:清华大学出版社,2014.

[2]雷玉堂. 安防 & 智能化——视频监控系统智能化实现方案[M]. 北京:电子工业出版社,2013.

[3]梁笃国,张艳霞,曹宁,等. 网络视频监控技术与智能应用[M]. 北京:人民邮电出版社,2013.

[4]深圳辉锐天眼科技有限公司.智能监控中目标识别与跟踪技术解析[J]. 中国公共安全(综合版),2012(14).

[5]贲晛烨.视频下的正面人体身份自动识别[J].智能系统学报,2012(2).

[6]兰玉文,李跃威,喻松春,等.基于监控视频的人体动态特征应用识别技术研究[J]. 警察技术,2013(6).

[7]鹿建国.基于视频的人体识别、跟踪及朝向分析[D].济南:山东大学,2009.

[8]陈功.鲁棒的智能视频监控方法研究[D].合肥:中国科学技术大学,2008.

[9]刘强.智能视频监控中几种异常行为检测研究[D].合肥:安徽大学,2012.

[10]张晶.人体行为识别技术研究[D].重庆:重庆大学,2011.

[11]吕扬建,李光耀.基于视频分析的车流量统计算法研究[J].井冈山大学学报(自然科学版),2013(4).

[12]陈杰.基于内容的视频检索技术研究[J].信息通信,2014(4).

[13]黄知义,周宁.基于内容视频检索的关键技术研究[J].现代情报,2005(10).

[14]李凌.基于特征提取的视频场景分类技术研究[D].上海:上海交通大学,2011.

[15]霍俊彦.视频预处理关键技术研究[D].西安:西安电子科技大学,2006.

[16]赵猛,曹茂永,赵增顺,等.基于关键原子动作的视频事件学习与识别方法[J].北京理工大学学报,2013(3).

[17]张涛,杨德利,李屹.统一视频标记和检索方法的研究[J].广东通信技术,2009(11).

[18]邓丽.基于内容的交互式视频检索[D].南京:东南大学,2008.

[19]刘桂清.视频摘要技术的研究与实现[D].长沙:国防科学技术大学,2004.

[20]欧阳建权.视频摘要技术综述[J].计算机工程,2005(5).

[21]尹向兵,王宏群.监狱视频识别报警系统的研究与实现[J].电脑知识与技术,2011,7(17).

[22]崔岩,张宪,郝建新.运动目标自动检测在监狱监控系统中的应用研究[J].安防科技,2007(12).

[23]张俊芳.智能视频监控技术在监狱中的应用[J].价值工程,2010(35).

[24]Vijay Mann,Anilkumar Vishnoi,Sarvesh Bidkar. Living on the edge: Monitoring network flows at the edge in cloud data centers[J]. 5th International Conference on Communication Systems and Networks (COMSNETS),2013.